URTEILSTHEORIE

HUSSERLIANA

EDMUND HUSSERL

MATERIALIEN

BAND V

URTEILSTHEORIE
VORLESUNG 1905

AUFGRUND DES NACHLASSES VERÖFFENTLICHT VOM
HUSSERL-ARCHIV (LEUVEN) UNTER LEITUNG VON

RUDOLF BERNET, ULLRICH MELLE UND KARL SCHUHMANN

EDMUND HUSSERL

URTEILSTHEORIE
VORLESUNG 1905

HERAUSGEGEBEN VON

ELISABETH SCHUHMANN

KLUWER ACADEMIC PUBLISHERS
DORDRECHT / BOSTON / LONDON

A C.I.P. Catalogue record for this book is available from the Library of Congress

ISBN 1-4020-0928-3

Published by Kluwer Academic Publishers,
P.O. Box 17, 3300 AA Dordrecht, The Netherlands.

Sold and distributed in North, Central and South America
by Kluwer Academic Publishers,
101 Philip Drive, Norwell, MA 02061, U.S.A.

In all other countries, sold and distributed
by Kluwer Academic Publishers,
P.O. Box 322, 3300 AH Dordrecht, The Netherlands.

Printed on acid-free paper

INHALT

URTEILSTHEORIE
VORLESUNG 1905

I. TEIL
SINN DER URTEILSTHEORIEN

II. TEIL
GRUNDLEGUNG ZU EINER
ALLGEMEINEN PHÄNOMENOLOGIE DES URTEILS

EINLEITUNG DER HERAUSGEBERIN

Im vorliegenden Band wird der fast vollständige Text[1] der zweistündigen Vorlesung veröffentlicht, die Husserl im Sommersemester 1905 in Göttingen unter dem Titel „Urteilstheorie" vom 3. Mai[2] bis zum 5. August „für sehr Vorgeschrittene ... (neue Untersuchungen darin mitteilend)"[3] gehalten hat. Ursprünglich sollte die Urteilstheorie schon das Thema der Vorlesung „Hauptstücke aus der Phänomenologie und Theorie der Erkenntnis" des Wintersemesters 1904/05 bilden. Husserl änderte jedoch seinen Plan, wie aus den folgenden einleitenden Sätzen dieser Vorlesung hervorgeht: „Als Thema der Vorlesungen, die ich hiermit eröffne, habe ich ‚Hauptstücke aus der Phänomenologie und Theorie der Erkenntnis' angekündigt. Ursprünglich hatte ich dabei nur die höheren intellektiven Akte ins Auge gefasst, die Sphäre der so genannten ‚Urteilstheorie'. Mit meinen Schülern zusammenarbeitend, gedachte ich, den vielfach noch gar nicht formulierten Problemen dieses weitschichtigen und noch wenig gekannten Gebiets nachzugehen, Lösungen zu versuchen oder wenigstens Lösungsmöglichkeiten mit ihnen durchzudenken. Bei der vorbereitenden Durcharbeitung der einschlägigen Materien sah ich aber bald ein, dass nicht bloß pädagogische, sondern vor allem sachliche Gründe eine ausführliche Behandlung der schlichten, zuunterst liegenden intellektiven Akte erfordern."[4] Mit ein Grund für die Änderung

---

[1] Die ersten drei Blätter der 5. Vorlesungsstunde konnten nicht aufgefunden werden. Ebenso fehlen wohl zwei Blätter am Ende der 6. Vorlesungsstunde. In der 9. und 10. Vorlesungsstunde trug Husserl anhand der I. Logischen Untersuchung vor, und am Ende der letzten Vorlesungsstunde sprach er vermutlich gänzlich ohne Aufzeichnungen.

[2] Laut Göttinger Vorlesungsverzeichnis hielt Husserl die Vorlesung „Urteilstheorie" mittwochs und samstags von 12–1^h. Beginn der Vorlesung war Mittwoch, der 3. Mai (vgl. Karl Schuhmann, *Husserl-Chronik. Denk- und Lebensweg Edmund Husserls*, Den Haag 1977, S. 89), die zweite Stunde hielt Husserl am Samstag, dem 6. Mai. Der Vorlesungsmitschrift von Johannes Daubert (siehe weiter unten) ist aber eindeutig zu entnehmen, dass die folgenden Vorlesungen samstags als Doppelstunden von 11–1^h gelesen wurden. Ein Grund für die Verlegung der Vorlesung könnte gewesen sein, dass Daubert mittwochs verhindert war und deshalb Husserl die Mittwochstunde auf den Samstag verschob. Dafür spricht auch, dass in der daubertschen Mitschrift die erste Vorlesungsstunde, also die Mittwochstunde, fehlt.

[3] Entwurf eines Briefs an Walter B. Pitkin vom 12. Februar 1905 (Edmund Husserl, *Briefwechsel*. In Verbindung mit E. Schuhmann herausgegeben von K. Schuhmann, Dordrecht/Boston/London 1994, Bd. VI: *Philosophenbriefe*, S. 336).

[4] Ms. F I 9/4a.

des Vorlesungsinhalts könnte das Ausbleiben der von Husserl für diese Vorlesung erwarteten Studenten aus München, darunter vor allem Johannes Daubert, gewesen sein.[1] An ihn schreibt Husserl am 17. November 1904: „Es ist freilich schade, daß aus dem Münchener jungen Philosophenkreise Niemand nach Göttingen gekommen ist, da ich doch für die Erwarteten, oder in erster Linie für sie, mein 4st⟨ün⟩d⟨i⟩ges Colleg über Phänomenologie d⟨er⟩ Erkenntnis angekündigt hatte. Von der regen Mitarbeit so lebhaft interessirter und unter Anleitung eines so hochstehenden Forschers wie Prof. Lipps herangereifter junger Männer hatte ich mir viel versprochen."[2] Erst im Sommersemester 1905 konnte Husserl zu seinen Hörern einen Münchener Musikstudenten[3] und eine Gruppe von Schülern von Theodor Lipps zählen (die bekannte „Munich invasion of Göttingen"),[4] bestehend aus Adolf Reinach, Fritz Weinmann, Alfred Schwenninger und Johannes Daubert, von dem eine Mitschrift der Vorlesung über „Urteilstheorie" überliefert ist. Diesen waren Husserls *Logische Untersuchungen* sicher nicht unbekannt. Vor allem Daubert schätzte das Werk sehr, hatte es aufs genaueste studiert und als ein philosophisches „Stahlbad" empfunden.[5] Entsprechend konnte Husserl nach Ablauf des Sommersemesters, am 10. August 1905, an William Ernest Hocking schreiben: „Meine logischen Untersuchungen haben eine tiefgehende Bewegung besonders in der ernsteren jungen Generation hervorgerufen. Treffliche, ja hochbegabte junge Philosophen kommen jetzt in immer steigendem Maße zu mir nach G⟨öttingen⟩. Ich habe alle Spannkraft nötig, um ihnen zu genügen."[6]

Die Kenntnis der *Logischen Untersuchungen* war für die Vorlesung über „Urteilstheorie" gewiss von großem Vorteil, beruht doch der zweite Teil dieser Vorlesung – im ersten Teil setzte Husserl sich mit dem Sinn der Urteilstheorien und mit der Abgrenzung der Phänomenologie gegenüber anderen Disziplinen wie der Logik, Erkenntnistheorie, Metaphysik und Psychologie auseinander – weitgehend auf dem Gedankenkreis der *Logischen*

---

[1] In einem Briefentwurf Dauberts an Husserl von Anfang November 1904 heißt es: „Leider kann ich jetzt nicht, wie ich gehofft hatte, zu Beginn des Semesters nach Göttingen kommen. Ich war durch eine Erkrankung gehindert noch im vorigen Semester zu promovieren und möchte die Sache doch gern hier erst zu Ende bringen." (Edmund Husserl, *Briefwechsel*, Bd. II: *Die Münchener Phänomenologen*, S. 40f.).

[2] *A.a.O.*, S. 41.

[3] Laut Herbert Spiegelbergs unveröffentlichtem so genannten *Scrap-Book* (Alfred Schwenninger).

[4] Vgl. *Husserl-Chronik*, S. 89.

[5] Herbert Spiegelberg, *The Phenomenological Movement. A Historical Introduction*, The Hague/Boston/London 1982, S. 169.

[6] Edmund Husserl, *Briefwechsel*, Bd. III: *Die Göttinger Schule*, S. 157.

Untersuchungen. In der 9. und 10. Vorlesungsstunde trug Husserl sogar direkt aus den §§ 1–11 der I. Logischen Untersuchung vor.[1] Weiterhin fußen die aus der Vorlesung „Logik" des Wintersemesters 1902/03[2] stammenden und in der „Urteilstheorie" wieder verwendeten Blätter A I 17 II/137–139 (S. 75–79) auf den §§ 17–19 der I. Logischen Untersuchung. Ebenso weisen z.B. Blatt F I 27/56 (S. 87–89) Ähnlichkeit mit § 70 der VI. Logischen Untersuchung und die Blätter F I 27/64 und 65 (S. 94–96) mit § 20 der V. Logischen Untersuchung auf.

Für die Vorlesung über „Urteilstheorie" hat Husserl, wenn vielleicht nicht die ganze, so doch einen Teil der Vorlesung „Allgemeine Erkenntnistheorie" des Wintersemesters 1902/03[3] wieder gelesen. Aus dieser Lektüre erwuchs die von Husserl so genannte „Vorlesung E" (S. 41, Z. 11 – S. 49, Z. 10).[4] Diesen fünf Blätter umfassenden Text trug Husserl in der 7. Vorlesungsstunde vor. Nach der Rekapitulation einer „Reihe sehr schwieriger Begriffe", die Husserl in den vorangegangenen Vorlesungsstunden erörtert hatte, setzt sich die „Vorlesung E" vor allem mit der Phänomenologie auseinander, und sie endet mit einem „Zusatz über Deskription und phänomenologische Analyse", der sich auf die von Husserl als „46" paginierte Seite der Vorlesung „Allgemeine Erkenntnistheorie" des Wintersemesters 1902/03[5] bezieht. Vermutlich hat Husserl zur Anfertigung der „Vorlesung E" seinen Brief an Theodor Lipps über Psychologismus und Phänomenologie vom Januar 1904[6] herangezogen, weist er doch einige Übereinstimmung mit der „Vorlesung E" auf.[7]

---

[1] Auf Blatt „3" des II. Teils der Vorlesung notierte Husserl: „I. Untersuchung" (vgl. unten, S. 64. – Bezugnahmen auf den Text des vorliegenden Bandes werden im Folgenden nachgewiesen mit Seiten- und evtl. Zeilenangabe).

[2] Veröffentlicht in *Husserliana Materialien*, Bd. II.

[3] Veröffentlicht in *Husserliana Materialien*, Bd. III.

[4] Diese „Vorlesung E" kann nun, wie schon in der „Einleitung der Herausgeberin" zu *Husserliana Materialien*, Bd. III angedeutet wurde, endgültig als zur Vorlesung „Urteilstheorie" des Wintersemesters 1905 gehörig bestimmt werden. Bisher wurde die „Vorlesung E" zwischen 1903 und 1905 datiert. Vgl. Karl Schuhmann, *Die Dialektik der Phänomenologie II: Reine Phänomenologie und phänomenologische Philosophie*, Den Haag 1973, S.16, und Ullrich Melle, *Husserliana* XXIV, S. 511. In diesem *Husserliana*-Band wurde die „Vorlesung E" auf S. 380–387 erstmals veröffentlicht.

[5] *Husserliana Materialien*, Bd. III, S. 78.

[6] Edmund Husserl, *Briefwechsel*, Bd. II: *Die Münchener Phänomenologen*, S. 122-127.

[7] Einige Beispiele für diese Übereinstimmung: Im Brief schreibt Husserl: „ ‚Reine Logik' reicht so weit wie ‚reine Mathesis' " (*a.a.O.*, S. 122), in der „Vorlesung E": „So weit gefasst, als sie gefasst werden muss, ist die reine Logik identisch mit der *mathesis universalis.*" Der Brief sagt: „Ich gründe die Erkenntnistheorie auf die Phänomenologie" (*a.a.O.*, S. 124), die „Vorlesung E": „Andererseits ist aber eine Erkenntnistheorie ohne Phänomenologie nicht denkbar." Im Brief

Dass Husserl sich nicht nur mit der Vorlesung „Allgemeine Erkenntnistheorie" des Wintersemesters 1902/03 in Hinblick auf die „Urteilstheorie"
beschäftigt, sondern auch das Manuskript der „Logik" desselben Wintersemesters zur Hand genommen hat, beweisen die Blätter A I 17 II/134–139 (S.
70–79), die aus dieser Vorlesung stammen; aus ihnen hat er in der 11. und 12.
Vorlesungsstunde vorgetragen.

Hier muss noch erwähnt werden, dass auch Daubert in gewisser Beziehung für die „Urteilstheorie" offenbar von Bedeutung war. Die 21. Vorlesungsstunde beginnt Husserl mit einer Rekapitulation, in der er aber
unverzüglich übergeht zu einem neuen Gedanken, den er einleitet mit den
Worten: „Bezüglich des Aktes, den wir bloße Vorstellung nannten und den
wir dem Urteil gegenübersetzten, will ich hier eine wichtige Bemerkung
anfügen, die unsere allgemeinen Erörterungen über Akte, ohne sie geradezu
ernstlich zu modifizieren, doch in aufklärender Weise ergänzt." In diesem
Zusatz (S. 136–139) spricht Husserl von der „Einfühlung", und zwar in der
Bedeutung einer Aktmodifikation, einer Art Zwischensphäre zwischen der
bloßen Vorstellung eines Akts und dem originalen Vollzug dieses selben
Akts. Sein späterer einheitlicher Begriff der Einfühlung, wie er ihn ab 1908
gebraucht, bezieht sich dagegen auf die spezifische Art und Weise der In-
tersubjektivitätserkenntnis. Daubert seinerseits, der sich schon seit Beginn
seiner Studienzeit mit dem Begriff der Einfühlung beschäftigt hatte,[1] verwendete ihn gerade in dieser Bedeutung einer Aktmodifikation, die weder
bloßes Vorstellen noch originaler Vollzug, sondern eine Art Sympathie und
Verständnis für etwas oder jemanden ist. Somit ist es so gut wie sicher,
dass Husserl diesen in der genannten Rekapitulation der „Urteilstheorie"
auftretenden Begriff der Einfühlung von Daubert übernommen hat, mit dem
er, wie auch mit den anderen Studenten aus München, auch außerhalb der
Vorlesungen öfters zusammentraf.[2]

---

heißt es: „Erst hierdurch gewinnt das Phänomenologische eine psychologische Bedeutung. Mit
dieser scheinbar geringen Nüance ⟨verbinden sich⟩ fundamental verschiedene Betrachtungs-
weisen." (*a.a.O.*, S. 124), in der „Vorlesung E": „Von der Phänomenologie, und speziell der
Phänomenologie der Erkenntnis, haben wir unterschieden die deskriptive Psychologie und in
weiterer Folge selbstverständlich die Psychologie überhaupt. Es handelt sich hierbei um eine
Nuance, aber eine Nuance von fundamentaler Wichtigkeit."

[1] 1896–1898 hörte Daubert in Göttingen Vorlesungen bei dem Kunsthistoriker Robert Vischer, für den Einfühlung ein wichtiges Thema war ebenso wie für Theodor Lipps, bei dem
Daubert in München studierte. Auch während des Sommersemesters 1905 besuchte Daubert
ein Seminar bei Robert Vischer und sprach dort über „Einfühlung und Assoziation" und
„Ästhetik und Einfühlung".

[2] Entsprechend heißt es in einem Brief Dauberts an Wolf Dohrn vom 2. Juni 1905: „Der
persönliche Verkehr mit ihm ⟨Husserl⟩ ist sehr angenehm, vor allem gänzlich ungezwungen. Man

Aus Husserls Vorlesungsmanuskript ist ersichtlich, dass er sich auch noch später mit der urteilstheoretischen Vorlesung des Sommers 1905 beschäftigt hat. Seinen persönlichen Aufzeichnungen vom 25. September 1906 zufolge ordnete er Anfang September 1906 einen Teil seiner älteren Manuskripte.[1] Dieser Tagebucheintrag berichtet auch von neuen großen Plänen, die offenbar das Ergebnis dieser Beschäftigung waren: „Was habe ich für literarische Aufgaben zu bewältigen? Und welche Probleme? ... Weiter ⟨bedürfte es⟩ eine Urteilstheorie, das große Desiderat, wofür ich schon so viel gearbeitet habe. Hierzu habe ich die Vorlesungen und noch viel mehr unverarbeitete und zu verwertende Manuskripte. Im Zusammenhang mit der phänomenologischen Urteilstheorie stehen die Wesensanalysen der verschiedenen Satzformen, die andererseits zur Sphäre der reinen Grammatik gehören. Das ist nun wieder ein Feld für ein neues, großes Werk. ... Am meisten vorbereitet erscheinen mir bisher: ... 4. Zur Phänomenologie von Vorstellung und Urteil, oder zunächst Durchführung einer Urteilstheorie. Das gäbe wieder ein bedeutsames Werk. Ist das schon vorbereitet genug? "[2] Ebenso wie das nicht zur Vorlesung gehörige Blatt F I 27/34 dürfte Husserl damals auch die Blätter F I 27/35–40 in Hinblick auf das geplante Werk über Urteilstheorie zwischen

---

(d.h. wir Münchener) besucht ihn oder holt ihn zum Spaziergang ab, wenn man gerade Lust hat. " (Brief im Nachlass Aloys Fischers in der Bayerischen Staatsbibliothek München, Signatur Ana 345). Nachweislich hat Daubert übrigens auch bei seinem Besuch Husserls in Göttingen vom 1.– 3. Oktober 1906 diesem gegenüber ausführlich über die Einfühlungsfrage gesprochen und dabei unterschieden zwischen dem aktuellen Haben oder Erleben als Wahrnehmen, dem Mitmachen in der Einfühlung und dem Vorstellen als Denken an etwas bzw. Meinen von etwas (vgl. Dauberts Gesprächsnotiz auf Blatt A I 5/153v seines Nachlasses in der Bayerischen Staatsbibliothek München, Signatur Daubertiana). Wohl unter dem Eindruck dieser Gespräche zählt Husserl in einer der ersten Vorlesungen der „Einführung in die Logik und Erkenntniskritik" von 1906/07 zu den aktuellen Erlebnissen nicht nur Urteile, sondern auch „Erinnerungen an Urteile oder vorstellende Einfühlungen in Urteile" (*Husserliana* XXIV, S. 46). Wo immer Husserl vor 1908 den Terminus Einfühlung gebraucht (z.B. *Husserliana* XXIII, S. 180), gebraucht er ihn in der daubertschen Bedeutung. Damit wird die Auffassung von Iso Kern fraglich, Husserl habe den Einfühlungsbegriff in der Bedeutung von 1905 von Theodor Lipps oder gar von Alexius Meinong übernommen (vgl. Iso Kern, „Einleitung des Herausgebers" in *Husserliana* XIII, S. XXVII). Überdies veröffentlicht Kern in *Husserliana* XIII, S. 8f. das Blatt B II 2/29 aus dem Jahre 1908, in dem erstmals wieder der Begriff Einfühlung, allerdings in anderem Sinn als 1905, auftaucht, als Beilage zu den Seefelder Blättern 18 und 29 des Konvoluts A VI 10 vom Sommer 1905 (*a.a.O.*, S. 1–3), in denen dieser Einfühlungsbegriff jedoch keine Rolle spielt. So entsteht der irrige Eindruck, wenn nicht der Übereinstimmung, so doch eines Zusammenhangs zwischen den Einfühlungsbegriffen von 1905 und von 1908.

[1] Vgl. *Husserliana* XXIV, S. 444.

[2] *A.a.O.*, S. 445f.

den I. und II. Teil des Vorlesungsmanuskriptes gelegt haben. Der Text auf Blatt 34, der u.a. einige frühere, in den Umkreis der Urteilstheorie gehörige Arbeiten Husserls erwähnt, ist wohl im Zusammenhang dieser Ordnung seiner Manuskripte entstanden.[1] Die älteren Blätter 35 bis 40 behandeln verschiedene zur Urteilstheorie gehörige Themen wie Vorstellungsintention und Willensintention, Benennung und Prädikation, Annahmen, Psychologismus und Objektivismus sowie die Abstraktion von Begriffen. Vermutlich ebenfalls im Herbst 1906 hat Husserl den zweiten Teil der Vorlesung durchpaginiert.[2] Zu einer weiteren Bearbeitung des Vorlesungsmanuskripts in Hinblick auf eine Veröffentlichung ist es allerdings nicht mehr gekommen.

Die Beschäftigung mit der Vorlesung im Herbst 1906 war auch von Einfluss auf die Vorlesung „Einführung in die Logik und Erkenntniskritik" des Wintersemesters 1906/07,[3] die vor allem mit einigen Blättern des I. Teils der Vorlesung von 1905 Ähnlichkeit aufweist.[4] Darüberhinaus hat Husserl einige Blätter aus der „Urteilstheorie" von 1905 in die Vorlesung von 1906/07 eingelegt. Blatt F I 27/25b trägt die entsprechende Notiz: „Eine Reihe von Blättern liegen in den Vorlesungen über Einführung in die Logik und Erkenntnistheorie (1906) bei (p. 129)."[5]

Ein vermutlich aus dem Jahr 1908 stammendes und in die „Urteilstheorie" eingelegtes Blatt mit dem Titel „ ‚Materie' oder ‚Repräsentation' " und der husserlschen Paginierung „ad 38" (F I 27/82; S. 115, Anm. 1) weist darauf

---

[1] Diese Notiz lautet: „Zur Urteilstheorie. Aufgaben der Urteilstheorie überhaupt. Die *belief*-Theorie. Urteilen und Bemerken, Vorfinden. Sinn des Existentialsatzes: vgl. dazu meine ausführliche Rezension von Cornelius' Existentialurteil, besonders die Reinschrift. Ferner im Umschlag Folio: Vorstellen und Urteilen, aus ganz alter Zeit (93)." Entsprechend schreibt Husserl in der Tagebuchnotiz vom 25. September 1906: „Am meisten vorbereitet erscheinen mir bisher: ... 6. ⟨die⟩ Auseinandersetzung mit Cornelius." (*Husserliana* XXIV, S. 446f.).

[2] Jedenfalls muss die Vorlesung schon vor 1908 paginiert gewesen sein, als Husserl das von ihm als „ad 38" paginierte Blatt (F I 27/82; S. 115, Anm. 1) in das Vorlesungsmanuskript hineinlegte.

[3] Veröffentlicht in *Husserliana* XXIV.

[4] Hier ist z.B. Blatt F I 27/14 (S. 16, Z. 30 – S. 18, Z. 13) zu nennen, dessen Text zum Teil wörtlich mit *Husserliana* XXIV, S. 71f. übereinkommt; auch trägt F I 27/14a als Randbemerkung von 1906/07 den in der Vorlesung von 1906/07 (*a.a.O.*, S. 71) verwendeten Ausdruck „Anatomie und Morphologie der Sätze". Die Blätter F I 27/26b und F I 27/27a (S. 33, Z. 27 – S. 35, Z. 1), die Husserl 1906/07 mit den Randbemerkungen „Im Ganzen ausgenützt" bzw. „Ausgenützt" versehen hat, bilden die Grundlage von *Husserliana* XXIV, S. 179–188.

[5] Es handelte sich ursprünglich um fünf, von „1" bis „5" paginierte Blätter, von denen aber nur noch die beiden letzten als die Blätter 99 und 100 in Ms. F I 10 liegen. Die drei ersten Blätter konnten nicht aufgefunden werden.

hin, dass Husserl die Vorlesung über „Urteilstheorie" auch 1908 nochmals durchgesehen hat. Dies geschah vielleicht mit Blick auf die „Vorlesung über Urteil und Bedeutung" vom Sommersemester 1908.[1]

*

Der Vergleich des Vorlesungsmanuskriptes mit der oben erwähnten Vorlesungsmitschrift Johannes Dauberts[2] ermöglichte es, den ursprünglichen Vorlesungstext weitgehend zu rekonstruieren. Die so genannte „Vorlesung E" (S. 41, Z. 11 – S. 49, Z. 10) konnte dank dieser Mitschrift endgültig der Vorlesung „Urteilstheorie" von 1905 zugeordnet werden.[3] Desgleichen ließen sich die in Konvolut F I 26 liegenden Blätter 3–8 (S. 49, Z. 11 – S. 57, Z. 35)[4] dadurch eindeutig in die „Urteilstheorie" eingliedern,[5] ebenso wie die von Husserl als „4" und „5" paginierten Blätter 99 und 100 des Konvoluts F I 10 (S. 31, Z. 1 – S. 32, Z. 39)[6]. Auch konnte die Wiederverwendung der aus der Vorlesung „Logik" des Wintersemesters 1902/03[7] stammenden Blätter 134–139 aus Konvolut A I 17 II (S. 70–79) festgestellt werden. Darüberhinaus enthält die daubertsche Vorlesungsmitschrift Textstücke, die im husserlschen Vorlesungsmanuskript fehlen und auch sonst in seinem Nachlass nicht aufgefunden werden konnten. Die drei ersten der fünf in die Vorlesung „Einführung in die Logik und Erkenntniskritik" des Wintersemesters 1906/07 eingelegten Blätter wurden schon als im Vorlesungsmanuskript fehlend erwähnt. Weiter fehlen dort ca. zwei Vorlesungsblätter am Ende der 6. Vorlesungsstunde, die Husserl möglicherweise wegen einer in ihnen enthaltenen „missverständlichen Behauptung" (wie er sich in der 7. Vorlesungsstunde äußert)[8] weggeworfen hat. In der 9. und 10. Vorlesungsstunde gebrauchte Husserl als Vorlage seine *Logischen*

---

[1] Veröffentlicht in *Husserliana* XXVI. Ein Zusammenhang zwischen beiden Vorlesungen ist aber nicht feststellbar.

[2] Von dieser Mitschrift liegt eine Kopie unter der Signatur N I 1 im Husserl-Archiv zu Löwen.

[3] Vgl. S. IX, Anm. 4.

[4] Erstmals veröffentlicht in *Husserliana* XXIV, S. 372–379.

[5] Ullrich Melle bezeichnet diese Blätter als „wohl aus der Vorlesung ‚Urteilstheorie' " stammend (*Husserliana* XXIV, S. 372); Karl Schuhmann hatte die Vermutung geäußert, die Blätter 3–7 aus F I 26 könnten zu der im Winter 1902/03 gehaltenen Vorlesung über „Logik" gehören (vgl. Karl Schuhmann, *Die Dialektik der Phänomenologie II: Reine Phänomenologie und phänomenologische Philosophie*, Den Haag 1973, S.12f.).

[6] Über diese beiden Blätter schreibt Ullrich Melle in *Husserliana* XXIV, S. 476: „In welchen Zusammenhang sie ursprünglich gehörten, konnte nicht ermittelt werden. Sachlich stehen sie jedoch der Vorlesung von 1902/03 ⟨=„Allgemeine Erkenntnistheorie"⟩ nahe."

[7] Veröffentlicht in *Husserliana Materialien*, Bd. II.

[8] Siehe unten S. 49.

Untersuchungen, und am Ende der letzten Vorlesungsstunde trug er wohl völlig frei vor. Neben diesen größeren Textstücken enthält die daubertsche Mitschrift noch kleinere Hinzufügungen, die bei Husserl keine Entsprechung haben.[1] Ob es sich hier allerdings um husserlsche Ergänzungen über das Vorlesungsmanuskript hinaus handelt oder um daubertsche Zufügungen im Rahmen einer Überarbeitung,[2] lässt sich nicht feststellen.

*

Husserl hat die Vorlesung „Urteilstheorie" vom Sommersemester 1905 während des laufenden Semesters in Gabelsberger Stenographie auf mittengefaltete Blätter niedergeschrieben, den ersten Teil beinahe vollständig mit Bleistift, den zweiten Teil mit Tinte. Neben Veränderungen und Randbemerkungen, die Husserl zur Zeit der Niederschrift vorgenommen hat (mit Tinte auf mit Tinte geschriebenen bzw. mit Bleistift auf mit Bleistift geschriebenen Blättern[3]), weist das Vorlesungsmanuskript auch spätere Streichungen, Veränderungen, Hinzufügungen und Randbemerkungen mit Bleistift, Blaustift, Rotstift und vom Vorlesungsmanuskript abweichender Tinte auf. Der Text ist weder durch Überschriften noch nach einzelnen Vorlesungen gegliedert.[4] Nur an einigen wenigen Stellen hat Husserl den Text am Rand mit inhaltlichen Hinweisen versehen, die zu unterschiedlichen Zeiten ent-

---

[1] Z.B. heißt es bei Daubert: „In dieser Hinsicht hat Marty gegen Prantl recht" (N I 1/6a), während diese Namen auf dem entsprechenden Blatt F I 27/45a nicht auftauchen. Oder: Auf Blatt N I 1/13a nennt Daubert Boole, der bei Husserl auf dem entsprechenden Blatt F I 27/72b nicht genannt wird. Auch einige Beispiele, die Daubert bringt, finden sich nicht bei Husserl.

[2] Es liegt die Vermutung nahe, dass Daubert seine Mitschrift zum Teil überarbeitet hat. So ist z.B. auf Blatt N I 1/8 und 9 die Reihenfolge der Sätze eine andere als die auf dem entsprechenden Blatt F I 27/47b bei Husserl. Auf Blatt F I 27/47b steht das Wort „Tannenbaum" am Anfang eines langen Satzes, bei Daubert dagegen am Ende (N I 1/11). Auf Blatt F I 27/63a nennt Husserl als Beispiel erst Wilhelm II. und dann das gleichwinklige Dreieck, Daubert dagegen umgekehrt (N I 1/12). Auch gebraucht Daubert ab und zu andere Ausdrücke als Husserl. Z.B. schreibt er auf N I 1/15 „belief-Moment", wo Husserl „Moment der Anerkennung oder Verwerfung" (F I 27/80a) sagt. Auf Blatt N I 1/13a gliedert Daubert den Text in I. und II. und gebraucht den Terminus „leere Objektivation", während Husserls Text (F I 27/71a) ungegliedert ist und hier der Ausdruck „symbolische Objektivierung" gebraucht wird. Obendrein weist die Daubertmitschrift farbige Unterstreichungen auf.

[3] Auch Bleistiftveränderungen auf mit Tinte geschriebenen Blättern können aber mehr oder weniger gleichzeitig sein, wie eine Bleistifthinzufügung auf Blatt F I 27/86b zeigt, die selbst wieder eine Einfügung mit derselben Tinte enthält, mit der Husserl die Tintenblätter der Vorlesung niedergeschrieben hat. Vielleicht entstanden solche Veränderungen in Zusammenhang mit der Vorbereitung der nächsten Vorlesungsstunde.

[4] Die unten in Fußnoten angegebene Abtrennung der einzelnen Vorlesungsstunden ist der Mitschrift Dauberts entnommen.

standen sein dürften.[1] Allerdings hat Husserl die Blätter des zweiten Teiles
der Vorlesung (wie schon erwähnt wurde, wohl im Herbst 1906) mit Bleistift
paginiert.

Der weitaus größte Teil des Vorlesungsmanuskripts liegt in Konvolut F I
27, das in zwei Bündel, einen Einleitungteil und einen Hauptteil der Vorlesung unterteilt ist. Der Umschlag des ersten Bündels (F I 27/1+41) trägt mit
Tinte die Aufschrift: „Göttinger Vorlesungen über Urteilstheorie. S/S 1905.
I. Teil: ,Sinn der Urteilstheorien'. Psychologische Urteilstheorien, grammatische Urteilstheorien, rein logische Urteilstheorien, erkenntnistheoretische
Urteilstheorien, phänomenologische Urteilstheorien." Später[2] fügte Husserl
mit Bleistift rechts am oberen Rand „1905" hinzu, ebenso die Bemerkungen
„noch nicht transzendentale Reduktion!" neben der Aufschrift „Sinn der
Urteilstheorien" und „Hier ist Phänomenologie noch allgemeine Wesens-
lehre des Bewusstseins" am Ende des Tintentextes. Die Blätter F I 27/2–
12 und 14–30 (S. 3, Z. 4 – S. 40, Z. 11) sind mit Bleistift geschrieben, die
Blätter 31–33 (S. 57, Z. 36 – S. 61, Z. 33) mit Tinte. Zwischen den mit
Bleistift und den mit Tinte beschriebenen Blättern fehlt eine Reihe von
Vorlesungsblättern. Blatt F I 27/13 ist eine Verlagsanzeige des im Verlag
von Bruno Cassirer, Berlin erschienenen Werkes von Ernst Cassirer, *Das
Erkenntnisproblem in der Philosophie und Wissenschaft der neueren Zeit*.[3]
Zwischen Blatt F I 27/25 und 26 fehlen einige Blätter. Dementsprechend
trägt Blatt F I 27/25b die Notiz: „Eine Reihe von Blättern liegen in den
Vorlesungen über Einführung in die Logik und Erkenntnistheorie (1906) bei
(p. 129)." Am Ende des ersten Bündels liegen die oben erwähnten teilweise
älteren Blätter F I 27/34–40, die Husserl im Zusammenhang der Ordnung
seiner Manuskripte und in Hinblick auf ein Werk über Urteilstheorie in
das Vorlesungsmanuskript eingelegt hat. Die Rückseite von Blatt 35 bildet

---

[1] Wohl von 1906/07 sind folgende Randbemerkungen: „Urteilstheorie als Anatomie und
Morphologie der Sätze" (F I 27/14a; S. 16, Z. 30 – S. 17, Z. 21); „Materie, Sinn" (F I 27/62a; S.
93, Z. 17 – S. 94, Z. 15); „Rekapitulation" und „Vorstellungsinhalt – Urteilsinhalt" (F I 27/86a;
S. 119, Z. 18 – S. 120, Z. 5); „Prädikative Urteile" (F I 27/88a; S. 121, Z. 8–33); „Rekapitulation"
(F I 27/110a; S. 148, Z. 7–29). Vermutlich von 1908 sind die Randbemerkungen „Kategoriale
Akte" (F I 27/108a; S. 145, Z. 28 – S. 146, Z. 11) und „Kategorien" (F I 27/108b; S. 146, Z. 11 – S.
147, Z. 3). Die Randbemerkung „Impression – Idee" (F I 27/99b; S. 135, Z. 28 – S. 136, Z. 13) ist
später als 1905. Wohl später als 1905 sind auch die beiden Randbemerkungen „Rekapitulation"
(F I 27/99a; S. 135, Z. 8–28) und „Zum Begriff der ,Vorstellung'" (F I 27/99b; S. 135, Z. 28 – S.
136, Z. 13).

[2] Wohl in Hinblick auf die Vorlesung „Einleitung in die Logik und Erkenntniskritik" des
Wintersemesters 1906/07.

[3] Da dieses Werk 1906 erschienen ist, zeugt auch diese Verlagsanzeige von einer Beschäftigung
mit der „Urteilstheorie" im Herbst 1906.

ein Göttinger Universitätsschreiben vom 1. Dezember 1904. Der Umschlag des zweiten Bündels (F I 27/42+119), das die Blätter 43–118 (S. 62–159) enthält, trägt mit Tinte die Aufschrift: „Vorlesungen über Urteilstheorie. II. Teil: Grundlegung zu einer allgemeinen Phänomenologie des Urteils. Sommersemester 1905." Mit Blaustift fügte Husserl, wohl später, hinzu: „p. 55: Impression und Idee."[1] Bis auf das Bleistiftblatt F I 27/46 (S. 67, Z. 5–24) sind alle Blätter dieses zweiten Teils mit Tinte geschrieben, das Beilageblatt F I 27/82 (S. 115, Anm. 1) allerdings mit einer Tinte, die Husserl erst um 1908/09 gebrauchte. Dieser zweite Teil der Vorlesung wurde, wie schon erwähnt, von Husserl vermutlich im Herbst 1906 mit Bleistift von „1" bis „74" paginiert.

Zwei der zwischen den Blättern F I 27/25 und 26 fehlenden Blätter (S. 31, Z. 1 – S. 32, Z. 39) liegen als die Blätter 99 und 100 im Konvolut F I 10. Sie sind wie die Blätter, zwischen denen sie ursprünglich lagen, ebenfalls mit Bleistift geschrieben. Da sie die husserlsche Bleistiftpaginierung „4" und „5" tragen,[2] ist anzunehmen, dass es sich ursprünglich um fünf Blätter handelte, von denen die drei ersten indessen nicht aufgefunden werden konnten. Der Umschlag des Konvoluts trägt mit Blaustift folgende Aufschrift: „Vorlesungen ‚Einleitung in die Logik und Erkenntnistheorie', Göttingen 1906/07. ‚Noetik', Theorie der Erkenntnis und Phänomenologie." Die durchgehend mit Tinte geschriebenen, aus dieser Vorlesung von 1906/07 stammenden Blätter 3–98 sind von Husserl mit Bleistift von „88" bis „176" paginiert.

Die im Einleitungsteil zwischen F I 27/30 und 31 fehlenden elf Blätter (S. 41, Z. 11 – S. 57, Z. 35) liegen als die Blätter 9–13 (die so genannte „Vorlesung E") und 3–8 im Konvolut F I 26.[3] Dieses Konvolut ist in drei Bündel unterteilt, die von einem Gesamtumschlag umschlossen sind; dieser trägt mit Blaustift die Aufschrift: „Vorlesungen über Erkenntnistheorie 1902/03". Für den Umschlag (F I 26/2+14) des ersten Bündels, in dem die fehlenden Blätter liegen, verwendete Husserl ein Schreiben des Ministers für Unterrichts- und Medizinal-Angelegenheiten vom 4. Oktober 1906. Darauf schrieb Husserl mit Bleistift: „Darin Vorlesung ‚E'. Darin 1) eine Reihe von Blättern aus der allgemeinen erkenntnistheoretischen Einleitung zur

---

[1] Dieser Zusatz stammt vermutlich von 1908 und bezieht sich auf Blatt F I 27/99b (S. 135, Z. 28 – S. 136, Z. 13), das Husserl, wohl ebenfalls 1908, mit der Randbemerkung „Impression – Idee" versehen hat.

[2] Diese Blätter wurden vermutlich 1906/07 von Husserl paginiert, als er sie aus der „Urteilstheorie" entnahm und in die Vorlesung „Einführung in die Logik und Erkenntniskritik" vom Winter 1906/07 einlegte.

[3] Für eine ausführliche Beschreibung dieses Manuskripts vgl. die „Einleitung der Herausgeberin" in *Husserliana Materialien*, Bd. III, S. XII-XIV.

Urteilstheorie; 2) Vorlesung E. Parallele Ausführungen in den Vorlesungen über Erkenntnistheorie, noch nachzulesen. Begriff der Erkenntnistheorie und Phänomenologie; Ausgangspunkt der phänomenologischen Methode: Cartesianische Zweifelsbetrachtung. Erkenntnistheoretisch." Danach folgt mit Blaustift die Aufschrift: „Beilage zur Vorlesung über Erkenntnistheorie 1906/07, ad I" mit der Bleistifthinzufügung: „Wohl dieselbe Vorlesung wie 1902/3". Das zweite Bündel besteht aus einer Reihe von Blättern der Vorlesung „Erkenntnistheorie und Hauptpunkte der Metaphysik" des Wintersemesters 1898/99.[1] Das dritte Bündel enthält die von „1" bis „129" paginierten Blätter der Vorlesung „Allgemeine Erkenntnistheorie" vom Wintersemester 1902/03.[2]

Die in der „Urteilstheorie" wieder verwendeten Blätter aus der Logikvorlesung des Wintersemesters 1902/03 (S. 70, Z. 38 – S. 79, Z. 9) liegen als die von Husserl mit Bleistift von „5" bis „10" paginierten Blätter 134–139 in Konvolut A I 17 II.[3] Dieses im Zusammenhang der Umarbeitung der VI. Logischen Untersuchung angelegte Sammelkonvolut enthält 154 in verschiedenen Umschlägen liegende Blätter, die Themen behandeln wie „Ausdruck von Wahrheitssätzen" und „Ausdrücken als angebliches Erkennen" (Umschlag A I 17 II/2+38) , „Wort" und „Zeichen" (Umschlag A I 17 II/39+115), „signum und verbum" und „Apperzeption" (Umschlag A I 17 II/116+126). Die zur Logikvorlesung von 1902/03 gehörigen Blätter 130–153 bilden den Abschluss des Konvoluts. Um Blatt A I 17 II/135a an Blatt F I 27/49b anschließen zu können, klammerte Husserl den ersten Satz ein, der den letzten Satz des aus der Vorlesung „Logik und Erkenntnistheorie" vom Wintersemester 1901/02[4] stammenden Blattes A I 17 II/132a fortsetzt. Zunächst trug Husserl die Blätter 135–136 vor, dann Blatt 134 (1902/03 hatte er zwischen Blatt 136 und 134 noch Blatt 133 eingeschoben), danach die Blätter 137–139.

*

Ebenso wenig wie die in *Husserliana Materialien*, Bd. II und III veröffentlichten Vorlesungen „Logik" und „Allgemeine Erkenntnistheorie"

---

[1] Veröffentlicht in *Husserliana Materialien*, Bd. III, S. 225–251.

[2] Veröffentlicht in *Husserliana Materialien*, Bd. III.

[3] Diese Blätter wurden erstmals veröffentlicht in *Husserliana Materialien*, Bd. II, S. 56–59 und 63–68.

[4] In die Vorlesung „Logik" vom Wintersemester 1902/03 wurden verschiedene Blätter der Vorlesung „Logik und Erkenntnistheorie" vom Wintersemester 1901/02 eingearbeitet (vgl. „Einleitung der Herausgeberin" in *Husserliana Materialien*, Bd. II, S. VII, Anm. 3).

von 1902/03, hat Husserl auch die Vorlesung „Urteilstheorie" im Ganzen umgearbeitet oder in einem späteren Semester in veränderter Form wieder vorgetragen. Da also (im Gegensatz zu der in *Husserliana Materialien*, Bd. I veröffentlichten Logikvorlesung von 1896, die Husserl direkt im Anschluss an dieses Sommersemester vollständig bearbeitet und durchgegliedert hat) nicht von einer Gesamtbearbeitung gesprochen werden kann, wird die in diesem Band veröffentlichte Vorlesung, wie schon die beiden Vorlesungen von 1902/03, nicht in Letztfassung geboten; vielmehr wurde weitgehend der ursprüngliche Vorlesungstext rekonstruiert. Dementsprechend wurden später gestrichene Textstücke im Text belassen und die Streichungen nur in den Fußnoten angegeben. Spätere Textveränderungen und Hinzufügungen werden in Fußnoten gebracht. Kleinere Veränderungen, auch stilistischer und grammatischer Art sowie solche, bei denen keinerlei Hinweis, weder inhaltlich noch sonstwie, vorliegt, ob sie noch während des Semesters, kurz danach oder erst später vorgenommen wurden, sind in den Drucktext aufgenommen, ohne dass dies eigens in Fußnoten erwähnt würde. Während der Niederschrift gestrichene und durch einen anderen Text ersetzte Textstücke werden, sofern sie inhaltlich Neues bringen und von einiger Wichtigkeit sind, in Auswahl in den Fußnoten geboten. Randbemerkungen aus der Zeit der Niederschrift wurden nach Möglichkeit in den Text eingegliedert. Alle sonstigen Randbemerkungen, sowohl mit der Niederschrift gleichzeitige als auch spätere, werden als Fußnoten gegeben. Dabei erhielten nur spätere Änderungen einen speziellen Zeithinweis. Auch die 1905 auf den wieder verwendeten Blättern der Logikvorlesung von 1902/03 vorgenommenen Veränderungen werden nicht eigens gekennzeichnet. Da alle Textstücke, die von Husserl in eckige Klammern gesetzt wurden, in der daubertschen Vorlesungsmitschrift fehlen, darf angenommen werden, dass Husserl diese Textstücke nicht vorgetragen hat. Demgemäß werden sie nicht im Text selber, sondern als Fußnoten abgedruckt. Anstelle der in Husserls Vorlesungsmanuskript fehlenden Textstücke wurden die entsprechenden Stücke der daubertschen Mitschrift in kleinerem Druck und mit dem hinzugefügten Hinweis „Aus der Vorlesungsmitschrift Dauberts" eingeschoben. Der Übersicht halber wurden dem Vorlesungstext einige wenige Überschriften eingefügt, für die auch zwei von Husserls späteren Randbemerkungen benutzt wurden.

Fußnoten mit Asterisken enthalten neben einigen Erläuterungen zu von Husserl in der Vorlesung gebrauchten Beispielen Literaturnachweise der Herausgeberin.

Verschreibungen Husserls und fehlerhafte Sätze wurden stillschweigend korrigiert. Alle Hinzufügungen der Herausgeberin sind in spitze Klammern

⟨...⟩ gesetzt. Die in den Manuskripten überaus zahlreichen Unterstreichungen Husserls wurden nur in den wenigen Fällen (und zwar als Sperrdruck) berücksichtigt, in denen sie zum besseren Verständnis des Textes beitragen. Die Rechtschreibung wurde weitgehend den neuen Regeln des Duden angepasst.

*

An dieser Stelle möchte ich dem Direktor des Husserl-Archivs zu Löwen, Professor Rudolf Bernet, und ebenso Professor Ullrich Melle meinen Dank aussprechen für ihre Unterstützung und Förderung meiner Arbeit. Karl Schuhmann danke ich für hilfreiche Anregungen.

Elisabeth Schuhmann

URTEILSTHEORIE

VORLESUNG 1905

I. TEIL

SINN DER URTEILSTHEORIEN

⟨Reine Logik und Urteilstheorie⟩

Seit[1] dem Erscheinen der *Logik* Sigwarts und der *Psychologie* Brentanos gehört es zu den Gemeinplätzen der philosophischen Literatur, dass eine Urteilstheorie das Hauptfundament jeder wissenschaftlichen Logik und Erkenntnistheorie bilden muss. Nahezu alle bedeutenden Systematiker der letzten Jahrzehnte haben sich nun heiß gemüht, diese von ihnen stark empfundene Lücke in unseren fundamentalen Einsichten auszufüllen. Männer wie Lotze, Bergmann, Schuppe, Wundt, Erdmann, Lipps treten mit neuen Systemen der Logik auf den Plan und gründen diese auf neue Behandlungen des so genannten Urteilsproblems. Auch eine Fülle von Spezialabhandlungen ist dem Urteilsgebiet zugewendet, teil⟨s⟩ von logischen, teils von psychologischen und erkenntnistheoretischen. Es bildet auch in allen größeren erkenntnistheoretischen Werken ein Hauptthema. Ich nenne hier nur wenige Namen: Marty, Riehl, Windelband, Rickert, Volkelt, Cornelius, v. Kries usw. Und auch die vorhin genannten Forscher sind außer in ihren logischen Werken an dieser großen Literatur beteiligt. Entsprechen diesen großen und umfassenden Bemühungen auch große und bleibende Erfolge? Leider kann die Antwort nicht befriedigend ausfallen. Leider hat diese Literatur nur zu sehr den Charakter einer philosophischen Literatur. Es ist peinlich, sich durch diesen Strom von großen und kleinen Schriften durchzuarbeiten. Viele zuversichtliche Behauptungen und Theorien, aber wie gering der Belauf an wirklich festen Ergebnissen, die scharf bestimmt und klar erwiesen als Unterlage für sichere Fortschritte dienen könnten. Mit Beschämung und Neid müssen wir Philosophen, hier wie sonst, auf die exakten Wissenschaften hinblicken, wo für Scheinarbeit und Scheinleistung kein Raum mehr ist, wo eine sichere Methodik, dies Erbstück großer Forschergenerationen, zweifellose Ergebnisse ermöglicht und wo daher kein noch so geistreiches Reden über Dinge statt ihrer Erledigung durch Hand anlegende Arbeit sich breit machen

---

[1] *1. Stunde (wohl 3. Mai 1905).*

kann. Man „philosophiert" nicht über die Sachen, man fasst an und bringt sie von der Stelle. Dieser böse Nebensinn des Wortes „philosophieren" sagt schon, woran unsere Wissenschaft noch immer krankt.

Was wir vor allem beklagen müssen, das ist die Unzulänglichkeit der Problemstellungen und der Mangel an jenen mühseligen vorbereitenden Analysen, welche die wesentlichen Demarkationslinien der Begriffe und Phänomene hervortreten lassen und damit feste und hinreichend scharfe Problembegrenzungen ermöglichen.

Man spricht vom „Urteilsproblem" als problematischem Korrelat der „Urteilstheorie". Was ist das für ein Problem? Es ist natürlich nicht ein Problem, sondern eine ganze Kette von Problemen und Problemklassen, die leider ziemlich verworren ineinander laufen. Daher besonders die Peinlichkeit, die jedermann, der an klares Denken gewöhnt ist, bei der Lektüre jener Literatur empfindet. Die Ziele der Untersuchung schwanken wie in einem Nebel, die Begriffe, mit denen operiert wird, entbehren der Schärfe, und dabei wird zumeist so geredet, als wäre alles klar und als besäße man wirkliche Erkenntnisse und Theorien statt vager Gedankenversuche. Auf Brentano, der an der Spitze dieser Bewegung steht, möchte ich diesen Vorwurf allerdings nicht beziehen. Ihm als dem Ersten, dem die Bedeutung einer rein deskriptiven Analyse des Urteils aufgeht, konnten sich die Probleme noch nicht in ihrer ganzen Größe und Verwicklung darstellen. Seine Tendenz auf durchgehende Hauptlinien, eine gewisse Neigung zu radikaler Vereinfachung, eine gewisse Neigung, die zunächst erschauten Punkte als die allein wesentlichen gelten zu lassen und in der wissenschaftlichen Behandlung des Gebietes sie allein zu berücksichtigen, wirkt ebenfalls mit, um ihm die Fülle und Verwicklung tief liegender Probleme zu verhüllen. Methodisch ist seine Psychologie bewunderungswürdig. Er beginnt, wie begonnen werden muss, mit reinen Deskriptionen. In der Hauptsache rein deskriptiv führt er den Unterschied zwischen physischen und psychischen Phänomenen ein, wiederum in rein deskriptiver Analyse klassifiziert er die psychischen Phänomene und glaubt, feste Grundlinien zwischen Vorstellungen, Urteilen und Gemütsbewegungen als den psychischen Hauptklassen gewonnen zu haben. Die Urteile finden hier eine bestimmte, scharf umgrenzte Stelle, sie bilden eine Grundklasse psychischer Phänomene. Sie erfahren Anfänge einer rein phänomenologischen Analyse, nämlich in Relation zu den anderen Grundklassen, und weitere Wesensanalysen versucht Brentano in den Vorlesungen nachzuholen, wobei es freilich immer etwas radikal, kurz und einfach zugeht. Seine Theorien sind sehr wertvoll, soweit sie reichen, sie bestechen durch ihre Klarheit und Einfachheit, aber der Fülle der Phänomene und ⟨den⟩ aus ihnen zu abstrahierenden Wesensbegriffen, der Fülle tiefer liegender, allerschwierigster und für die Erkenntniskritik gerade entscheidender Probleme werden sie nicht gerecht. Die Dinge sind leider nicht so einfach, wie sie sich Brentanos Blicken darstellen, und versucht man sie so einfach zu nehmen, so bleiben alle wesentlichen erkenntniskritischen Fragen unbeantwortet, ja kaum formuliert. Immerhin hat Brentano sich um die deskriptive Psychologie und Phänomenologie des Urteils unvergessliche Verdienste erworben und überragt in methodischer Hinsicht seine Nachfolger und Mitarbeiter wesentlich. Bei diesen macht sich das Gefühl der Unzulänglichkeit der von Brentano dargebotenen Theorien zwar stark geltend; aber sie fassen nicht den wertvollen Kern, sie erweisen sich, bei dem ausnehmenden Mangel an Schärfe und methodischer Kraft, unfähig, die Problemverwicklungen, die Brentanos Radikalismus weggestrichen hatte, auseinander zu falten und damit dem dunklen Gefühl sein Recht zu verschaffen, das an Brentanos Lehren immer wieder Anstoß nahm. Das gilt auch von Sigwart. Sein Versuch über das Urteil geht dem Brentanos parallel, aber die späteren Auflagen der *Logik*, die auf Brentano schon Rücksicht nehmen, bedeuten keine wesentlichen Fortschritte. Sigwarts *Logik* ist sicher ein ernstes und bedeutendes Werk, aber in allen prinzipiellen Fragen, und so auch in der Problematik des Urteilsgebietes, unklar.

Bei den Nachfolgern steht es nicht wesentlich besser. Jeder Neukommende fühlt von neuem Unzulänglichkeiten, versucht neue Ansätze. Jeder sieht eine neue Seite an den Sachen und sucht sie ans Licht zu bringen. Aber es wird nicht ernstlich Licht, weil es an hinreichend scharfen Begriffen und hinreichend sicher fundierenden Untersuchungen fehlt, so dass sich kein Grundstock von erwiesenen und Anerkennung erzwingenden Wahrheiten sammelt, der sich zur Einheit einer objektiven Theorie schrittweise erweitert.

Inwiefern dieses harte Urteil, das sich natürlich nicht gegen Personen, sondern gegen den Stand der Wissenschaft richtet, berechtigt ist, muss ich Ihnen überlassen, späterhin zu verifizieren. Es richtet sich, sage ich, gegen den Stand der Wissenschaft. Denn die Hauptschuld liegt, meine ich, darin, dass es in der Philosophie an jener vollen Konzentration der Arbeit auf Einzelprobleme und Grundprobleme fehlt, welche die Vorbedingung des Erwachsens echter und strenger Wissenschaft ist. Es steckt uns noch immer das Erbübel der Systemphilosophie im Blute. In weiten Kreisen der Philosophen fehlt jedenfalls noch die Einsicht, dass der Einzelne nicht eine Wissenschaft schafft, sondern bestenfalls einzelne Bausteine zu einem künftigen Bau derselben beizutragen vermag. Auch der Philosoph darf nicht zu vornehm sein, eine Arbeit vieler Jahre und, wenn nötig, eine Arbeit seines ganzen Lebens auf ein relativ kleines Gebiet seiner Wissenschaft zu konzentrieren. Aber solche Bescheidung, die in jeder exakten Wissenschaft selbstverständlich ist, ist den Philosophen fremd. Der Philosoph will alle philosophischen Gebiete umspannen, und da keines wissenschaftlich fest begründet ist, so will er sie alle begründen und neu gestalten. Treibt er also Logik, so will er gleich eine ganze Logik schaffen. Tritt ihm hier das Urteilsproblem entgegen, nun, so muss er es erledigen, aber er arbeitet daran nur als ⟨an⟩ einem kleinen Grundstück eines ganzen Systems. Da geht es denn etwas kurz und radikal vonstatten. Man will nur in der „Hauptsache" klar werden, man sucht nur die systematischen Hauptlinien und sieht leider nicht, dass solch ein Philoso-phieren von oben kein wissenschaftliches Verfahren ist und dass die Dinge nur von innen und vom Fundament aus erfasst und erledigt werden können. Dabei will man ja auch nicht „bloß Logiker" sein und dem gefürchteten Vorwurf der Einseitigkeit unterliegen. Man soll auch Metaphysiker, Ethiker, Ästhetiker, Psychologe sein usw. Da gibt es also so manche Grundprobleme ⟨zu⟩ erledigen und systematische Schöpfungen ⟨zu⟩ vollziehen.

Gewiss, der Charakter der Philosophie als der Wissenschaft oberster Ein-heit ist mit schuld an dieser Sachlage. Was drängt uns doch zur Philosophie? Ein leidenschaftliches Sehnen nach Weltanschauung, ein tiefstes Bedürfnis, über die Versplitterung von Einzelkenntnissen und Einzeldisziplinen hinaus-zukommen und Prinzipien zu gewinnen, nach denen wir die letzten Reali-tätswerte bestimmen, Sinn und Wesen der Gesamtwirklichkeit verstehen und darin auch uns selbst mit unseren Idealen und Pflichten und in unserer Stel-lung in der Welt verstehen können. Da ist es freilich keine frohe Botschaft, die uns verkündet, dass die Prinzipien, von denen dies Verständnis in der Welt der Dinge und Ideale abhängt, uns nicht in genialen Intuitionen zufallen und dass unsere Aufgabe nicht nur darin bestehen kann, diese erschauten Prinzipien in einer systematischen Weltansicht durchzuführen, sondern dass es voraufgehender Prinzipienforschung bedarf, die nur in selbstlosen und überaus mühseligen und langwierigen Einzeluntersuchungen zu Ergebnissen führen kann. Es sind Forschungen, die wir alle nicht erledigen werden, an denen ganze Generationen mit aller Anspannung der Kraft arbeiten müssen. Das ist freilich schlimm. Also auch hier wieder Detailarbeit, wo die Seele nach Einheit und weltumspannender Erkenntnis schmachtet. Aber da ist nicht zu helfen. Wollen wir träumen, wollen wir lauter Baumeister indivi-duell wechselnder Gedankenwelten werden? Wollen wir uns mit Illusionen berauschen? Oder wollen wir wissen? Hier scheiden sich also die Wege. Wir wollen wissen, also müssen wir arbeiten. Den Seinen gibts der Herr nicht im Schlaf, sondern in der Arbeit.

Doch nun zurück zu unserer Urteilstheorie. Wir wollen uns in diesen Vorlesungen nicht in Kritiken verlieren, sondern gleich den Sachen mutig zu Leibe gehen und vor allem nach Klarheit darüber trachten, was das für Probleme sind oder vielmehr Problemgruppen, die der unklare Titel Urteilstheorie befasst und befassen kann. Vielleicht dass sich herausstellen wird, dass es sich da um Probleme handelt, die gar nicht ausschließlich das Urteil als solches angehen, und dass, soweit solche Probleme vorhanden sind, sie unlöslich verflochten sind mit anderen, so dass sie nicht für sich, sondern nur in Zusammenhang mit diesen eine Behandlung finden können.

Wir wollen nicht vom Terminus Urteil ausgehen, sondern es vorziehen, uns die wissenschaftlichen Motive zu vergegenwärtigen, welche die Bedürfnisse gezeitigt haben, aus denen das Bedürfnis einer „Urteilstheorie" für Psychologie, Logik und Erkenntniskritik erwachsen ist. Das große Problem der Logik und Erkenntniskritik ist die Tatsache der Wissenschaft.[1] Beide fragen nach den „Bedingungen der Möglichkeit der Wissenschaft" oder nach dem „Wesen" der Wissenschaft. Die Logik blickt auf die theoretische Einheit der Wissenschaft. Die Wissenschaft ist ihr ein Zusammenhang von Sätzen; natürlich nicht von grammatischen Sätzen, der Unterschiede macht zwischen den Sätzen in deutscher oder englischer oder französischer Sprache. Die Wissenschaft als theoretische Einheit hat mit Deutsch und Französisch und Englisch nichts zu tun. Die Sätze, die Theorien sind dieselben, und die Wissenschaften sind dieselben, unabhängig von der zufälligen Sprache, die ihnen Ausdruck gibt. Es handelt sich also um Aussagebedeutungen. Und wiederum ist die Logik, näher die reine Logik, unempfindlich gegen die Aussagenden, gegen die Denkenden, Forschenden, die grammatische Sätze mitsamt ihren Bedeutungen Aussprechenden und Kundgebenden, sie ist unempfindlich gegen die Unterschiede der zufälligen Denkakte im einzelnen Forscher. Der Satz von der Winkelsumme, das Lautverschiebungsgesetz

---

[1] *Wohl spätere Einfügung* Aber sie ist auch Problem für die Psychologie. Für die Psychologie genügen zwei Worte. Subjektiv, psychologisch und soziologisch ⟨ist⟩ Wissenschaft real in Form von Denkerlebnissen und Dispositionen des einzelnen lehrenden und forschenden, theoretisierenden Individuums. Und die einzelnen Individuen treten dabei miteinander in kommunikative Beziehung. Sie fördern und hemmen sich, sie verbinden sich zu gemeinsamen Leistungen usw. Das alles geht die Psychologie als Individualpsychologie und Soziologie an; in erster Linie die Denkerlebnisse selbst, ihre deskriptiven Gemeinsamkeiten und Unterschiede, ihre Verflechtungsformen, ihre Eigentümlichkeiten nach Koexistenz und Sukzession, ihre kausalen Gesetze, die ihr empirisches Werden und Vergehen regeln. Psychologie des Urteils ist danach eine der allgemeinen Intention nach klare Sache. Gewiss, nicht alle Denkerlebnisse pflegt man als Urteile zu bezeichnen, so wie man andere als Gefühle und Wollungen bezeichnet. Eine Urteilstheorie als psychologische Theorie ist also ebenso zu verstehen wie eine Willenstheorie als Willenspsychologie.

u.dgl. und ebenso auch jeder wissenschaftliche Satz, der irgendeine singuläre Tatsache ausdrückt, wie die Existenz eines zehnten Saturnmondes u.dgl.: all diese Sätze, sage ich, sind ideale Einheiten, sie sind nicht sovielmal da, als es Denkakte gibt, in denen sie den Inhalt ausmachen. Der Satz von der Winkelsumme ist e i n Satz, wie oft er immer gedacht wird und ob er es wird, und so überall.[1] Mit solchen Einheiten hat es die reine Logik zu tun; sie sind die idealen Einzelheiten, auf welche sich jene generellen Allgemeinheiten beziehen, die wir logische Begriffe und Gesetze nennen. Ideale Einheiten in diesem Sinne machen durchaus den Stoff aus, aus dem sich jene eigentümlichen Zusammenhänge aufbauen, die wir Wissenschaften und in den Wissenschaften Theorien und Beweise, Deduktionen und Induktionen nennen.[2] Und nun zeigt sich das Merkwürdige, dass, so verschieden Wissenschaft von Wissenschaft, Beweis von Beweis, Theorie von Theorie usw. ist, verschieden vor allem nachseiten des Forschungsgebietes, nachseiten des Wissensstoffes, nachseiten des Gegenständlichen, worüber da bewiesen, theoretisiert wird, andererseits doch wesentliche Gemeinsamkeiten bestehen, nämlich nachseiten der so genannten logischen Form. Wissenschaften und alle die Gebilde, aus denen Wissenschaften sich komponieren, bis hinab zu den letzten Sätzen, die gleichsam die Moleküle der wissenschaftlichen Einheiten ausmachen, sind Geltungseinheiten oder vielmehr sind Einheiten, die unter den ausschließenden Gegensatz von Geltung und Nichtgeltung, von Wahrheit und Falschheit fallen. Zu ihrem Wesen als Geltungseinheiten gehört nun Form und Gesetz. Jeder Satz hat eine gewisse Form, und zu den Satzformen gehören Gesetze, von denen Möglichkeit und Unmöglichkeit einer objektiven Geltung von Sätzen dieser Form überhaupt abhängt. Ein Satz der Form „A ist nicht A" oder der Form „Wenn A gilt, gilt B, und wenn B nicht gilt, gilt doch A" ist *a limine* als ungültig charakterisiert. Generell gilt das aufgrund der bloßen Form, d.h. es kommt auf das A und B und was an Besonderheit des Erkenntnisstoffes damit irgend bezeichnet sein mag nicht an. Ideale Geltungseinheiten, zuoberst auch Wissenschaften, stehen also unter Geltungsgesetzen, und zwar unter formalen Gesetzen. Sie sind Bedingungen der Möglichkeit objektiver Geltung, Bedingung der Möglichkeit von Wahrheit, von Theorie, von Wissenschaft. Der Inbegriff dieser Geltungsgesetze drückt das Geltungswesen der Wahrheit als solcher oder der wahren Sätze aus und damit aller Verbände von Wahrheiten,

---

[1] *Wohl spätere Einfügung* Diese Sätze sind Bedeutungen im idealen Sinn und unterschieden von den psychischen Erlebnissen, die mit den grammatischen Ausdrücken verknüpft sind und Bedeutung in gewisser Art in sich haben und doch nicht die Bedeutung selbst sind.

[2] *Wohl spätere Einfügung* All diese Komplexionen sind selbst also wieder ideale Einheiten.

die, wie leicht zu sehen, selbst wieder unter die Idee der Wahrheit fallen. Satzzusammenhänge, die Wissenschaften zu sein prätendieren, die wir für Wissenschaften halten oder als solche gelten zu lassen versuchen, oder Satzzusammenhänge, die Theorien, Beweise zu sein prätendieren, erweisen sich sofort als Nicht-Wissenschaften, Nicht-Beweise, Nicht-Theorien, sowie wir ihren Widerstreit mit den formalen Gesetzen erschauen. Denn diese drücken ja aus, was unaufhebbar zum Wesen der Wissenschaft (der echten, geltenden Wissenschaft), zum Wesen der Beweise, zum Wesen der Theorie und der Wahrheit überhaupt gehört. Die Aufgabe der reinen Logik ist die Erforschung der idealen Einheiten, die wir Sätze nennen (darunter auch der Satzzusammenhänge, die selbst nur als zusammengesetzte Sätze anzusehen sind), und näher der Formen und Gesetze, die das Wesen geltender Sätze, Wahrheiten überhaupt unabhängig vom gesetzten Stoff enthüllen. Sie hat es danach wirklich als formale Logik nur mit der bloßen Form der Sätze, und näher der geltenden Sätze zu tun – die Besonderheit des Stoffes der Erkenntnis fällt den besonderen Wissenschaften zu –, und sie hat weiter in der Tat Bedingungen der Möglichkeit der Wissenschaft zu erforschen, nämlich der formalen Möglichkeit, der Möglichkeit, die im Wesen der Denkform überhaupt, der logischen Kategorie gründet.

Dass reine Logik in diesem Sinne nicht Psychologie ist, brauche ich hier nicht näher auszuführen. Klar ist so viel, dass, wenn der Psychologe Sätze über Denkerlebnisse ausspricht als Glieder im Gewebe des empirischen Erlebniszusammenhangs einer Seele, und dass, wenn er speziell die Erlebnisse in den Bereich seiner Forschung einbezieht, in denen Gegenstände und Sachverhalte vorgestellt, begriffen, ausgesagt werden, andererseits doch nicht die Gegenstände und Sachverhalte selbst, als welche sich doch auf die verschiedenen übrigen Wissenschaften verteilen, seine Objekte sind, und ebenso wieder nicht die Sätze seine Objekte sind und die Begriffe, die als ideale Einheiten die Objekte des Logischen ausmachen. Das Denken, in dem der pythagoreische Satz und die ihn komponierenden Begriffe und Formen Vorstellungs- oder Urteilsinhalt ist, gehört in die Domäne der Psychologie, nicht aber der pythagoreische Lehrsatz selbst. Dieser gehört in die Geometrie als geometrischer Satz, also seinem Gehalte nach, und er gehört in die Logik seiner Form nach, nämlich als Satz überhaupt und als Satz dieser und dieser Form, als kategorischer Satz, und vor allem als ein Satz dieser Form, der Geltung beansprucht. Verstehen wir also unter Urteil ein psychisches Erlebnis, so gibt es eine psychologische Urteilstheorie, aber keine rein logische, denn dergleichen kommt in der reinen Logik gar nicht vor. Tritt in ihr der Terminus Urteil, wie andererseits auch der nahe zugehörige Terminus Vorstellung auf, so meinen diese Termini nun nicht mehr psychische Erlebnisse, wenn sie immerhin auch etwas bedeuten, was zu Urteilen in nahem Verhältnis steht.

Was kann also in der Sphäre der reinen Logik unter Urteilstheorie verstanden werden? Was entspricht dem Urteil daselbst und wird unter diesem Titel oft auch genannt? Nun, offenbar der Satz, der Satz im rein logischen Sinn. Die Urteilstheorie kann und muss hier also besagen: die Theorie der Sätze. Das ergibt verschiedene Probleme: fürs Erste die Herausstellung der allgemeinen Idee Satz im rein logischen Sinn; des Weiteren die Unterscheidung der verschiedenen Spezifikationen, die diese Idee zulässt, also die Unterscheidung der verschiedenen Satzformen, d.i. der im Wesen des Satzes gründenden, von aller Beziehung auf bestimmte Sachgebiete absehenden Satzarten. Das, was dem Satz Beziehung auf ein bestimmtes Sachgebiet gibt, sind, grammatisch gesprochen, die Termini als Ausdrücke für geometrische, mechanische, astronomische, biologische usw. Begriffe. Die Ersetzung der Termini durch Unbestimmte ergibt einen unbestimmt allgemeinen Gedanken, wie z.B. „Alle A sind B", wo A und B als algebraische Zeichen stehen und keine bestimmte Bedeutung haben wie Begriff Mensch, Tier usf. So erwächst eine Idee für eine ganze Satzklasse, die Klasse der Sätze, welche die Form „Alle A sind B" haben. Welches sind die überhaupt möglichen Satzformen? Das führt natürlich auf eine Analyse der Sätze und auf einen Rückgang auf die Satzatome, auf die Formgedanken, die darin stecken und die verschiedenen Sinn haben, wie das „ist", das „nicht", das „oder", das „wenn", das „alle" usw. Wir studieren also die von allem Stofflichen absehenden Konstitutionen der Sätze, die verschiedenen elementaren Formeln von vollen Sätzen, die sie ergeben, dann die verschiedenen Verknüpfungsformen von Sätzen zu umfassenderen Satzeinheiten usf.

Ist damit die logische Aufgabe erschöpft? Offenbar nicht. Die eigentlich logische steht vielmehr noch aus. Die bloße Analytik und Morphologie der Sätze sieht ja zunächst noch ganz von der Geltungsfrage ab, von der Frage nach den Bedingungen der Möglichkeit der Geltung, also von der eigentlich logischen Frage. Diese Gruppe von Untersuchungen, die ich eben gekennzeichnet habe, bild⟨et⟩ ein wesentliches Fundament der auf die Geltungsmöglichkeit bezüglichen, sie gehört naturgemäß als das untere Stockwerk mit zur Logik, aber ist erst die Voraussetzung der eigentlich logischen Forschung. Ich bezeichne diese Aufgabengruppe als diejenige der reinen Grammatik. Sie umfasst auch mit die eigentümlichen Modifikationen, welche Sätze und Satzteile erfahren müssen, wenn sie ihre angestammte Stelle verlassen und an eine andere Satzstelle sollen gebracht werden können, ohne die Einheit eines Sinnes aufzuheben.

Die[1] Tatsache der Wissenschaft gibt, sagte ich letzthin, nach verschiedenen Seiten Anlass zu theoretischen Erwägungen und tritt damit in den Arbeits- und Interessenkreis verschiedener Wissenschaften. Für unsere urteilstheoretischen Zwecke kommen nicht alle diese Seiten oder Gesichtspunkte in Frage; so nicht die Betrachtung der Wissenschaft als Kulturerscheinung und somit als Objekt der Geschichtswissenschaft. Dagegen hoben wir hervor: 1) Die Wissenschaft nach ihrer psychologischen Seite, nämlich nachseiten der Erlebnisse und Dispositionen, in welchen oder aufgrund welcher sich das wissenschaftliche Denken und Denkenwollen vollzieht, als da ist: Wahrnehmen, Vorstellen, Urteilen, Schließen, Beweisen, Entdecken, Theoretisieren usw. Das gehört selbstverständlich, wie alles Psychische, in die Psychologie. Darunter genannt waren auch Urteile, in Bezug auf welche es deskriptive und kausale Probleme in demselben Sinn geben muss und geben wird wie in Bezug auf alle anderen Klassen psychischer Tatsachen. Somit haben wir einen zunächst noch ganz allgemeinen Sinn von Urteilsproblemen und Urteilstheorien, nämlich als psychologischen. 2) Eine andere Wissenschaft, in deren Arbeitssphäre Wissenschaft als solche fällt, ist die reine Logik. Eine Wissenschaft hat nämlich nicht bloß eine psychologische Seite, sondern auch eine ideale oder übersubjektive. Gehen wir vom Grammatischen aus, so ist jede Wissenschaft, und darin jede wissenschaftliche Theorie mit ihren Beweisen und Schlüssen, ein Zusammenhang grammatischer Sätze. In diesen können wir eine für die Wissenschaft außerwesentliche von einer wesentlichen Seite abscheiden und gewinnen dann in der letzteren dasjenige, was in dem ganz gewöhnlichen Sinn der in allen Wissenschaften üblichen Rede ein Satz, ein Grundsatz, ein Lehrsatz, ein Folgesatz, ein wahrer Satz, ein falscher Satz u.dgl. heißt. Wenn vom Satz des Pythagoras die Rede ist, so rechnet niemand das grammatische Gewand hinzu, wie ja klärlich daraus hervorgeht, dass wir vom französischen, englischen, deutschen Ausdruck dieses selben Satzes sprechen und nach den verschiedenen Sprachen nicht Verschiedenheiten und Mehrheiten von Sätzen des Pythagoras annehmen. Was vom einzelnen Satz gilt, gilt von Beweisen, Theorien, ganzen theoretischen Disziplinen. Die Gravitationstheorie ist e i n e Theorie, unbeschadet der mannigfaltigen grammatischen und nationalen Ausdrucksweisen, ebenso die analytische Mechanik, die aristotelische Logik usw. Bei dieser eigentümlichen Abstraktion, welche uns einen idealen Inhalt der Wissenschaft abscheidet von dem grammatischen und nationalen Ausdruck, ist offenbar zugleich abstrahiert vom Psychologischen: Wir sagten es schon letzthin: Irgendein

---

[1] *2. Stunde (6. Mai 1905).*

Satz einer Wissenschaft, wie das Gravitationsgesetz, das Lautverschiebungsgesetz u.dgl., vervielfältigt sich nicht mit der Zahl der Menschen und ihrer
Denkerlebnisse, in welchen der betreffende Satz zum Bewusstsein kommt
und „Denkinhalt" ist. Wir sagen, jemand sage das Gravitationsgesetz aus, er
sei davon überzeugt, ein anderer höre den Ausspruch und verstehe den Inhalt
desselben Satzes. In solchen Reden tritt schon hervor, dass wir Aussagen,
Überzeugtsein, Verstehen des Satzes und dergleichen subjektive Akte vom
Satze selbst unterscheiden. Der Satz ist e i n e r gegenüber der unbegrenzten
Mannigfaltigkeit möglicher Erlebnisse, in denen er Bewusstseinsinhalt (in
gewissem Sinn) ist.

Die Wissenschaft kann nun nachseiten dieser idealen Einheiten betrachtet werden, die wir klar geschieden haben einerseits von allem empirisch
Grammatischen und andererseits von allem Psychologischen. Unter diesem
Gesichtspunkt ist die Wissenschaft ein gewisser selbst wieder idealer Zusammenhang von Sätzen. Sie besteht aus zusammenhängenden Theorien,
die Theorien aus Beweisen, die Beweise aus Schlüssen usw. Aber alles,
was wir in gewöhnlichem Sinn als Theorie, als Beweis, als Induktion und
Deduktion usw. bezeichnen, meint von vornherein nichts anderes als solche idealen Komplexionen; es sind Komplexionen, die aus lauter Sätzen
gebaut sind. Die Sätze ihrerseits sind wieder gebaut aus Begriffen, die in
gleichem Sinn ideal sind. In Hinsicht auf diesen idealen Gehalt nun, den
wir als den „Bedeutungsgehalt" der Wissenschaft bezeichnen, betrachtet
die reine Logik die Wissenschaften. Jede bestimmte Wissenschaft hat ihre
bestimmten Begriffe und Sätze, ihre bestimmten Wahrheiten, Beweise und
Theorien, oder, korrelativ gesprochen, jede hat ihr besonderes Gebiet, sie
handelt von besonderen Gattungen und Arten von Gegenständen, von ihren
eigenartigen Verhältnissen und Zusammenhängen. Ich sage „korrelativ":
Denn es ist klar, dass sich die Wissenschaft in ihren Begriffen und Sätzen und Satzzusammenhängen auf ihre Gegenstände, gegenständlichen Zusammenhänge, gegenständlichen Beschaffenheiten usw. bezieht. Die reine
Logik handelt von Begriffen, Sätzen, Satzzusammenhängen überhaupt, sie
handelt von dem, was ganz generell zum idealen Wesen von Wahrheiten,
Beweisen, Theorien gehört. Bei der korrelativen Beziehung dieser idealen
Einheiten auf Gegenständlichkeiten ist dann auch zu sagen: Sie handelt in
allgemeinster Allgemeinheit von dem, was für Gegenständlichkeiten, für
Sachverhalte, Sachverhaltszusammenhänge überhaupt gilt, unabhängig von
dem, was hier und dort *de facto* ist, unabhängig von den noch so allgemeinen,
inhaltlich bestimmten Gattungen und Arten des Seienden. So weit inhaltliche
Bestimmtheit reicht, so weit reicht bestimmte Wissenschaft, die inhaltlich

bestimmten Einzelwissenschaften und die alle bestimmten Wissenschaften vereinheitlichende Wirklichkeitswissenschaft im endgültigen Sinn, die wir Metaphysik nennen. Alle solche Bestimmtheit schließt die reine Logik aus, und eben darum ist sie Wissenschaft von Wissenschaft überhaupt nachseiten des idealen Bedeutungsgehalts und unter völliger Abstraktion vom so genannten Stoff der Erkenntnis. Sie ist formale Logik, Wissenschaft von den Formen des Denkens oder besser: von den Formen des Denkinhalts in jenem idealen Sinn und korrelativ von dem, was für Gegenständlichkeit überhaupt rein aufgrund der Form gültig ist.

Dass solch eine Wissenschaft möglich ist und wirklich einen Gehalt hat, dafür bietet jedes syllogistische Gesetz und bieten die so genannten logischen Prinzipien hinreichend Beispiele. Der Modus Barbara sagt zum Beispiel, dass die Geltung zweier Sätze der Form „Alle A sind B" und „Alle B sind C" den Satz der Form „Alle A sind C" bedingt. Dieses Gesetz ist kein psychologisches, kein physiologisches oder chemisches Gesetz. Es ist an kein besonderes Wissenschaftsgebiet gebunden. Es gilt in jeder Sphäre möglicher Wissenschaft überhaupt. Denn es gilt, was für Begriffe überhaupt, aus welchem Gebiete überhaupt, für A, B, C in dem Gesetzesausdruck substituiert werden. Es gibt ganze Füllen solcher Gesetze, die im selben Sinn über alle bestimmte Wissenschaft hinausreichen und andererseits alle mögliche Wissenschaft umspannen, weil die begrifflichen Formen, die in ihnen auftreten, von einer Art sind, dass sie wesentliche Beziehung zur Idee der Wahrheit überhaupt und der Theorie überhaupt besitzen. Es wäre der offenbare Widersinn zu behaupten, dass es wissenschaftliche Gebiete geben könne, in denen die Begriffe „eins" und „mehreres" und „jedes" und „ist" und „ist nicht", „wenn" und „so", „und" und „oder" u.dgl. keine Stelle hätten. Und aus lauter solchen begrifflichen Elementen baut sich alles rein Logische auf. Da die Unbestimmten in den logischen Gesetzen, die durch algebraische Buchstaben bezeichnet werden, dem Sinn der hier geltenden Allgemeinheiten gemäß durch Termini ersetzt werden können, die aus beliebigen besonderen Erkenntnisgebieten entnommen sind, da die logischen Gesetze also das Gesamtreich der Wahrheit überhaupt umspannen unangesehen irgend anzunehmender Besonderheiten, so drücken die logischen Gesetze ideale Bedingungen der Möglichkeit besonderer Wissenschaft aus; nichts kann als Wahrheit, nichts kann als Beweis, als Theorie, als Wissenschaft gelten, was irgend gegen die formalen Gesetze der reinen Logik verstößt.

Nach dieser allgemeinen und vorläufig ausreichenden Orientierung über das Wesen der formalen Logik werfen wir die Frage auf, inwiefern es auch für sie ein Urteilsproblem oder so etwas wie Urteilstheorie geben mag.

Versteht man unter „Urteilen" psychische Erlebnisse, so gibt es unter den Objekten der reinen Logik nichts dergleichen wie Urteile, also auch keine Urteilstheorie. Wir wissen, dass im gewöhnlichen Sprachgebrauch der heutigen Psychologie unter Urteilen psychische Akte verstanden werden der Art, wie sie jemand in sich vollzieht, wenn er eine Aussage macht. Von solchen Akten handelt die reine Logik, mindest in ihrem ursprünglichen Wirkungskreis, nicht, sofern ihre eigentlichen Objekte ja überhaupt nicht psychische Akte sind. So wenig als die Aussagen nachseiten ihres grammatisch äußerlichen Körpers, sind sie nachseiten ihrer psychologischen Innerlichkeit rein logische Objekte. Mit Sätzen hat es die reine Logik zu tun; nicht mit Sätzen als grammatischen Einheiten, aber auch nicht mit setzenden, aussagenden Akten, sondern mit Sätzen im Sinne der idealen Einheiten, die das Exempel „der pythagoreische Lehrsatz", „das Gravitationsgesetz" u.dgl. deutlich macht.[1]

Wenn nun gleichwohl auch in der reinen Logik von Urteilen und somit von Urteilstheorien gesprochen werden kann, so liegt dies daran, dass der im Wesentlichen von Bolzano eingeführte Begriff des logischen „Satzes" in der Regel nicht klar geschieden wird von dem Begriff des Urteils und dass der Terminus Urteil in der philosophischen Literatur auch verwendet wird, wo in Wahrheit nicht von den psychischen Erlebnissen, sondern jenen idealen Einheiten die Rede ist. Ein naher Zusammenhang, der wegen seiner großen Wichtigkeit noch ausführlich Erörterung finden wird, besteht zwischen Urteil und Satz natürlich. Er spricht sich mit den Worten aus: Jedes Urteil hat einen Satz als Urteilsinhalt. Urteile ich, sage ich aus, dass Newton ein großer Genius war, so ist das, was ich darin urteile, der Inhalt des Urteils, eben dieser Satz, und derselbe kann in unzähligen Urteilen das geurteilte „Was" sein. Danach ist es klar, was nun in der reinen Logik unter Theorie des Urteils gemeint sein kann: Es ist die Theorie der Sätze.

Näher besehen kann hier Doppeltes gemeint sein. Es ist in kurzer Andeutung Folgendes: Es ist ein erstes und fundamentales Desiderat der reinen Logik, die sämtlichen möglichen Besonderungen, die die allgemeine Idee Satz ihrem Wesen nach erfahren kann, und zwar die primitiven, aufzustellen. Die allgemeine Idee des Satzes besondert sich, erfährt Spezifikationen, und auf diese ist es abgesehen. Es handelt sich nicht um Unterscheidungen zwischen Sätzen, die als bestimmte in bestimmte Wissenschaften gehören, sondern um die Frage: Was für wesentlich verschiedene Satzarten gibt es, unabhängig von

---

[1] *Der folgende Text wurde eingeklammert und wohl nicht vorgetragen* Ebenso hat (und infolge davon) die reine Logik es nicht mit Worten und auch nicht mit benennenden, begreifenden, determinierenden und sonstigen psychischen Akten zu tun, sondern mit Begriffen im Sinne des Beispiels „der Begriff der Geraden", „der Begriff des Potentials" usw.

aller besonderen Wissenschaft, unabhängig von allen besonderen Sachen, worauf die Sätze sich beziehen? M.a.W. es handelt sich um die wesentlichen Unterschiede der Satzformen oder, wie die Logiker gewöhnlich zu sagen pflegen: der Urteilsformen.

Wir haben ein leichtes Mittel, um jeden beliebigen, gleichgültig wie bestimmten Satz auf Form zu bringen, d.h. durch symbolische Mittel so umzuwandeln, dass sein allgemeiner Formcharakter, der Satztypus, unter den er gehört, ersichtlich wird. Was nämlich einem Satz Beziehung auf bestimmte Sachen gibt, das sind die so genannten Termini, mit welchen je nach Umständen arithmetische, geometrische, astronomische, philologische und sonstige Begriffe Ausdruck finden. Durch diese wird die Beziehung auf diese oder jene Sachgebiete oder individuellen Dinge hergestellt. Ersetzen wir die Termini durch Unbestimmte, symbolisch durch algebraische Zeichen, so tritt wohlverständlich der Formcharakter hervor; z.B. „Alle Menschen sind sterblich" = „Alle A sind B". Nun sind A, B Unbestimmte, die beliebig zu bestimmen sind. Unendlich viele mögliche Sätze sind in dieser Form beschlossen. Die roheste Betrachtung zeigt, dass es eine Fülle vieler und verschiedener solcher Formen gibt, genauer zu reden: von wesentlich verschiedenen Satzarten. Z.B. ist die Form „Alle A sind B" verschieden von „Einige A sind B" oder von „Einige A sind nicht B" usf.

Es erwächst nun die Frage: Welches sind die überhaupt möglichen und dabei reinen (von aller Besonderheit der Termini absehenden) Satzformen?[1] Dass es ihrer unendlich viele gibt, ist leicht zu sehen. Wie gewinnen wir über sie eine systematische Übersicht? Da bedarf es der Feststellung der großen Klassenbegriffe, welche jedem Urteil, oder besser Satz, unabhängig von seiner inneren Komplexion einen Klassencharakter aufprägen und einen allgemeinen Rahmen darstellen, dessen Form aller inneren Komplexion Regeln vorschreibt. Dahin würde zunächst die Unterscheidung der Formen in Formen einfacher und zusammengesetzter Urteile gehören; und auf die einfachen beziehen sich dann traditionelle Unterscheidungen, wie die zwischen kategorischen, hypothetischen, disjunktiven Urteilen, wobei allerdings erst zu untersuchen ist, ob das wesentlich unterschiedene Formklassen sind oder nicht. Weiter: Es bedarf der Aufsuchung der elementaren Typen und der Gesetze der systematischen Erzeugung der übrigen Typen durch sukzessive Komplikation oder Modifikation der Formelemente. Hierher gehören andere Klassifikationen der „Urteile", z.B. der kategorischen in bejahende und verneinende, in allgemeine, besondere und einzelne usf. In der überlieferten

---

[1] Unrein wäre die Form „A ist intensiver wie B".

Logik finden sich also manche Ansätze zu den hier postulierten Untersuchungen, nur dass der hier angeregte Gedanke einer systematischen Aufstellung und Entwicklung der möglichen Formen nicht berührt wird und die damit bezeichnete fundamentale Aufgabe in ihrer Größe und Allgemeinheit nicht zum Bewusstsein kommt. Selbstverständlich setzt die Formenlehre der Sätze eine Satzanalyse voraus, wodurch wir von den zusammengesetzten Sätzen auf die einfachen und von den einfachen Sätzen auf die Satzelemente zurückgehen, die nicht mehr Sätze sind. Die verschiedenen möglichen Satzelemente, die neben den Terminis auftreten und nichts mehr von einer begrifflichen Beziehung auf sachliche Bestimmtheiten enthalten, müssen einzeln unterschieden werden. Sie stellen die wesentlichen Momente der logischen Form dar und heißen die logischen Kategorien; so das „alle", „einige", „ein", auch das „zwei" und „drei", überhaupt die Anzahl, so das „ist" und „nicht" usf.

In diese Sphäre gehört auch die Lehre von den Modifikationen, die bei der Verschiebung von Satzelementen an andere Stellen desselben Satzes eintreten, und ähnliche Umwandlungen, wie z.B. Substantivierung eines Adjektivs oder Substantivierung eines ganzen Satzes oder Verwandlung eines selbständigen Satzes in die Determination eines Substantivs u.dgl.

Sie werden vielleicht sagen: Das ist ja nicht Logik, sondern Grammatik. In gewissem Sinn hätten Sie damit sehr Recht. Von fundamentaler Wichtigkeit ist es aber, unter dem Titel des „Grammatischen" die nötigen Sonderungen zu machen und sich zur Klarheit zu bringen, dass es auch Grammatisches gibt, das mit der Besonderheit bestimmter Sprachen, wie sie unter zufälligen historischen Verhältnissen erwachsen sind, gar nichts zu tun hat. Das eben angedeutete Problemgebiet ist allgemein-grammatischer Natur und dabei nicht bloß bezogen auf die Allgemeinheit der menschlichen Natur, sondern es liegt hier eine Sphäre des echten und des strengsten Apriori vor. Jede Sprache enthält Aussagen, jede Grammatik gibt Regeln, wie sprachrichtig Aussagen zu machen, also Urteile bzw. Sätze zum Ausdruck zu bringen sind.

Gibt es im generellen Wesen der Idee Satz überhaupt gründende Satzformen, d.h. gehört es unaufhebbar zum Wesen eines Urteils bzw. eines Satzgedankens, dass er entweder dieser oder jener Form sein muss, und sind diese Formen *a priori* bestimmte, dann bildet die Wissenschaft von diesen Formen ein wesentliches Fundament der Grammatik. Der Grammatiker muss diese Formen kennen und muss dann für seine Sprache fragen, wie sie in ihr Ausdruck erfahre⟨n⟩. Denn das ist selbstverständlich, dass die im Wesen der Urteilsinhalte gründenden Formen sich irgendwie im Grammatischen gegebener Sprache werden spiegeln müssen. Und jedenfalls ist ohne beständige Beziehung auf diese Formen, ohne die Fragestellung: Wie drückt diese Sprache einen Existentialsatz, einen kategorischen Satz, einen hypothetischen Satz, die Allheit, die Einzelnheit, Vielheit usw. aus; ich sage: ohne diese Fragestellung ist nicht einmal Grammatik zu treiben. Dass eine allgemeine Grammatik noch andere – empirische, allgemein wissenschaftliche – Sphären hat, leugne ich damit gar nicht. Ich erinnere nur an das Ich und Du usw.

⟨Reine Grammatik und Urteilstheorie⟩

Unvergleichlich[1] wichtiger ist die Unterscheidung der Urteilsformen oder Satzformen aber für den Logiker. Es ist ein Stück der Konstitution der Vernunft *in specie*, was mit der Formenlehre studiert und zur Erkenntnis gebracht wird. Vernunft betätigt sich im Urteilen. Alle mögliche Erkenntnis liegt in Urteilen, alle mögliche Wahrheit liegt in Urteilen, oder jetzt vielmehr: Urteilsinhalten, Sätzen. Alle mögliche Wissenschaft besteht aus Sätzen. Das gehört zum Wesen von Erkenntnis, Wahrheit, Wissenschaft. Jene Anatomie und Morphologie[2] der Sätze nach Elementen und möglichen Komplexionsformen belehrt uns also über höchst Wichtiges, über die Formen, in denen Wahrheit und Wissenschaft und Vernunft jemals einherschreiten können und in denen sie sich notwendig bewegen müssen: nach idealer, absoluter und nicht bloß empirischer Notwendigkeit. Aber freilich auch Unwahrheit, falsche Theorie, Unvernunft bewegen sich in diesen Formen. Die reine Grammatik sondert nicht zwischen beidem.

Freilich die formale Logik ist all das noch nicht, sondern nur ein Grund- und Hauptstück derselben. Mit Rücksicht auf die vorhin kurz gezeichneten Beziehungen zur Grammatik nenne ich dieses Stück reine Grammatik. Sie erforscht nämlich das ideale Gerüst von Denkformen, das in den verschiedenen Grammatiken in verschiedener Weise mit sprachlichem Stoff umkleidet erscheint und das durch diese Verhüllungen hindurch mehr oder minder deutlich hindurchschimmert. Was der reinen Grammatik zur vollen Logik fehlt, wird klar – und damit machen wir die Wendung zur zweiten Sphäre und zur Urteilstheorie in einem neuen Sinn –, wenn Sie an die empirische Grammatik denken. Die Grammatik ist unempfindlich gegen die Kategorien Wahr und Falsch. Sätze wie „Der Mond ist ein Integral", „Stiefelwichse ist ein Potential" u.dgl. sind grammatisch korrekte Sätze. So ist nun auch die reine Grammatik unempfindlich gegen Wahr und Falsch, sie gibt eben nur eine

---

[1] *3. Stunde (13. Mai 1905).*
[2] *Randbemerkung wohl von 1906/07* Urteilstheorie als Anatomie und Morphologie der Sätze.

Morphologie der Bedeutungsformen. In ihren Formen liegen auch Gesetze, aber es sind nicht die logischen Gesetze im prägnanten Sinn. Gesetze stellt die rein logische Formenlehre oder, wie wir sagten, die reine Grammatik auf, sofern sie lehrt, wie aus den von ihr unterschiedenen Formelementen Formen einheitlicher und somit möglicher Bedeutungen erwachsen, welche Anordnungen und Verknüpfungen Einheit einer Bedeutung, Einheit eines Begriffes, Satzes oder Satzgewebes ergeben und welche nicht. Was diese Gesetze scheiden, ist somit Sinn von Unsinn, Unsinn in dem schärfsten Sinn, nämlich Nicht-Sinn. Die empirische Grammatik sagt: So und so fordert die gegebene empirische Sprache, etwa die neuhochdeutsche Sprache, dass man sich ausdrücke. Sie verwehrt also gewisse Anordnungen und Verknüpfungen von sprachlichen Elementen, indem sie sie für undeutsch, grammatisch für unrichtig erklärt. Die reine Grammatik wiederum sagt: So und so fordert das apriorische Wesen der Bedeutungen, dass Elemente aus den oder jenen Bedeutungskategorien zur Einheit gebracht werden, sonst erwächst nicht Einheit einer Bedeutung, es erwächst nicht ein Satzgedanke, ein begrifflicher Gedanke, Einheit eines propositionalen Gedankenzusammenhangs. Wir können nicht nach Willkür beliebige Bedeutungselemente in beliebiger Weise verknüpfen. Wir können die Verknüpfung versuchen, müssen dann aber unter Umständen sehen, dass keine Bedeutungseinheit erwächst, dass nichts resultiert und mit Evidenz nichts resultieren kann als ein Haufen zusammenhangsloser Bedeutungen ohne Einheit des Sinnes. Wir können die begrifflichen Elemente „der Hund", „Quadratwurzel" und „ass⟨oziiert⟩" in der Form verknüpfen: „Der Hund ass⟨oziiert⟩ Quadratwurzeln." Es gibt das einen lächerlichen Satz; aber es ist ein Satz, der seinen bestimmten Sinn hat. Es ist weder empirisch grammatisch noch rein grammatisch gegen ihn etwas einzuwenden. Nehmen wir aber die Bedeutungen „der Hund", „Quadratwurzel", „aber", „oder", „und", „wenn", so können wir daraus keine Bedeutungseinheit ohne Sukkurs weiterer Elemente bilden. „Hund aber oder wenn und so Wurzel", das gibt keinen einheitlichen Sinn. Es sind Elemente möglichen Sinnes, aber nicht e i n Sinn, e i n e Bedeutung, kein Begriff und kein Satz. Jede logische Form gibt ein Gesetz für möglichen Sinn, z.B. die Form „Ein S ist p" gibt, was für nominaler Begriff für S, was für adjektivischer für p substituiert wird, einen Satz, also eine Bedeutung, nur wird es in unzähligen Fällen ein falscher oder ganz dummer Satz sein.

Während nun die reine Grammatik von der Frage nach Geltung oder Nichtgeltung abstrahiert, ist gerade diese Frage die eigentlich logische. Und damit wird sich ein neuer Sinn einer möglichen Rede von „Urteilstheorie" ergeben. Zwar die Geltung der bestimmten Sätze und Satzgebilde fällt nicht der Logik zu, sondern der bestimmten Wissenschaft. Aber Sache der allgemeinen und reinen Logik sind die zu den Bedeutungsformen gehörigen Geltungsgesetze, und zwar in ihrer Gesamtheit und in der theoretischen Einheit, die ihnen wesentlichen Zusammenhang gibt.[1] Die Bedeutungsform schreibt dem Denkverfahren gewisse Regeln vor, unter den grammatisch möglichen Komplexionsformen trifft die reine Logik eine Auswahl. Sowie die von ihr gesteckten Grenzen überschritten sind, hört die betreffende Bedeutung, eben vermöge ihrer Form, auf, noch Wahrheit zu haben und haben zu können. Jede Wissenschaft, in ihr jede wissenschaftliche Theorie, ist hinsichtlich der idealen Bedeutungen ein logischer Zusammenhang *in concreto*, ein Zusammenhang, der, wenn wir ⟨ihn⟩ auf die Form bringen, den logischen Gesetzen gemäß ist und es sein muss, sonst wäre die Wissenschaft Unwissenschaft. Die Wahrheiten der reinen Logik fungieren für die bestimmte Wissenschaft als Prinzipien der Geltung aufgrund bloßer Form. Alle[2] Geltung der theoretischen Zusammenhänge, der Schlüsse, Beweise, Theorien, beruht auf ihrer bloßen Form; wenigstens können wir durch Vervollständigung der Gedankenzusammenhänge alles auf bloße Form reduzieren. Während die rein grammatischen Gesetze zwischen Sinn und Unsinn scheiden, scheiden die eigentlich logischen Gesetze als Gesetze möglicher Geltung aufgrund der bloßen rein grammatischen Form zwischen objektiv möglichem Sinn und Widersinn. Was gegen die logischen Gesetze verstößt, verfehlt die Wahrheit aus dem radikalsten Grund, weil es eben gegen das unaufhebbare Wesen geltender Wahrheit als solcher, also unangesehen aller Materie der Wahrheit, verstößt.

Die rein grammatischen Gesetzmäßigkeiten schließen nur den völligen Unsinn aus, sie stellen bloß die Formen fest, an die mögliche Einheit eines Sinnes gebunden ist. Da niemand⟨em⟩ beifallen wird, diese Gesetze zu verletzen, ja dies im Grunde auch niemand kann, so hat man früher gar nicht erkannt, dass hier Gesetzmäßigkeiten vorliegen und dass das Wesen der Bedeutungselemente ihnen feste Formen vorschreibt, in denen sie sich zu einheitlich sinnvollen Bedeutungen verknüpfen können. Die eigentlich logischen Gesetze andererseits bewegen sich schon in der Sphäre des einheitlichen Sinnes. Nicht jeder Satz, der als solcher einen Sinn darstellt, hat auch Gültigkeit, hat auch nur formal mögliche Gültigkeit. Die logischen Gesetze sind Geltungsgesetze, sie bestimmen in der Sphäre der rein gram-

---

[1] *Der folgende Text wurde eingeklammert und wohl nicht vorgetragen* Darauf ist es in der reinen Logik eigentlich abgesehen, und darum haben wir es letzthin bei der Erörterung der Idee der reinen Logik in erster Linie genannt.

[2] *Der Rest des Absatzes wurde wohl 1906/07 gestrichen.*

matischen Formen diejenigen, in denen sich mögliche Geltung notwendig
bewegen muss. Jeder Satz, der diese Gesetze verletzt, ist unangesehen seiner
besonderen Termini als falsch gerichtet. Seine Form schon charakterisiert
ihn als unmöglich gültigen, vermöge seiner Form gehört er in die Klasse
von Sätzen, die Wahrheit ausschließen, die logisch widersinnig sind. Jeder
aus rein logischen Gründen, also vermöge seiner bloßen rein grammatischen
Form falsche Satz verfehlt die Wahrheit aus dem radikalsten Grunde. Er
verstößt gegen das Wesen der Wahrheit als solcher. Denn eine Wahrheit ist
ein geltender Satz. Jeder mögliche Satz hat die und jene möglichen Formen,
die die reine Grammatik erforscht. Und unter diesen ergibt sich eben eine
Scheidung, wonach das Wesen der einen Formen Wahrheit ausschließt, das
Wesen der anderen Wahrheit offen hält oder sogar fordert.

Diese höhere logische Sphäre, die des Logischen im engeren und prägnanten Sinn, ergibt einen neuen möglichen Sinn für die Rede von der
Urteilstheorie. Es würde sich dann offenbar handeln um eine Theorie der
Urteilsgeltung, und zwar um eine formale Theorie, die völlig abstrahiert von
der Besonderheit der so genannten Erkenntnismaterie, also sich nur hält
an die Urteils- oder Satzformen, und zu ergründen sucht, was aufgrund der
bloßen Formen über Geltung oder Ungeltung ausgesagt werden kann.

Offenbar macht die Urteilstheorie in diesem Sinn zusammen mit derjenigen im rein grammatischen Sinn den theoretischen Inhalt der gesamten reinen Logik aus. Es ist aber gleich hinzuzufügen, dass man das Wort
„Urteilstheorie" in dem zuletzt bezeichneten Sinn nicht zu gebrauchen
pflegt. An die Gesetze etwa der kategorischen und hypothetischen Syllo-
gismen denkt man nicht, wenn von Urteilstheorie gesprochen zu werden
pflegt. Und doch sind diese Gesetze apriorische Wahrheiten, die im Wesen
der reinen Satzformen, die in sie eingehen, begründet sind. Z.B. das Gesetz,
dass aus zwei Sätzen der Form „Alle A sind B" und „Alle B sind C" ein
Satz der Form „Alle A sind C" folgt, dieses Gesetz, sage ich, ist offenbar ein
solches, das im Wesen dieser Satzformen gründet.

⟨Erkenntnistheorie und Logik⟩

Wir verlassen nun das rein logische Gebiet und wenden uns dem phänomenologischen und erkenntniskritischen zu. Hier liegt noch eine Sphäre
von Problemen, die als urteilstheoretische bezeichnet werden können, ja
vorwiegend als solche bezeichnet werden.

Um diese Probleme zu verstehen, müssen wir uns die Ideen einer Erkenntniskritik und Phänomenologie der Erkenntnis klarmachen, und zu

diesem Zweck gehen wir wiederum auf die Frage nach den theoretischen Bedürfnissen bzw. Problemen zurück, zu denen die Tatsache menschlichen Erkennens und zuhöchst der Wissenschaft Anlass gibt.

Wir hoben hervor einmal die psychologischen Probleme. Die Wissenschaft hat eine subjektive Seite, bestehend in den mannigfachen Akten, in denen sich das Abzielen auf wissenschaftliche Erkenntnis und wissenschaftliche Erkenntnis selbst vollzieht, Akten des Wahrnehmens, des Erinnerns, des phantasierenden Einbildens, des sprachlichen Ausdrucks, des begrifflichen Denkens, Urteilens, Einsehens usw. Danach ist die Psychologie als Psychologie der intellektiven Tätigkeiten hier durch eine Problemgruppe beteiligt.

Fürs Zweite, sagten wir, hat die Wissenschaft eine ideale und objektive Seite. Sie hat einen Bedeutungsgehalt und bezieht sich dadurch auf eine Gegenständlichkeit. Sie besteht grammatisch aus grammatischen Sätzen, und diese haben einen idealen übersubjektiven Sinn. Jedem Aussagesatz in der Wissenschaft entspricht als identischer Sinn ein gewisser Satz im logischen Sinn. Hinsichtlich des Bedeutungsgehalts ist die Wissenschaft ein Inbegriff oder Gewebe von Theorien, die Theorien sind Gewebe von Beweisen, die Beweise bauen sich auf aus Schlüssen und diese wiederum aus Sätzen. So ist die ganze Wissenschaft nach ihrem idealen Bedeutungsgehalt ein Gewebe von Sätzen, und zwar sind es Sätze, die als wissenschaftliche Sätze Geltung beanspruchen, sie sind Wahrheiten, wenn die Wissenschaft eben wirklich Wissenschaft ist.

In Hinsicht auf diesen idealen Bedeutungs- und näher Geltungsgehalt der Wissenschaft konstituierten wir die Idee einer reinen Logik. Jede[1] Wissenschaft hat ihre besonderen Sätze, sie baut sich aus solchen nach ihrem theoretischen Gehalt auf. Aber Sätze als Bedeutungseinheiten, die selbst wieder aus weiteren Bedeutungselementen gebaut sind, haben ihre F o r m e n, die sich in das Allgemeinheitsbewusstsein erheben lassen, wobei abstrahiert wird von dem Besonderen, das den bestimmten Sätzen Beziehung auf bestimmte Denk- und Erkenntnissphären gibt. Wir wissen, dass diese eigentümliche Generalisation, die uns von gegebenen Sätzen zu den Satzformen erhebt, dadurch geschieht, dass wir jeweils die Termini der gegebenen Sätze, durch die sie Beziehung auf bestimmte Gegenständlichkeit erhalten, durch Unbestimmte ersetzen bzw. durch Begriffe, welche zur Idee der Gegenständlichkeit überhaupt gehören und eben damit keine ausschließende Beziehung haben auf bestimmte Gegenständlichkeit irgendwelcher besonderen Sphäre,

---

[1] *Der Rest des Absatzes wurde wohl 1906/07 eingeklammert und mit einer Null versehen.*

also Begriffe wie Gegenstand, Beschaffenheit, Verhältnis, Einheit, Zusammenhang, Ganzes und Teil usw.; wie wenn wir für den bestimmten Satz „Alle Menschen sind sterblich" einsetzen „Alle A sind B". Im Zusammenhang mit dieser Generalisation, die zu den Satzformen erhebt, erwuchs uns die Idee zunächst einer reinen Grammatik als einer bloßen Morphologie der zum Wesen der Idee Satz gehörigen möglichen Satzformen überhaupt, der einfachen wie der komplexen. Diese Disziplin bildete das untere Stockwerk, auf dem sich die eigentlich logische Sphäre der reinen Logik aufbaut, die Lehre von den Gesetzen, welche die mögliche Geltung von Setzung überhaupt rein aufgrund ihrer Form betreffen; Gesetzen also, welche *a priori* die Denkformen abgrenzen, in denen mögliche Wahrheit, sei es einzelne Wahrheit, sei es wahrer Beweis, wahre Theorie, Wissenschaften sich notwendig halten müssen, sollen sie nicht aufgrund der bloßen Form als Unwahrheiten, als der Idee der Wahrheit widersprechend verurteilt sein.

Nach der Konstitution der reinen Logik, welche in ihren Gesetzen ideale Bedingungen der Möglichkeit der Wahrheit und Wissenschaft überhaupt aufstellt, ist die Frage: Gibt die Tatsache der Erkenntnis und Wissenschaft noch zu weiteren Problemgruppen Anlass? Allerdings. Ganz flüchtig berühre ich nur die Fragen einer logischen Technologie. Es ist selbstverständlich, dass die rein logischen Gesetze eine normative Funktion annehmen und in fruchtbarer Weise als praktische Denkregeln fungieren können. Und es ist begreiflich, dass ferner auch ein auf wissenschaftliche Psychologie fundiertes Studium der psychischen Störungen, die das Denken beirren und von der Norm des Richtigen ablenken, oder auch in umgekehrter Richtung der günstigen psychischen Umstände, welche einem normalen Ablauf der Denktätigkeiten gemäß der logischen Form und der Einsicht in die Wahrheit förderlich sind, von großem Nutzen sein kann. Kurzum, die Idee einer auf reine Logik und Psychologie der Erkenntnis gegründeten logischen Kunstlehre oder Wissenschaftslehre hat sicher ihre Berechtigung. Doch ist es klar, dass hier in theoretischer Beziehung keine fundamentalen Probleme erwachsen oder keine anderen als solche, die in die entsprechenden theoretischen Gebiete, in die reine Logik und Psychologie hineingehören. Sehen wir also von der praktischen Logik ab. Blicken wir in eine andere Richtung, so wird es alsbald an Problemen, und allerschwierigsten und wichtigsten, nicht fehlen. Diese Probleme kommen uns sofort zum Bewusstsein, sowie wir das Verhältnis zwischen Psychologie und reiner Logik erwägen, am drastischsten etwa, wenn wir an den Streit zwischen Psychologismus und Idealismus denken. Wir wollen hier in diesen Streit nicht eintreten. Nur sein Objekt sei bezeichnet. Er betrifft die Frage nach dem Verhältnis der traditionellen Logik, die den

Charakter einer Kunstlehre vom wissenschaftlichen Denken hat, zur Psychologie. Die psychologistische Auffassung geht dahin, dass diese logische Kunstlehre zur Psychologie im selben Verhältnis steht wie die technische Physik zur theoretischen Physik, wie die Feldmesskunst zur Geometrie. Die Logik wäre danach bloß eine ins Praktische gewendete Psychologie, sie wäre eine Disziplin, die ihre wesentlichen theoretischen Fundamente in der Psychologie hätte. In Konsequenz davon müssten all die Gesetze und Theorien, welche den Grundstock aller traditionellen Logik ausmachen, nämlich die so genannten Denkgesetze, die Schlussgesetze, psychologische Gesetze oder normative Umwandlungen psychologischer Gesetze sein, ins Praktische gewendete psychologische Wahrheiten. In der Tat bezeichnet man sie ja auch als Denkgesetze. Können Denkgesetze, Gesetze einer psychischen Tätigkeit, anderes sein als psychologische Gesetze? Dass diese Auffassung, die zunächst ganz selbstverständlich erscheint, nicht durchführbar ist, sieht jeder Unvoreingenommene sehr leicht an der Häufung von Absurditäten, zu denen sie führt. Ohne sie heranzuziehen, was Umständlichkeiten kosten würde, ahnen wir doch im Voraus, dass nicht alles in Ordnung ist. Die Gesetze, die zum Wesen der Wahrheit, zum Wesen jedes richtigen Schlusses, Beweises, jeder geltenden Theorie und Wissenschaft überhaupt gehören, können doch, so werden wir uns sagen, nicht erst durch eine besondere Wissenschaft Begründung erfahren, da diese als Wissenschaft der Idee der Wissenschaft überhaupt im Voraus gemäß sein muss. Wie soll sie in ihrer besonderen Sphäre allererst begründen, was sie, um überhaupt und in jedem Schritte einen geltenden Sinn zu haben, doch voraussetzt? Bringt man sich nun im Einzelnen Stück für Stück die Unzuträglichkeiten oder Widersprüche und Widersinnigkeiten der psychologistischen Auffassung zum Bewusstsein, welche die Prinzipien der Wissenschaft überhaupt, also die Prinzipien möglicher Objektivität überhaupt, aus der zufälligen psychologischen Konstitution des Menschen ableitet, so ist damit nicht alles erledigt. Vielmehr erweist ein höchst peinliches intellektuelles Unbehagen, das übrig bleibt, dass hier dunkle Probleme vorliegen, die einer Lösung dringend harren. Das sind die Probleme der Erkenntnistheorie. Kritische Analysen der Art, wie sie bei der Widerlegung des Psychologismus vollzogen werden, gehören zwar auch schon in die Disziplin, die wir Erkenntnistheorie oder Erkenntniskritik ⟨nennen⟩, sofern sie Schwierigkeiten erörtern, die in der Tatsache der Erkenntnis liegen. Aber mit solcher Kritik sind ⟨die⟩ Probleme nicht, wie viele meinen, schon erledigt, sondern allererst angeregt. Damit, dass wir die Unmöglichkeit einer psychologistischen Fundierung der reinen Logik nachweisen, ist der Grund dieser Unmöglichkeit noch nicht verstanden. Bleibt es nicht dabei, dass die rein logischen Prinzipien, wie der Satz vom Widerspruch, die syllogistischen Axiome u.dgl., eine wesentliche Beziehung zum Denken haben? All die Begriffe, die in die rein logischen Sätze eingehen, entspringen doch im Denken. Sie drücken, wie man sagt, Denkformen aus, also weisen sie doch auf Denken zurück. Nicht umsonst heißen die rein logischen Gesetze Denkgesetze. Und doch sollen es keine psychologischen Gesetze sein. Sie sollen Gesetze des Denkens sein, und doch soll das faktische Denken ihnen nur ausnahmsweise folgen. Sie sollen zur Normierung des Denkens berufen sein. Aber wir verstehen nicht, was dieser Beruf zur Normierung im tiefsten Wesen ist und besagt. Wir verstehen nicht, wie Normen, kategorische und nicht bloß hypothetische Imperative des Denkens, überhaupt möglich sind.

Schwierigkeiten überhaupt, die in der Tatsache der Erkenntnis liegen, will die Erkenntnistheorie aufhellen. Solche Schwierigkeiten liegen nicht bloß im Verhältnis jener beiden Wissenschaften, die sich auf die Tatsache der Erkenntnis und Wissenschaft überhaupt beziehen, jener beiden Wissenschaften, von denen wir im Vorangehenden gesprochen haben und an die wir zunächst anknüpften, nämlich Psychologie und reine Logik. Schwierigkeiten betreffen diese beiden Wissenschaften und ihr wechselseitiges Verhältnis im Grunde nur darum, weil sie schon jeden einzelnen intellektiven Akt und jedes einzelne rein Logische, den einzelnen Begriff, den einzelnen Satz betreffen. Die Korrelation und das Geheimnis, das hier liegt, geht ja durch und durch. Nehmen wir einen beliebigen Denkakt. Als Denkakt denkt er etwas, und das heißt Doppeltes: Er hat einen Bedeutungsgehalt und bezieht sich hierdurch auf eine Gegenständlichkeit.

Der[1] Denkakt ist ein Subjektives, ein Psychologisches. Wie soll nun dieses flüchtige psychische Erlebnis im Zusammenhang eines zufälligen Subjekts einen Bedeutungsgehalt haben, der ein Übersubjektives und Ideales ist? Jemand sagt z.B. den pythagoreischen Lehrsatz aus. Das Aussagen ist sein psychisches Erlebnis; das, was er aber aussagt, soll eine Wahrheit sein. Nun heißt es doch, und darin liegt etwas Zweifelloses, dass eine Wahrheit an sich gilt, dass sie gewissermaßen ist, was sie ist, ob irgendjemand wie immer und wann immer sie aussagt. Was ist dies Sein der Wahrheit an sich, diese Idealität und Übersubjektivität der Geltung? Wie kommt dieses Übersubjektive in das Subjekt und seinen Akt hinein? Die Wahrheit ist Urteilsinhalt. Was ist das, Urteilsinhalt? Ein Moment des Urteils? Aber wie ist es zu verstehen, dass ein Moment des Urteils, also ein Moment der Subjektivität, sinnvoll als übersubjektiv bezeichnet werden kann? Und wieder: Wie kann ein Urteils-

---

[1] *4. Stunde (13. Mai 1905).*

moment, ein Urteilsinhalt, in mannigfaltigen nach Individuen und Zeiten getrennten Akten identisch gemein sein? Dieselbe Wahrheit wird einmal von dem und einmal von jenem gedacht, sie vervielfältigt sich nicht mit den Urteilen, deren Inhalt sie ist. Wie ist das zu verstehen? An der Idealität der logischen Einheiten, ihrer Formen und Gesetze hängt doch die Objektivität der Geltung der Wahrheit. Nur dadurch, dass Wissenschaft sich über den zufällig Denkenden und Erkennenden erhebt, dass sie einen Inhalt besitzt, der über alles zufällige Meinen und Urteilen des Einzelnen hinausgeht, der unabhängig vom einzelnen Urteilsakt und Urteilssubjekt gilt, nur dadurch, dass sie idealer Einheitspunkt für unendlich viele, sei es wirkliche oder mögliche Akte ist, nur dadurch ist Wissenschaft überhaupt Wissenschaft. Der Sinn der Wissenschaft liegt in der Idealität. Aber wie ist das zu verstehen? Hier sind Schwierigkeiten, die den ganzen Bedeutungsgehalt des Denkens und der Wissenschaft betreffen, also alles Ideal-Logische an ihr, all das, was in den Umfang der reinen Logik fällt.

Ferner: Das wissenschaftliche Gesetz, die wissenschaftliche Theorie gilt, das heißt, sie hat Beziehung auf Sachen, Geltungsbeziehung auf Sachen. Die Sachen sind aber nicht die Gedanken, die Bedeutungen. Das Gravitationsgesetz gilt für gravitierende Massen, es ist nicht selbst eine Masse, es ist ein Gesetz für Massenanziehungen. Wie ist das wieder zu verstehen, diese „Beziehung" der Bedeutungen, diese Beziehung der Begriffe und Sätze und Theorien auf Sachen und zugleich die Beziehung des erkennenden, urteilenden Denkens auf Sachen „mittels" dieser Begriffe, Sätze und Theorien, die in ihm ja als Urteilsinhalt fungieren sollen? Jedes Denken hat einen Denkinhalt, hat einen Sinn, eine Bedeutung, und nur durch sie „bezieht" es sich auf eine Gegenständlichkeit. Aber wie reicht es an sie heran? Wie soll das Denken dieser seiner Übereinstimmung[1] mit den Sachen gewiss werden? Bezieht sich schließlich nicht jedes Denken, auch das falsche, verkehrte, absurde, auf Sachen, nämlich in der Weise der bloßen Meinung? Und wie trifft es die Sachen selbst in der berechtigten Überzeugung, in der Einsicht, in der so genannten Evidenz? Der Gegenstand ist ein „Ansich", und doch soll er in der Erkenntnis getroffen oder selbst gegeben sein, er soll in den mannigfaltigen Denkakten als Beziehungspunkt eingehen, und doch soll er immerfort die ihnen gegenüberstehende Einheit sein, der Gegenstand, das Ansich, auf den sie alle abzielen.

Sagt man, die wahre Aussage drücke aus, was in der Wahrnehmung selbst gegeben sei, so kehrt das Problem hinsichtlich der Wahrnehmung wieder

---

[1] *Randbemerkung wohl von 1906/07* Und was ist das, Übereinstimmung? Gleichheit?

zurück. Die Wahrnehmung ist ja selbst wieder ein subjektiver Akt, dem das Ansich des Gegenstandes gegenübersteht; auch sie meint etwas, bezieht sich auf das Gegenständliche und soll doch nicht das Gegenständliche selbst sein. Und somit schließen wir auch die Wahrnehmung, die anschauliche Vorstellung, kurz jeden Akt, der ein Seiendes als solches setzt, in den Begriff des Denkakts ein. Und immer wieder kehrt das Problem zurück: Wie ist Beziehung des Denkens auf einen Gegenstand, auf ein Fürsich oder Ansich zu verstehen, da der Denkakt doch nur ein Für-Mich ist und es immer verbleibt?[1] Das alles aber für jederlei Denkakte und Denkobjekte, für reale Objekte, wie z.B. Dinge und Vorgänge, für Sachverhalte in der Sphäre der physischen Natur und für ideale Objekte, wie Zahlen, mathematische Mannigfaltigkeiten u.dgl.

Daran schließen sich dann die Probleme, mit denen wir begannen: die Probleme der rein logischen Gesetzmäßigkeit und das Verständnis ihrer normativen, und kategorisch normativen Funktion. Wir glauben dessen sicher zu sein, und durch lichtvollste Evidenz, dass über alles logisch richtige Denken die rein logischen Gesetze Norm gebend walten. Jeder richtige Denkschritt findet, wenn er überhaupt logisch richtig ist, durch irgendein logisches Gesetz seine prinzipielle Rechtfertigung. Wie ist diese Norm gebende Leistung zu verstehen? Wie ist es zu erklären, dass kein objektiv gültiger Bedeutungszusammenhang möglich ist, der nicht unter logischen Gesetzen stände? Wie können logische Gesetze psychische Erlebnisse regeln und dabei doch nicht psychische Gesetze sein usw.?

Man braucht diese Probleme nur einmal durchdacht zu haben und man erkennt, dass hier Abgründe der Schwierigkeit liegen. Sie erfordern also eine wissenschaftliche Behandlung. In welche Wissenschaft sollen wir sie aber rechnen? In die Einzelwissenschaften gehören sie offenbar nicht. Sie behandeln ja Schwierigkeiten, die zur Idee der Wissenschaft, genauer der wissenschaftlichen Erkenntnis und der Erkenntnis überhaupt und als solcher gehören. Die einzelwissenschaftliche Arbeit, die philologische, naturwissenschaftliche, psychologische, wird durch solche Schwierigkeiten übrigens gar nicht gestört, sie liegen nicht auf ihrer Bahn. Die einzelnen Wissenschaften haben es mit einzelwissenschaftlichen Problemen zu tun, der Physiker etwa mit physikalischen. Der Physiker, indem er über physische Dinge und Sachverhalte forscht, vollzieht in sich mannigfaltige intellektive Akte. Aber

---

[1] *Der folgende Text wurde eingeklammert und wohl nicht vorgetragen* Scheiden wir zwischen richtiger Aussage, die den Sachen entspricht, und der Evidenz, in der die Sachen so, wie sie wirklich sind, gegeben sind, so fragt es sich wieder: Wie ist dieser Unterschied zwischen richtigem Urteil und Evidenz, zwischen gemeint, obschon richtig gemeint, und gegeben zu verstehen?

über sie reflektiert er nicht; wahrnehmend, vorstellend, urteilend, schließend ist er immerfort den Gegenständen zugewendet. Logisch verfahrend stellt er für sie mit Evidenz fest, was für sie gilt und gelten muss. So schreitet er von sachlicher Erkenntnis zu sachlicher Erkenntnis fort. Aber das liegt nicht auf der Linie seiner Forschung, über das Denken selbst zu reflektieren. Zu erwägen, wie Denken seiner Übereinstimmung mit den Sachen gewiss werden könne, wie die Beziehung der Vorstellung auf eine Gegenständlichkeit prinzipiell möglich und zu verstehen sei, dergleichen Fragen liegen dem Naturforscher völlig fern. Wird er zweifelhaft, ob seine Schlussweise als solche richtig ist, dann mag er allenfalls auf Denkformen zurückgehen, also auf das rein Logische. Aber rein logische Reflexionen sind noch nicht Erkenntnistheorie. Auch wenn man von dem Spezialwissenschaftlichen völlig abstrahiert und sich in der Sphäre der reinen Formen bewegt, wenn man also statt Einzelwissenschaft reine Logik betreibt, bedarf es nicht erkenntniskritischer Reflexion, wenigstens nicht im Allgemeinen. Man kann daher ein immanenter Logiker sein und gar kein Erkenntniskritiker. Bolzano ist dafür ein treffliches Beispiel. Übrigens kann uns jeder Mathematiker als Exempel dienen. Denn mit Lotze teile ich die Überzeugung, die hier zu begründen nicht der Ort ist, dass die reine Mathematik ganz und gar eins ist mit der reinen Logik, wofern wir den Begriff nur passend begrenzen und nicht etwa die Geometrie, die Phoronomie oder gar Mechanik zur reinen Mathematik rechnen.[*] Inmitten seiner theoretischen Untersuchungen stößt der Mathematiker niemals auf Probleme der Art wie die vorhin gekennzeichneten. Die Fragen der Möglichkeit einer Objektivität des Denkens, hier z.B. des mathematischen Denkens, die Frage, wie etwa mathematische Ergebnisse ihrer Übereinstimmung mit jeder möglichen Natur gewiss sein können, wie ihre unbedingte objektive Geltung zu verstehen ist, sind keine mathematischen Fragen, sie sind Fragen einer „Theorie der mathematischen Erkenntnis". Eben dasselbe gilt natürlich auch für all die theoretischen Forschungen, die man von alters her zur formalen Logik rechnet, z.B. diejenigen, welche die syllogistischen Doktrinen betreffen.

Wenn wir so die erkenntniskritischen Probleme von der reinen Logik abtrennen, ebenso gut wie von den bestimmten Einzelwissenschaften, die reine Logik also einfach als die apriorische Wissenschaft fassend, welche die im Wesen der Denkformen gründenden systematischen Zusammenhänge und Geltungsgesetze erforscht, so sind jene Probleme andererseits an die

---

[*] Vgl. Hermann Lotze, *Logik. Drei Bücher vom Denken, vom Untersuchen und vom Erkennen*, 2. Aufl., Leipzig 1880, S. 34.

reine Logik in gewisser Art innig attachiert, nämlich so, dass man sagen kann, dass die Erkenntnistheorie eine schrittweise auf die reine Logik (und andererseits allerdings auf die Phänomenologie der Erkenntnis) bezogene Disziplin ⟨sei⟩ und dass sie eben durch diese Beziehung auf die reine Logik zugleich auf alles konkret Logische Beziehung gewinne. Denken wir uns nämlich die reine Logik in ihrem gesamten Umfang entwickelt und zu idealer Vollendung gebracht, dann enthielte sie alle möglichen elementaren Denkformen in gehöriger Ordnung und Unterscheidung; dazu die Gesetze für die systematische Entwicklung aller möglichen Denkformen überhaupt, dazu dann die zugehörigen Gesetze möglicher Geltung – wir können auch sagen, den Bau von systematischen Theorien, welche die Gesamtsphäre der analytischen Gesetzeswahrheiten ausmachen. Darin wären beschlossen alle Prinzipien möglicher theoretischer Zusammenhänge, die zur Idee von Wissenschaft überhaupt gehören, die Prinzipien alles möglichen apriorischen und erfahrungswissenschaftlichen Begründens und Theoretisierens.

Man wird nun wohl sagen dürfen: So viele Grundtypen von Denkformen die reine Logik zu unterscheiden findet (um darauf systematische Theorien von formalen Gesetzen zu gründen), so viele erkenntnistheoretische Fragegruppen haben wir. Denn immer wieder erhebt sich die Frage nach der Objektivität dieser Denkformen und nach ihrem Verhältnis zu entsprechenden Denk- und Erkenntnisakten, in denen sie als „Inhalt" fungieren können, also von symbolischen und intuitiven, von bloß intendierenden oder erfüllenden, Evidenz schaffenden Akten. Immer wieder muss klargemacht werden, wie objektives Bedeuten und Gelten möglich sei und worin es liege. Es wird, was ich gar nicht leugnen will, allgemeine Fragen und Untersuchungen geben, die vor solchen Differenzierungen liegen, z.B. ⟨die⟩ allgemeine Unterscheidung zwischen Denkakt, Denkinhalt und Denkobjekt und Erwägung des allgemeinen Sinnes einer Beziehung auf Gegenständliches. Aber jedenfalls wird die aufklärende Arbeit schrittweise den einzelnen logischen Kategorien und den logischen Grundgesetzen folgen müssen. Und denken wir so das Problem der Idealität und Objektivität hinsichtlich der ganzen Sphäre der reinen Logik gelöst, dann ist damit auch die ganze Erkenntnistheorie erschöpft, die Einzelwissenschaften haben keine neuen Probleme mehr zu stellen. Denn alles, was in Richtung auf logische Objektivität und psychologische Subjektivität irgend problematisch ist, hängt gar nicht ab von der Besonderheit der Gegenstände, mit denen es gerade diese oder jene Wissenschaften zu tun haben, sondern es hängt durchaus im Allgemeinen an den Denkformen: den Bedeutungs- und Gegenstandsformen überhaupt und an den entsprechenden Aktarten oder Aktcharakteren, in denen sich

Bedeuten und Sich-auf-Gegenständlichkeit-Beziehen überhaupt vollzieht. Sind die Verhältnisse zwischen Denkerlebnissen, Denkbedeutungen und Denkobjekten nach allen wesentlich verschiedenen Typen derselben erklärt, dann sind damit auch alle wesentlichen Probleme gelöst, die uns die Erkenntnis als solche zu stellen hat. Wo in der Sphäre bestimmter Wissenschaft Objektivität der Erkenntnis nach Sinn und Möglichkeit problematisch wird, da wird die Lösung oder Aufklärung offenbar vollzogen werden müssen durch Übertragung der generellen in der Erkenntniskritik gewonnenen Einsichten auf die Besonderheit der vorliegenden Erkenntnissphäre.

Demnach bestätigt sich unsere Behauptung, dass die Erkenntnistheorie unmittelbar gerichtet ist auf die Klärung der reinen Logik und dass sie hierdurch Beziehung gewinnt auf die Einzelwissenschaften und alle ihnen nötige prinzipielle Aufklärung leiste. So erweist sich die Erkenntnistheorie als eine die formale Logik ergänzende Disziplin.

Zugleich wird uns durch die letzte Betrachtung das Verhältnis der Erkenntnistheorie zur Metaphysik klar. Wird uns die Erkenntnis überhaupt nach Sinn und Möglichkeit problematisch, so werden uns damit auch alle bestimmten Wissenschaften nach ihrem letzten Sinn problematisch. Verstehen wir nicht, wie Beziehung der Erkenntnis auf eine Gegenständlichkeit zu fassen ist, so wird uns alsbald auch der letzte Sinn von Gegenständlichkeit, die so oder so gegeben und bestimmt werden soll, fraglich. Damit hängt es zusammen, dass die Einzelwissenschaften für sich nicht ausreichen, um uns eine endgültige Erkenntnis des Seienden zu gewähren. Nehmen wir nun als zugestanden an, dass, sei es aus diesen, sei es aus noch anderen Motiven, eine Metaphysik als letzte Realitätswissenschaft zu konstituieren ist, eine Wissenschaft, welche, die Arbeit der empirischen erkenntnistheoretisch naiven Realitätswissenschaften ergänzend, die uns überhaupt erreichbare Erkenntnis der Realität herausarbeitet und ihr den letzten vollauf geklärten Sinn gibt, so ist die Erkenntnistheorie offenbar das wesentliche Fundament der Metaphysik: die Erkenntnistheorie, und natürlich auch die theoretische Disziplin, auf die sie wesentlich bezogen und mit der sie innig vereint ist, die reine Logik; dazu, wie wir nachher noch hören werden, die Phänomenologie der Erkenntnis. Die reine Logik und Erkenntnistheorie ist, so könnten wir geradezu sagen, formale Metaphysik, sofern sie unter Abstraktion von den Besonderheiten, in denen sich Sein in den bestimmten Wissenschaften darstellt, die zur Idee des Seins überhaupt gehörigen Formen und Gesetzmäßigkeiten erforscht und dabei den letzten Sinn des Seins und der zugehörigen Korrelationen zu Bedeutung und Denken zur Klarheit bringt. Die materiale Metaphysik aber stellt aufgrund der Erkenntnistheorie fest, was nun faktisch ist und wie es ist; sie fragt nicht bloß, was zum Sein überhaupt und als solchem wesentlich ist, sondern als was das *de facto* Seiende nach den jeweiligen Ergebnissen der bestimmten Seinswissenschaften zu gelten hat.

Indessen, wichtiger für uns als dieses Verhältnis der Erkenntnistheorie zur Metaphysik und zur letzten theoretischen Fruktifizierung der Einzelwissenschaften ist ihr Verhältnis zur Psychologie und die Klarlegung der besonderen Methode, welcher die Erkenntnistheorie bei der Lösung ihrer Probleme folgen muss. Erst durch diese nächsten Erörterungen wird der innere Charakter dieser Probleme selbst, im Zusammenhang mit dem Verständnis der Art der an ihnen zu leistenden Arbeit, verständlich werden.[1]

⟨*Aus der Vorlesungsmitschrift Dauberts:*⟩ Das[2] Problem war: Wie kommt das „Ansich" zum Bewusstsein? Die Gegenstände und die idealen Bedeutungen sind an sich. Sie kommen zum Bewusstsein in Erlebnissen des Wahrnehmens, Begründens, Einsehens, Vorstellens usw. Diese entstehen und vergehen und sind subjektiv in Gegensatz zu der Objektivität, die in ihr erfasst wird. Aufgabe der Aufklärung: Nur durch volle Intuition können die Begriffe und ihre Wesenszusammenhänge (das, was wir eigentlich damit meinen) zur letzten Klärung gebracht werden. Alle die in der Logik gebrauchten und unklar verwendeten Begriffe (Bedeutung, Individualbegriff, genereller Begriff, hypothetischer Satz usw. usw.) müssen in ihrer „eigentlichen Meinung" erfasst werden, d.h. ihr Wesen erschaut werden. So wird dann auch verständlich, was Wesenszusammengehörigkeit von solchen Bedeutungseinheiten ist und besagt (zu den generellen Wesen gehörend) und das Wesen der Zusammengehörigkeit von Bedeutung zur bedeuteten Gegenständlichkeit. Ferner: Problematisch ist die Einsicht und das Erkennen als solches. Klärung dessen, wie die Bedeutungen den psychischen Akten des Erkennens einwohnen. „Die Klärung der Kategorien vollzieht sich im Rückgang auf die psychischen Erlebnisakte. Aber es reicht nicht aus das bloße Hinschauen auf diese Erlebnisse." Z.B.: Wie steht Begriff zu Vorstellung als psychischer Akt, und wie steht dieses zu Gegenstand, oder wie steht der Satz zum Urteil als psychischem Akt, und wie ist der Sachverhalt im Urteil für wirklich gehalten, und wie ist er im evidenten Akt als gegeben erschaut? Also wie kommt das Denken an die Sachen, und wie trifft und wie verfehlt es? Alle diese Einzelfragen verlangen die Methode der Aufklärung: Rückgang auf die intuitiv zu erfassenden Wesen.

Dabei immer auf der einen Seite rein logische Kategorien, auf der anderen rein psychologische.

Das Ideal wäre, dass wir das, was „Genus, Spezies, Begriff" usw. meint, ebenso verstehen und seinem Wesen nach erfassen können, wie wir es können, wenn wir Rot, Rot überhaupt, Farbe usw. anschaulich erfassen.

---

[1] *Die drei hier anschließenden Vorlesungsblätter konnten nicht aufgefunden werden. Stellvertretend folgt das entsprechende Textstück der Vorlesungsmitschrift Dauberts (N I 1/3).*

[2] *5. Stunde (20. Mai 1905).*

Wir erkennen die Notwendigkeit, die ganze Sphäre der intellektiven Erlebnisse nicht in Worten, sondern sachlich-intuitiv, im inneren Erleben und Darauf-Reflektieren, im schauenden Abstrahieren einer umfassenden Analyse zu unterwerfen. Wir sehen uns gedrängt zu erforschen, was dem zunächst vagen Gattungsbegriff „intellektives Erlebnis" Einheit und Sonderung gegenüber anderen Erlebnisgattungen verleiht, wir forschen dann weiter nach den wesentlichen Demarkationslinien, die in dieser Gattung Einteilungen bewirken, wir forschen nach den Artungen und Abartungen und suchen in der exakten Analyse und Deskription dieser Erlebnisarten immer weiter und weiter zu dringen. Und parallel damit, davon wissenschaftlich untrennbar, schaffen wir feste Termini und deskriptive Begriffe, wir eignen uns die Dispositionen zu, diese Termini in scharfer Unterschiedenheit zu verwenden. Wir werden auch diese Termini nicht immer aufgrund voller Intuitionen verwenden. Aber wir wissen, was hinter ihnen steckt, wir haben uns durch das Studium der psychischen Phänomene, auf die sie sich beziehen, auch die Disposition angeeignet, wann wir wollen, von den Worten und dem symbolischen Wortverständnis auf die Erlebnisse selbst zurückzugehen, die da eigentlich gemeint sind, und uns an die Grenzen der Phänomene zu halten, die der Wortsinn in seiner wissenschaftlichen Festigung bestimmt fordert.

Indessen, psychologische Deskription, oder besser gesagt: reine Analyse und Beschreibung der Spezies intellektiver Erlebnisse ist hier nicht das Ziel. Vielmehr hat sie die Funktion, die Unterlage zu bieten für die Aufklärung der erkenntnistheoretisch problematischen Verhältnisse zwischen den logischen Einheiten und den psychologischen Mannigfaltigkeiten. Wir wollen es verstehen, wie die idealen Bedeutungen, Begriff, Satz, Wahrheit usw., zu ihren psychologischen Korrelaten stehen, wie Satz Urteilsinhalt ist, wie wahrer Satz zu Einsicht steht, wie Begriff zu Allgemeinvorstellung steht usw. Und während dem Urteil der Satz als Urteilsinhalt einwohnt, bezieht sich, wie es heißt, das Urteil auf einen Gegenstand. Das richtige Urteil trifft den Gegenstand, das einsichtige Urteil erschaut, erfasst ihn. Was heißt all das, wie ist das aus letztem Grunde zu verstehen? Nun, eben dadurch, dass wir die Erlebnisse analytisch studieren, in denen sich das Bewusstsein vom Gegenstand vollzieht und worin alle Idealität und Objektivität für uns ist, was sie ist (als Bewusstseinsinhalt, als Bewusstseinsgegenstand), indem wir, sage ich, die Erlebnisse analytisch studieren und darin nachsehen, worauf solche Reden von Bedeutung und Gegenstand, von Satz und Sachverhalt wesentlich Beziehung haben, was ihnen die intuitive Fülle verleiht, worin ihr Wesen liegt, welche von den in der deskriptiven Analyse herauszustellenden spezifischen Momenten des Urteils, der Wahrnehmung u.dgl. die Evidenz schafft und wie sie das tut. Es genügt nicht, einen Satz, eine Wahrheit, einen Schluss in voller Evidenz und Klarheit „im Bewusstsein haben", es genügt nicht, von den Worten „Satz", „Wahrheit", „Schluss" u.dgl. zu entsprechenden Erlebnissen, inneren Anschauungen, in denen sie Evidenz gewinnen, zurückgehen. Damit, dass adäquat sich anmessende Anschauung den Wortmeinungen Evidenz verleiht, ist das Wesen des Zusammenhangs zwischen Idealem und Subjektivem, zwischen Gegenstand und Akt noch nicht analysiert. Klarheit haben und v e r s t e h e n, was sie ist und was man in ihr hat, Klarheit erleben und richtig über sie reflektieren und die verwirrenden Schwierigkeiten, die die Reflexion mit sich bringt, aufzulösen, ist zweierlei.

Beilage: Den natürlichen Ausgangspunkt dieser Untersuchungen, als erkenntnistheoretischer, werden nicht die psychologischen Klassentermini und Begriffe, sondern die rein logischen Begriffe bilden.[1] Die reine Logik umfasst all das, was zum Wesen von Bedeutung überhaupt und Gegenständlichkeit überhaupt gehört. Gehen wir auf die Evidenz zurück, in der all das in adäquater Klarheit bewusst ist, reflektieren wir dann auf die Erlebnisse, in denen sich diese Evidenz vollzieht, analysieren wir diese Erlebnisse und sehen zu, wie alles Logische daraus die Quelle seiner letzten Klarheit schöpft, analysieren wir, was noch dazu gehört, auch das Gegebensein des Logischen in Form der Unklarheit und die zugehörigen Erlebnisse, so dürften wir alles, was zur Klärung der Erkenntnisprobleme nötig ist, damit getan haben. Wir müssen dann zum Verständnis kommen, was das heißt, und im letzten Sinn heißt, Logisches wird, sei es klar, sei es unklar, bewusst, Bedeutung sei Inhalt des Denkens, Gegenständlichkeit sei das Ansich, auf das sich bedeutsames Meinen beziehe, es sei in der Evidenz gegeben oder in symbolischer Weise bloß gemeint usw. Erstreckt sich die Intention der Untersuchung auf die ganze reine Logik, also auf alle Bedeutungs- und Gegenstandsformen, so müssen damit alle Probleme umfasst sein, die hier zu stellen sind. Und nach Anleitung der logischen Begriffe und mit der beständigen Frage nach den verschiedenen Akten und Aktreihen, in denen die entsprechenden logischen Einheiten subjektiv bewusst werden, muss sich die deskriptive Analyse dieser Akte und die Forschung nach dem Wie des Verhältnisses zwischen Subjektivem und Objektivem bzw. Idealem verknüpfen. Auch wo kein erkenntnistheoretisches, sondern ein deskriptiv psychologisches Interesse das vorherrschende und allein herrschende ist, wird man die logischen Begriffe als Leitfäden für die Analyse und Unterscheidung der Aktarten und ihrer verschiedenen Wendungen oder Differenzierungen nicht vermeiden können. Der Begriff der Zahl leitet uns auf die kolligierenden Akte, der Begriff der Beziehung auf beziehende Akte, der Begriff des Schlusses auf subjizierende und prädizierende Akte, der Begriff des hypothetischen Satzes auf voraussetzende und folgernde Akte usw.

---

[1] *Einfügung von 1906/07* und die real-ontologischen Begriffe.

Die Art, wie wir hier in ganz allgemeiner Charakterisierung den Sinn
der erkenntnistheoretischen Probleme und der bei ihrer Lösung notwendig
zu befolgenden Methode besprochen haben, wird diejenigen unter Ihnen,
welche sich in der Erkenntnistheorie und ihrer Geschichte umgetan haben,
an die gewöhnliche Charakteristik der Erkenntnistheorie als Wissenschaft
vom Wesen und Ursprung der Erkenntnis erinnern. Im Ursprung, so ist
hierbei die Meinung, soll das Wesen der Erkenntnis erfasst werden, und der
Ursprung selbst meint in der gewöhnlichen Interpretation „psychologischen
Ursprung". Das scheint ganz zu unserer Auffassung zu stimmen, mit dem,
was wir als Aufklärung der rein logischen Begriffe durch Rückgang auf ihr
intuitives, in den psychischen Phänomenen des Erkennens und Denkens
zu erfassendes Wesen beschrieben haben, als Analyse und Deskription des
Wesens dieser Phänomene und als reflektive und dabei rein intuitiv fundierte
Feststellung der beiderseitigen Verhältnisse. Indessen, unsere Charakteristik
ist noch unvollkommen, und tief gehende Differenzen treten bald hervor.
Das allerdings können wir sagen, dass die eigentliche Intention der Ur-
sprungsanalysen im tiefsten, aber noch dunklen Grunde diejenige war, die wir
in unserer Betrachtung als den notwendigen Sinn erkenntnistheoretischer
Analyse herauszustellen versuchten. Sofern man wirklich erkenntnistheoretischen Motiven folgte, musste man ja dergleichen irgendwie im Auge haben.
Aber leider war das erkenntnistheoretische Interesse viel zu innig mit dem
metaphysischen verwoben und lag andererseits in der Natur der Sachen eine
viel zu große Versuchung, Erkenntnistheoretisches und Psychologisches zu
vermengen, als dass der eigentliche Sinn und das eigentliche Absehen der
erkenntnistheoretischen Problematik und der zugehörigen Methodik zur
reinlichen Abhebung gekommen wäre.

Die[1] Erkenntnistheorie liegt vor aller bestimmten Erkenntnis und Wissenschaft oder liegt in einer anderen Linie wie bestimmte Erkenntnis und
Wissenschaft und somit auch Psychologie und Metaphysik. Wird Erkenntnis
überhaupt, ihrem Sinn, ihrer Möglichkeit, ihrem generellen Wesen nach problematisch, so können wir auf keinen bestimmten natürlichen Wissenschaften fußen, als ob aus ihren natürlich bestimmten Erkenntnissen, nach ihrer
natürlichen Methodik begründet werden könnte, was Erkenntnis überhaupt
ihrem Wesen nach ist und leistet. Ist Erkenntnis überhaupt problematisch,
verstehen wir nicht, wie Erkenntnis überhaupt Gegenständlichkeit treffen,
wie ein Satz überhaupt objektiv gelten kann, wie Gegenständlichkeit überhaupt „an sich" sein und doch für ein Bewusstsein gegeben sein kann, und

---

[1] *Randbemerkung von 1906/07* (im Ganzen ausgenützt). (*Vgl.* Husserliana *XXIV, S. 179-188.*)

was dergleichen Probleme mehr sind, so besagt das: Wir stehen auf dem
Standpunkt eines gewissen Skeptizismus, ja eines ganz radikalen extremen
Skeptizismus, obschon nicht auf dem Stand irgendeines historischen Skeptizismus. Der extreme Skeptizismus im gewöhnlichen Wortsinn leugnet die
Möglichkeit der Wissenschaft überhaupt. Andererseits der gemäßigte Skeptizismus leugnet die Möglichkeit objektiv gültiger Erkenntnis in irgendeiner
der großen Haupttypen möglicher Wissenschaft, z.B. die Möglichkeit der
Erfahrungswissenschaft. Ganz anders verhält sich hierin unser Skeptizismus,
d.h. derjenige Skeptizismus, der den erkenntnistheoretischen Standpunkt
prinzipiell charakterisiert, der also von der Idee einer echten und reinen Erkenntnistheorie untrennbar ist. Dieser erkenntnistheoretische Skeptizismus
leugnet nicht Erkenntnis, er leugnet keine der vorhandenen Wissenschaften,
sondern er macht alle Wissenschaft und alle Erkenntnis überhaupt zum
Problem. Gewiss kann man also sagen: Er[1] stellt alle Wissenschaft in Frage.
Aber dies ist nicht im Sinne des gewöhnlichen Skeptizismus zu nehmen, als
hielt⟨e⟩ er sie für unbegründet und unbegründbar. Seine Stellung ist vielmehr
eine ganz andere. Er versteht Erkenntnis und Wissenschaft nicht, und zwar
überhaupt, und weil dem so ist, vermag er vorhandene Wissenschaft nicht
anzuerkennen. Er erkennt sie nicht an, aber leugnet sie auch nicht. Subjektiv
mag der Erkenntnistheoretiker und wird er im Allgemeinen ganz fest überzeugt sein, dass die vorhandenen Wissenschaften Wissenschaften im echten
und strengen Sinne sind; und er mag diese Überzeugung durch Studium derselben gewonnen haben. Den Begründungen der Mathematik oder Physik
nachgehend, findet er sich bezwungen, er sieht, und sogar mit Evidenz: Das
Bewiesene ist bewiesen und unzweifelhaft. Aber sowie er anfängt, über den
Sinn der Begründung zu reflektieren und über den Sinn aller Evidenz und
Erkenntnis überhaupt, öffnen sich Abgründe von Schwierigkeiten, und das
unweigerliche Ende ist das Eingeständnis: Die Tatsache der Wissenschaft, der
Erkenntnis überhaupt ist ein Rätsel. Solange das Rätsel nicht gelöst, solange
die Möglichkeit, der Sinn, die Tragweite der Erkenntnis nicht aufgeklärt,
der Sinn der Gegenständlichkeit und ihres Erfassens durch Erkenntnisakte
aufgehellt ist, so lange erscheint alle bestimmte Erkenntnis mit einem großen
Fragezeichen behaftet; es ist unverständlich, in welchem Sinn ihr Anspruch
anzuerkennen, ihre Geltung und der eigentliche Sinn des in ihr erfassten
Seins zu interpretieren ist. Natürlich ist dieser erkenntnistheoretische Skeptizismus auch nicht der cartesianische. Nicht Grundsätze sind zu gewinnen,
die, absolut fest gesichert, einen künftig völlig sicheren Aufbau von strengen

---

[1] *Randbemerkung von 1906/07* (ausgenützt). (*Vgl.* Husserliana *XXIV, S. 179-188.*)

Wissenschaften zu tragen vermöchten. Wir versuchen es nicht, auch nicht für einen Augenblick, mit dem gewöhnlichen Skeptizismus, wir versuchen es nicht mit einer Negation aller Wahrheit, zu dem Ende, um hierbei diejenigen Wahrheiten zur Abhebung zu bringen, die vermöge ihrer absoluten Klarheit und Deutlichkeit jeden Zweifel als offenbare Torheit erscheinen lassen, und wir wollen die so ausgezeichneten Wahrheiten nicht zu Fundamenten einer universalen Mathematik,[1] einer Weltwissenschaft von absoluter Stringenz machen. Vielmehr sind die Wahrheiten, die unser erkenntnistheoretischer Skeptizismus vermisst und die er sucht, von einer Art, dass ihr Besitz zu dem cartesianischen Zweck kaum etwas beitragen könnte. Mathematik, Physik und sonstige bestimmte Wissenschaften erfahren durch diese Wahrheiten keine Bereicherung und vor allem keine neuen Lehrsätze. Im Wesentlichen werden die vorhandenen Wissenschaften durch diese Wahrheiten weder erweitert noch verengt, sie bleiben, was sie sind. Nur eins: Sie werden verständlich nach ihrer Möglichkeit, nach dem Sinn, dem Wesen ihrer Leistung, nach dem Sinn der in ihnen erkannten Gegenständlichkeit u.dgl. Und nun erst wird Metaphysik möglich, die Wissenschaft, welche letzte Seinswissenschaft sein will.

Weder Einzelwissenschaft noch Metaphysik kann die Erkenntnistheorie für sich als Voraussetzung und Grundlage in Anspruch nehmen vermöge des ihr wesentlichen und soeben beschriebenen Skeptizismus. Sowie sie es tut, verletzt sie ihren eigenen Sinn, den Sinn der Probleme, die als treibende Motive ihres Forschens wirken. Es hat viele Jahrhunderte gekostet, bis der innere Sinn des erkenntnistheoretischen Triebes zur Reinheit und Klarheit gekommen ist, und solange das nicht der Fall war, gab es nur unklare Gemenge von Metaphysik und Einzelwissenschaft und Erkenntnistheorie und im Gefolge dieser Vermengung, dieses beständigen Schillerns der Probleme und der in ihnen spielenden Begriffe, absurde oder völlig verworrene Theorien.

⟨Erkenntnistheorie und Psychologie⟩

Doch[2] wie steht es mit dem Verhältnis von Erkenntnistheorie und Psychologie? Natürlich schließt der erkenntnistheoretische Skeptizismus die Voraussetzung wie aller anderen Wissenschaft, so auch diejenige der Psychologie aus. Auch auf die Psychologie als Wissenschaft kann die Erkenntnistheorie nicht gebaut werden. Die Rede vom psychologischen Ursprung der rein

---

[1] *Recte* Mathesis.
[2] *6. Stunde (20. Mai 1905).*

logischen Kategorien, von der psychologischen Aufklärung jener erkenntnistheoretisch problematischen Verhältnisse, kann keine Berechtigung haben,
solange das Beiwort „psychologisch" eine Entlehnung aus einer Sonderwis-
senschaft bedeutet, der Psychologie. Vor allem bleibt evident ausgeschlossen
jede psychogenetische Voraussetzung. Was hätten kausale Erklärung und
Wesensaufklärung auch miteinander zu schaffen? Man braucht nur Locke
aufzuschlagen und mit dem durch Verständnis des echten Sinnes der Erkenntnistheorie geschärften Blick durchzusehen, und man merkt überall
das Durcheinander zweier Problemschichten, der psychogenetischen, gerichtet auf die psychologische und biologische Entwicklung der verschiedenen psychischen Funktionen und näher der intellektiven Funktion, und der
erkenntnistheoretischen, gerichtet auf die Aufklärung der fundamentalen
Begriffe der Erkenntnis und Logik sowie auf die Verständlichmachung der
Geltungsleistung der Erkenntnis. In letzter Hinsicht ist das Entwicklungsge-
schichtliche und kausal Erklärende völlig irrelevant. Und überdies: Es gehört
durchaus mit in die Sphäre der Fraglichkeiten. Erkenntnistheorie durch Psychologie als kausal erklärende Wissenschaft, als Naturwissenschaft, gar als
experimentelle Psychophysik leisten zu wollen, das ist der reine Widersinn.
Es ist ebenso widersinnig wie der beliebte Versuch, durch Psychologie reine
Logik begründen zu wollen.

Nun scheint aber doch in einem gewissen beschränkten Sinn die Rede von
einer psychologischen Fundierung der Erkenntnistheorie Recht zu behalten,
oder es scheint sich ein Kern von Recht in der grundfalschen Auffassung
des Psychologismus herauszustellen. Wir sprechen doch vom Rückgang von
den rein logischen Begriffen auf die Erlebnisse zum Zweck der Klärung.
„Erlebnis", „psychische Akte" sind doch etwas Psychologisches. Freilich
die Genesis dieser Akte, die Kausalgesetze, unter denen sie stehen, all das,
was die Psychologie als Naturwissenschaft von den psychischen Akten lehrt,
kommt nicht in Frage. Das Einzige, was Not tut, ist Analyse und Deskription,
rein deskriptive Analyse der Akte, wie sie erlebt ⟨sind⟩ und wie sie im
schlichten Hinblick auf sie in der Reflexion sich darstellen. Die Evidenz
der so genannten inneren Wahrnehmung, die Evidenz, die Cartesius für
das Dasein aller Denkerlebnisse im Moment des Erlebnisses in sein *cogito
ergo sum* mit beschlossen hatte, scheint das Einzige, was zur Rechtfertigung
benötigt ist. In der Sphäre der unmittelbaren Evidenz „innerer Anschauung"
bewegen sich die Deskription, die Analysen, die Aufklärungen.

Indessen, da bedarf es der Ergänzung und Berichtigung. Nicht auf innere
Wahrnehmung als Feststellung unmittelbar erlebter Einzelheiten, sondern
auf Wesenswahrnehmung, Erschauung von spezifischen Einheiten kommt

es an. Nicht auf Evidenz der individuellen *cogitatio*, sondern auf Evidenz der auf ihrem Grunde adäquat zu erfahrenden Spezies, das Wesen, kommt es an. Und da stehen wir nicht in der Psychologie. Die Psychologie ist die Wissenschaft von den „Naturgesetzen" der psychischen Erlebnisse. D.h. sie geht von der Tatsache aus, dass es Menschen, Tiere und sonstige psychische Subjekte gibt, Dinge, die nicht bloß physische Dinge sind, sondern so etwas wie psychische Erlebnisse erleben. Sie ist Wissenschaft von der „Seele", wie man früher sagte, während man das Wort heute vermeidet; sie ist Wissenschaft von erlebenden Individuen und sucht die Elementargesetze und abgeleiteten Gesetze, nach denen reale Erlebnisse in der Zeit kommen und gehen, sich miteinander verflechten, einander bedingen oder mit physischen Tatsachen empirisch und kausal verflochten sind. Die Psychologie vollzieht also empirische Apperzeption teils derselben, teils analoger Art wie die physische Naturwissenschaft, die Erlebnisse sind objektiv zeitlich bestimmte Einzelheiten, in empirisch-konkrete Zusammenhänge gehörig, genannt erlebende Individuen.

Die Erkenntnistheorie hingegen, für welche solche empirische Apperzeption problematisch ist, ja sogar zu den tiefst liegenden und schwierigsten Problemschichten gehört, schließt wie alle, so auch diese empirischen Apperzeptionen aus. Wenn z.B. der Erkenntnistheoretiker den Begriff der Bedeutung aufklären will, so nimmt er irgendein Wort, das ihm als bedeutsames bewusst ist. Das Worterlebnis ist ein Erlebnis in seinem Ich, das Verständniserlebnis ist ein Erlebnis in seinem Ich. Er sucht nun in diesem Erlebnis oder vielmehr aufgrund dieses Erlebnisses das „Wesen" der Bedeutung zu erfassen als dasjenige, was identisch dasselbe bleibt, wenn das Wort wiederholt, und zwar im selben Sinn wiederholt wird. Er fragt sich, was das identische Wesen als Einheit gegenüber dieser Mannigfaltigkeit von Erlebnissen ist und was diesem Wesen im einzelnen Fall entspricht und wie aufgrund des Einzelfalles schon das Wesen als Wesen der Bedeutung, als das dem Wort „Bedeutung" Sinn Gebende zu konstituieren ist und was wieder zum Wesen dieses Konstituierens gehört. Hier spielen lauter Erlebnisse; der Erkenntnistheoretiker erlebt sie. Aber dass er sie erlebt, dass sie Erlebnis seiner Bewusstseinseinheit sind oder irgendeinem erlebenden Bewusstsein, welchem immer, angehören, das ist gar nicht in Frage. Es ist genauso, wenn wir das Wesen des Begriffs Farbe uns klarmachen wollen. In der Anschauung, Wahrnehmung oder Phantasie einer Farbe sehen wir irgendeine Farbe, sie ist uns im Anschauungserlebnis „gegenwärtig". Wir vollziehen die generelle Intuition, etwa so, dass wir Farbe als das Identische der verschiedenen erschaute⟨n⟩ Farbenmomente oder schon Farbenspezies erschauen. Haben wir das Wesen erfasst in dieser generellen Intuition, so meinen wir dabei nicht die individuellen Erlebnisse. Gegen die ist der Akt dieser intuitiven Abstraktion unempfindlich. Die Farbenempfindung als Empfindung irgendeines Subjekts ist psychologisch. Die Farbe als Genus schließt gar keine existentiale Beziehung auf ein erlebendes Subjekt ein, keine Beziehung auf einen objektiven Zeitpunkt und ein Individuum mit seinen individuellen Zusammenhängen.

So ist denn auch in dem anderen Beispiel das Erlebnis des Bedeutens etwas Psychologisches, aber nicht die Bedeutung als Wesen, die in der generellen Intuition erschaut ist.

So hat es überhaupt die Erkenntnistheorie nie und nirgend mit irgendeinem psychischen Individuum und seinen Erlebnissen zu tun. Ihre Analysen sind im eigentlichen Sinne gar nicht deskriptiv psychologische Analysen, sondern Wesensanalysen. Der Erkenntnistheoretiker vollzieht psychische Erlebnisse, aber er erforscht sie nicht als psychische Erlebnisse; sondern aufgrund der von ihm erlebten vollzieht er Wesensanalysen, und zwar solche, die für die Klärung der logischen Kategorien und die Lösung der erkenntnistheoretischen Schwierigkeiten fundamental sind. Die Existenz des Erlebnisses, ja selbst die Tatsache des *cogito*, des „Ich bin", der Existenz des eigenen Ich ist dabei keine Voraussetzung. Selbst also die Existenz des eigenen Ich und der Sinn dieser Existenz gehört in die Sphäre der erkenntnistheoretischen Fraglichkeiten. Das ist nun freilich ein ganz ungewohnter Gesichtspunkt. Aber es ist von höchster Wichtigkeit, sich zu ihm zu erheben. Er ist entscheidend für die ganze Philosophie, es ist gewissermaßen der archimedische Punkt der Erkenntniskritik und eben damit jeder möglichen Philosophie.

⟨Phänomenologie als Wesenslehre des Bewusstseins⟩

Wir machen hier noch einen lehrreichen Schritt: Wir können nämlich das ganze erkenntnistheoretische Interesse beiseite setzen und die Idee einer Disziplin bilden,[1] welche alle uns erreichbaren Wesensanalysen systematisch vollzieht. Diese Disziplin ist dasjenige, was ich Phänomenologie nenne, sie hieße wohl noch besser Wesenslehre. Ein Wesen, eine Spezies ist uns direkt gegeben. Wir schauen und fassen sie, wo immer wir eine intuitive Abstraktion vollziehen, derart, dass wir aber damit die Sphäre strengster Evidenz, also Immanenz festhalten, dass wir nichts supponieren, was die Sphäre rein intuitiver Gegebenheit transzendiert, dass wir in unserer generalisierenden Abstraktion über das im Erlebnis selbst zu Erschauende nicht im mindesten

---

[1] *Randbemerkung von 1906/07* Eine Disziplin?

hinausgehen. In dieser Art vollziehen wir z.B. oder können wir vollziehen die Anschauung vom Wesen des Rot, von einem Wesen des Tones c, vom Wesen der Tonintensität u.dgl. In jedem solchen Fall erleben wir das Phänomen einer Einzelnheit und meinen doch nicht die Einzelnheit, wir meinen die Spezies, das Allgemeine; und wir meinen es nicht bloß, wir sehen es gleichsam, wir erfassen mit Evidenz das Wesen dieses Rot, das Wesen dieser Intensität usw.[1] Man kann auch Wesenszusammenhänge erfassen, und zwar wiederum schauend mit „Evidenz" erfassen. Als zum Wesen der Intensität gehörig erfasst man, dass zwischen zwei Intensitäten ein Verhältnis von Niedriger und Höher statthat, dass, wenn a intensiver wie b, so b minder intensiv wie a usw.

Das ist ein Gesetz für Intensitäten, und zwar zum Wesen der Intensität gehörig. Das ist nicht ein Gesetz der Psychologie. Es ist kein empirisches, sondern ein „apriorisches" Gesetz. Das heißt, sofern es untrennbar zum Wesen oder Sinn von Intensität gehört, drückt es nichts aus, was zu Intensitäten gehört vermöge ihrer zufälligen empirischen Verflechtungen, zu ihnen als Tatsachen einer Natur. Sondern es drückt aus, was zu ihnen gehört, weil sie in sich sind, was sie sind, was ihr eigenes Wesen ausmacht, was von ihnen also nicht abtrennbar ist, zu welcher „Natur" sie auch gehören mögen. Das Wesensgesetz gilt in jedem empirischen Einzelfall, weil es zum generellen Wesen der Intensitäten gehört, wo Intensität vorkommen und bewusst werden mag; ob im menschlichen oder im tierischen, ob in einem irdischen oder einem himmlischen Bewusstsein, das ist gleichgültig. Das Gesetz gehört nicht zu den Intensitäten, sofern sie psychologisch gegeben und empfunden sind, sofern sie in dem oder jenem empirischen Zusammenhang stehen, sofern sie zeitlich bestimmte Einzelheiten sind, sondern zu den Intensitäten als solchen ihrem Wesen nach. Dies Beispiel kann uns leiten. Somit ergibt sich die Idee einer Wesenslehre, welche alle Wesensanalysen und unmittelbar intuitiven Wesensgesetze erforscht. Und speziell gibt es eine Wesenslehre, eine Phäno-menologie der Erkenntnis, welche die Erkenntnissphäre durchforscht, alle Spezies, die in intellektiven Erlebnissen ihre zufälligen Einzelheiten haben und sich aufgrund derselben in adäquater intuitiver Abstraktion ergeben können, unterscheidet, die komplexen Spezies in Einzelspezies gliedert, ihre echten, nämlich wesentlich fundierten Ordnungen nach Gattung und Arten erforscht und die zugehörigen Wesensgesetze aufstellt. Z.B.: Was gehört zum Wesen des Urteils, welche Momente sind im Urteil zu unterscheiden, d.h. im

---

[1] *Randbemerkung von 1906/07* Intuitive Gegebenheit ist aber nicht Gegebenheit der existen-tialen Wahrnehmung (eine Farbe intuitiv gegeben in der Phantasie).

Urteil als solchem? Nicht im Urteil als dem zufälligen Akt eines erlebenden psychophysischen Individuums, sondern: Welche Wesensmomente sind im einheitlichen Wesen des Urteils zu scheiden, welche wesentlichen Gattungen und Abartungen von Urteilen sind *a priori*, d.h. eben wesentlich, in der Wesensbetrachtung der Phänomenologie, in der Idee des Urteils gründend, zu fixieren, und welche Wesensgesetze lassen sich hier aufstellen? Zu welchen andersartigen Erlebnissen, oder sagen wir korrekter wieder: Wesenseinheiten, in der intellektiven Sphäre haben Urteile wesentliche Beziehung, welche Wesensgesetze beherrschen diese Zusammenhänge usw.? Alles Wesensanalyse in adäquater Abstraktion vollzogen, mit anderen Worten: alles durchaus unmittelbar *a priori*.[1]

⟨*Aus der Vorlesungsmitschrift Dauberts:*⟩ Es wäre damit zu scheiden:
1. ein deskriptiver und analytischer Teil. Beschreibung, Analyse und Klassifikation der Wesen;
2. ein nomologischer Teil, welcher die Wesenszusammenhänge aufweist.

Enger gefasst würde der Begriff der Phänomenologie auf Wesensanalyse und Deskription beschränkt bleiben und diesen gegenübergestellt der nomologische Teil als Lehre von den zu jenen Wesen gehörigen Zusammenhangsgesetzen. Die unterscheidende Nuance zwischen Phänomenologie und deskriptiver Psychologie. Deskriptive Psychologie beschreibt seelische Tatsachen und unterscheidet sie als Erlebnisse von Individuen. Damit empirische Objektivierung. Zeitlich bestimmte individuelle Einzelheit, die ihren Träger in irgendwelchen empirischen Ich hat. Damit eingeordnet in den Zusammenhang der Natur.

Die erklärende Psychologie untersucht Fühlen, Empfindung usw. im Allgemeinen. Sie bewegt sich in der allgemein empirischen Sphäre. Ihre Begriffe sind solche für Erlebnisklassen. Und für diese stellt sie die Natur- oder Tatsachengesetze fest.

Dagegen die Phänomenologie stellt nicht Klassenbegriffe von Naturtatsachen auf, sondern geht den durch Evidenz zu erschauenden Wesen oder Spezies nach und den in ihnen gründen⟨den⟩ Wesensgesetzen. Nicht mit dem Aposteriori, sondern mit dem Apriori hat sie es zu tun.

Dabei engerer Zusammenhang. Aus jedem Wesensgesetz lässt sich ein Tatsachensatz mit leichter Mühe ablesen. Z.B. empirischer Klassenbegriff: Urteilserlebnis, darunter fällt jede Urteilstatsache, die Farbenempfindung als Klassenbegriffe, und diese entsprechen den Wesen Urteil und Farbe. In psychisch empirischen Tatsachen lassen sich ablösen und scheiden zwei Momente: 1. Das, was allen solchen Erlebnissen gemeinsam ist, die Idee oder das Wesen, die in allen einzelnen Erlebnissen gemeinsam gründen. 2. Das, was das jeweilige Erlebnis als Einzeltatsache im Naturgeschehen charakterisiert.

---

[1] *Die (vielleicht zwei) hier anschließenden Vorlesungsblätter konnten nicht aufgefunden werden. Möglicherweise hat Husserl sie wegen einer in ihnen enthaltenen* „missständlichen Behauptung" *(siehe Vorlesungstext weiter unten) vernichtet. Stellvertretend folgt das entsprechende Textstück der Vorlesungsmitschrift Dauberts (N I 1/4–4a).*

1. Gesetze können wahr sein aufgrund der spezifischen Wesen (z.B. dem Intensitätsgesetz). Diese übertragen sich auch für alle einzelnen Fälle der Intensität. 2. Andere Gesetze, welche gelten vermöge einer die Tatsachen *de facto* beherrschenden Gesetzmäßigkeit. Dieses sind die eigentlichen Gesetze der Naturtatsachen. Die Schranken der Wesensgesetze können nie durchbrochen werden. Nie kann der Lauf der Natur zwei Intensitäten geben, die verschieden ⟨sind⟩ und doch nicht in einer Reihe liegen. Was die Sphäre der Ideen offen lässt, betrifft die Sphäre der Natur. Unter den Möglichkeiten, die die Wesen offen halten, trifft das Naturgesetz eine Auswahl und sagt: Die und jene dem Wesen nach möglichen Fälle sind tatsächlich ausgeschlossen.

Wir[1] haben in den letzten Vorlesungen eine Reihe sehr schwieriger Begriffe erörtert.

1) Den Begriff der reinen Logik als der Wissenschaft von den idealen Konstituenten und Gesetzen von Theorie überhaupt oder, wie wir auch sagen können, die Wissenschaft von Wahrheit und Gegenständlichkeit überhaupt. So weit gefasst, als sie gefasst werden muss, ist die reine Logik identisch mit der *mathesis universalis*.

2) Die Erkenntnistheorie. Die Aufhellung der Schwierigkeiten, welche die Möglichkeit der Erkenntnis betreffen, oder Aufklärung der schwierigen Verhältnisse, die zwischen Wahrheit und Gegenständlichkeit auf der einen Seite und Urteilen, Erkennen der Wahrheit bzw. Gegenständlichkeit auf der anderen Seite obwalten. Es handelt sich, wie wir auch sagten, um Aufhellung des letzten Sinnes der Erkenntnis überhaupt bzw. des im Erkennen zu erfassenden Seins überhaupt, und somit um eine Disziplin, welche Kritik vorgegebener Erkenntnisse und Wissenschaften ermöglicht ⟨und⟩ welche uns in den Stand setzt, den letzten Sinn der Feststellungen vorgegebener Wissenschaften zu bestimmen. Ist Metaphysik die Wissenschaft von dem real Seienden im wahren und letzten Sinn, so ist die Erkenntnistheorie die Vorbedingung der Metaphysik. Die Erkenntnistheorie ist formale Seinswissenschaft, sofern sie vom Sein, wie es sich faktisch in der Seinsforschung der bestimmten Wissenschaften darstellt, absieht und das Sein überhaupt seinem wesentlichen Sinn gemäß erforscht. Wir könnten die an die reine Logik angelehnte Erkenntniskritik geradezu als formale Metaphysik[2] bezeichnen, während die Metaphysik im eigentlichen Sinn aufgrund dieser formalen Metaphysik feststellt, was nun faktisch, in kategorischem Sinn, ist, was dem realen Sein nicht nur überhaupt und

---

[1] *7. Stunde (27. Mai 1905).*
[2] *Einfügung wohl von 1906/07* Ontologie.

als solchem, sondern *de facto* nach Ergebnissen der bestimmten Seinswissenschaften zukommt. Damit wäre als Drittes der Begriff der Metaphysik bestimmt.

4) Phänomenologie der Erkenntnis. Hier handelt es sich um Deskription und Analyse der verschiedenen Gattungen und Arten von Denkakten, von Momenten und Verknüpfungsformen von Denkakten, in denen die logischen Ideen ihr Abstraktionsfundament finden. Die Phänomenologie, können wir auch sagen, ist die deskriptive Disziplin vom Wesen des Denkens, sie ist Wesensdeskription und -analyse der Denkerlebnisse, sie bestimmt durch vergleichende Betrachtung und Analyse die Gattungen und Arten intellektiver Erlebnisse, die Spezies ihrer konstitutiven Momente und ihrer Verknüpfungsformen. Sie wird bei dieser Analyse geleitet von den zunächst schwankenden und vagen Begriffen der reinen Logik auf der einen Seite und den psychologischen Begriffen von den intellektiven Erlebnissen auf der anderen. Diese erhalten durch die phänomenologische Analyse, also durch Rückgang auf die gegebenen und erschauten Wesen der Denkakte und Spezies ihrer Momente ihre Evidenz, ihre feste Begrenzung, und eben dadurch ist das einzig mögliche Fundament gegeben, um die Schwierigkeiten der Erkenntnistheorie, die Schwierigkeiten, die im Verhältnis von Erkennen und Sein, von Erkennen und objektiver Wahrheit ⟨liegen⟩, zu lösen.

Ersetzen wir die reine Logik durch reine Ethik, reine Ästhetik, reine Wertlehre überhaupt, Disziplinen, deren Begriffe nach Analogie der reinen Logik streng und von aller empirischen und materialen Moral usw. unterschieden definiert werden müssten, dann entspricht der Erkenntnistheorie oder Kritik der theoretischen Vernunft die Kritik der praktischen, der ästhetischen, der wertenden Vernunft überhaupt, mit analogen Problemen und Schwierigkeiten wie die Erkenntnistheorie. Es treten dazu die Probleme nach dem Verhältnis von Sein, d.i. gegenständlich so und so Bestimmtsein, und Wertvoll- oder Unwertsein. Und diesen in formaler Allgemeinheit zu fassenden Problemen, welche dies Verhältnis unabhängig vom faktischen Sein, von der faktischen Wirklichkeit fassen, entsprechen dann die metaphysischen Probleme: inwiefern die absolute Realität als eine „objektiv wertvolle" zu fassen oder nicht zu fassen sei, inwiefern die Wertprädikate bloß subjektiv und mit Beziehung auf die zufällig wertenden Wesen in Frage kommen oder zum Wesen der Wirklichkeit immanent gehören. Wir haben also eine formale und materiale Metaphysik der Werte. Und endlich entspricht der reinen Wertlehre und der Wertungskritik die Phänomenologie der ethischen, ästhetischen und sonstigen Wertungserlebnisse, die Voraussetzung und das

Fundament der Auflösung der wertungskritischen Schwierigkeiten. Schließlich kann man den Begriff der Phänomenologie erweitern zu einer allumfassenden Wesensdeskription und -analyse, also zu einer Aufweisung und analytischen Zergliederung aller Spezies von Erlebnissen, Erlebnismomenten und Erlebnisformen, wobei das Wort „Erlebnis" keine wesentliche Beziehung ausdrücken soll zum individuellen und zufälligen Subjekt. Vielmehr soll es hindeuten auf das in adäquater und in keiner Weise transzendierender Anschauung Gegebene. Eben dies, worauf wir hinblicken als ein Gegebenes und so, wie es selbst ist, Genommenes, das zergliedern und spezifizieren wir und gewinnen damit den Grund für die Feststellung aller möglichen und uns zugänglichen Wesen und Wesensgesetze.

5)[1] Von der Phänomenologie, und speziell der Phänomenologie der Erkenntnis, haben wir unterschieden die deskriptive Psychologie und in weiterer Folge selbstverständlich die Psychologie überhaupt. Es handelt sich hierbei um eine Nuance, aber eine Nuance von fundamentaler Wichtigkeit. Selbstverständlich ist es, dass die Phänomenologie nicht auf die Feststellung von Naturgesetzen der psychischen Erlebnisse, oder sagen wir lieber, der Erlebnisse erlebender Subjekte, Persönlichkeiten, Menschen, Tiere usw. ausgeht und dass sie ebenso wenig die empirischen Allgemeinheiten der Konstanz, die keinen exakt naturgesetzlichen Charakter haben, feststellen, dass sie auch nicht einzeln festgestellte Vorkommnisse des Seelenlebens durch Rückgang auf Naturgesetze oder empirisch allgemeine Regeln in der Weise einer Naturwissenschaft erklären will. Das alles ist Sache der Psychologie, der Psychologie im gewöhnlichen Wortsinn, der Naturwissenschaft vom Seelenleben. Was für uns aber von Wichtigkeit ist, ist der Umstand, dass die Phänomenologie mit allen sonstigen empirischen Apperzeptionen auch diejenigen ausschließt, durch welche die Vorgefundenheiten der reinen Wahrnehmung, der adäquaten Wahrnehmung, zu Seelenerlebnissen, zu Erlebnissen von mir, von irgendjemand sonst, zu Erlebnissen von irgendwelchen empirischen Subjekten und Bewusstseinen werden. Beschreibt der Phänomenologe das Wesen der sinnlichen Inhalte, scheidet er wesentlich verschiedene Gattungen und Arten derselben, wie Farbe, Ton usw., führt ihn die Beschreibung des Tongebiets auf die zum Wesen der Töne gehörige qualitative Ordnung in eine⟨r⟩ Reihe, auf die unabtrennbare Verbindung der Gattungen Ton und Tonintensität, Farbe und Helligkeit u.dgl., oder scheidet er in der Sphäre der intentionalen Erlebnisse die Gattung objektivierender Akt von der Gattung Gemütsakt usw., so kommt all das für die

---

[1] *Wohl spätere Randbemerkung* Vorher: „Phänomenologie".

Psychologie in Frage und ist doch noch nicht Psychologie. Dass Farbe, Ton u.dgl. Inhaltsklassen sind, die „in" menschlichen oder sonstigen empirischen Subjekten, „Seelen" oder wie man es nennen mag, vorkommen,[1] dass sie sich als zeitliche Einzelheiten, als Tatsachen der Natur, in eine objektive Zeitordnung, in eine konkrete empirische Naturordnung einreihen, das ist Sache der Psychologie. Das fällt aber ganz außerhalb der Sphäre der Phänomenologie. Sie spricht nicht von dem Ton, den ich oder jemand sonst erlebe, sondern wenn auch ein Tonerlebnis der Analyse zugrunde liegt und dabei ein Erlebnis des phänomenologischen Forschers ist, so meint er dieses Erlebnis nicht als solches, sondern er blickt darauf nur hin, um die Spezies Rot und die zum Wesen des Rot oder der Farbe überhaupt gehörigen Eigentümlichkeiten zu erschauen und objektiv festzustellen. Was phänomenologisch festgestellt wird, das betrifft Röte überhaupt, Farbe überhaupt, Ausdehnung überhaupt, Vorstellung überhaupt, Urteil überhaupt usw. Und das gilt in dem Sinn, wie es gemeint ist: Es gilt also in Übertragung auf jedes nicht empirisch wirkliche, sondern mögliche Bewusstsein. Wo immer so etwas wie Farbe, Ton, Vorstellung, Urteil vorkommt, da muss das anzutreffen sein, was dem Ton überhaupt, der Farbe überhaupt etc. wesentlich ist. Was dem Inhalt zukommt als Inhalt dieser und dieser Spezies, was ihm durch sich selbst, durch seine eigenen generellen Eigentümlichkeiten zukommt, durch die er ist, was er ist, das betrifft eben den Inhalt als Exemplar seiner Spezies und nicht als zufälliges Glied seines empirischen Zusammenhangs.[2]

Die physische Naturwissenschaft setzt die physische Objektivierung voraus, sie handelt von physischen Objekten, physischen Vorgängen, von physischen Gesetzen. Jedes hat hier seine Raumstelle und seine Zeitstelle, und

---

[1] *Randbemerkung wohl von 1906/07* sc. als präsentierende oder repräsentierende Inhalte von „Akten", die zu mir oder eines anderen „Seele" gehören etc.

[2] *Der folgende Text wurde eingeklammert und wohl nicht vorgetragen* Freilich auch das ist selbst wieder etwas, was die phänomenologische Analyse erst klarmachen muss: Wie Inhaltsbestimmtheiten und Zusammenhänge im Wesen gründen und durch die Wesen generell umschrieben sind, somit als notwendige Allgemeinheiten, und wie andererseits die Wesen Zusammenhänge als bloße Möglichkeiten offen lassen: das ist dann die Sphäre des Empirischen. Zusammenhänge kommen faktisch vor, die nicht im Wesen der Inhalte notwendig gefordert sind. Erst durch Erkenntnis der Natur der Wesen und wesentlichen Eigentümlichkeiten, wesentlichen Zusammenhänge, der Wesensgesetze, im Unterschied von den außerwesentlichen Zusammenhängen, die andererseits doch unter empirischen Regeln stehen, ist die Unterscheidung zwischen Phänomenologie und Psychologie möglich geworden und ebenso zur Klarheit gekommen der Unterschied zwischen jener Art Rückgang auf die Erlebnisse, welche die Erkenntnistheorie fordert, und derjenigen, die sie verwehrt, also derjenigen, welche die Erkenntnistheorie von der Psychologie, einer Naturwissenschaft, abhängig machen würde.

zwar im objektiven Raum und in der objektiven Zeit, und diese objektiven Formen sind die Formen aller physischen Zusammenhänge und umfassen die ganze physische Natur.

Die psychische Naturwissenschaft setzt die psychische Objektivierung voraus. Sie handelt von psychischen Objekten. Mag man das Wort „Seele" verpönen, um die mystische Seelensubstanz auszuschließen, ein Wort, das die objektive Einheit ausdrückt, die Einheit des die Bewusstseinserlebnisse erlebenden und sie zu einer konkreten, dingartigen Einheit zusammenschließenden Individuums,[1] wird man nicht vermeiden können. Und jeder psychische Vorgang erhält mit seinem individuellen Träger, dem er sich einordnet, seine objektive Zeitstelle und indirekt seine Raumstelle, er ist eine Bestimmtheit in der realen Wirklichkeit. Alle diese Objektivierungen schließt die Phänomenologie aus, sie mag analysierend sagen „dies da", aber die objektive Zeitbestimmung, die Einordnung in einen realen Naturzusammenhang, die naturwissenschaftliche Objektivierung unterbleibt. Keine Tatsache der Natur wird festgestellt, sondern das Wesen einer Spezies oder eines spezifischen Gesetzes, eines Wesensgesetzes.

Andererseits ist Phänomenologie und Psychologie nicht zusammenhangslos. Und man kann die Erstere auch als ein Fundament der Letzteren bezeichnen. Stellen wir der Psychologie die Aufgabe, die Natur der Seelen zu erkennen (verzeihen Sie dies harte Wort), die Eigenheiten, die Arten, die Formen der Zusammenhänge der seelischen Erlebnisse festzustellen, die Gesetze, nach denen sich die Seeleninhalte zu Einheiten gesellen und die Einheiten verändern, so ist es das Erste und Fundamentale, sich klar zu werden, dass jeder Inhalt in sich ist, was er ist, dadurch, dass er sich unter die und die wesentlichen Gattungen und Arten ordnet. Diesen entsprechen die allgemeinen Worte, durch die wir die Inhalte innerlich bestimmen und bezeichnen. Also vor allem kommt es auf die wesentlichen Gattungen und Arten an und auf die Gesetze, welche zu diesen Wesen gehören und welche wesentliche Möglichkeiten und Unmöglichkeiten der Verknüpfung implizieren. Die Wissenschaft von den Wesen und die Erkenntnis, dass in allen so genannten apriorischen Gesetzen, darunter auch den logischen, ethischen usw. (soweit sie in der Tat apriorisch im echten Sinn sind), Wesensgesetze ausgeprägt sind, ermöglicht überhaupt erst eine Psychologie im vollen Sinn, ein volles und ganzes Verständnis der seelischen Einheiten. Aber diese Wesenslehre erhält hier eine gewisse Wendung. Der Psychologe wendet sie ins Subjektive. Er interessiert sich nicht für die Wesen an sich, sondern für

---

[1] *Randbemerkung wohl von 1906/07* (Natürlich nicht Dingeinheit im gewöhnlichen Sinn).

die Klassenbegriffe von psychischen Erlebnissen, d.h. von Erlebnissen eines individuellen Bewusstseins. Und er interessiert sich für diese Erlebnisse nicht nur hinsichtlich ihrer allgemeinen Wesen und hinsichtlich der gesetzlichen Zusammenhänge, die durch die Wesen vorgeschrieben sind, sondern er interessiert sich für die seelischen Tatsachen, für die Natur der Seele, für die induktiv, und nur induktiv zu gewinnenden Gesetze und Regeln, welche die außerwesentlichen Zusammenhänge und Verläufe der seelischen Einzelnheiten und konkreten Einheiten beherrschen. Das psychologisch-objektivierende Interesse verwandelt die Phänomenologie in deskriptive Psychologie. Alle phänomenologischen Feststellungen treten, nur mit einer Nuance, sozusagen mit einer Veränderung des Vorzeichens, in die deskriptive Psychologie. Aber Phänomenologie kann und soll als reine Wesenslehre betrachtet werden. Der Idee nach ist sie keine Psychologie, auch nicht deskriptive. Und wer diesen Unterschied nicht zuerst begriffen hat, wird auch nie das Wesen einer objektiven Erkenntnistheorie verstehen.

Werfen wir noch einen kurzen Blick auf das Verhältnis von Phänomenologie und Erkenntnistheorie. Auch hier ist es nützlich, die mögliche Sonderung im Auge zu haben. Phänomenologie kann ohne alle Rücksicht auf erkenntnistheoretische Probleme behandelt werden. Sie ist dann reine Wesenslehre, Wissenschaft von den Gattungen und Arten, und zwar wesentlichen Gattungen und Arten der Inhalte (Wissenschaft von Spezies und nicht von zufälligen Klassenbildungen wie z.B. „Göttinger Student"). Indem die Phänomenologie die in den Spezieswesen gründenden Gesetze feststellt, tritt sie von selbst in Beziehung zu den rein logischen Gesetzen und den Wertegesetzen, sofern diese ja Wesensgesetze darstellen, die zu gewissen Erkenntnisakten und Wertungsakten gehören. Die Missdeutung, die diese Gesetze erfahren haben, und die damit zusammenhängende Verwirrung, in die uns die Fragen nach dem Verhältnis zwischen Erkenntnisakt und Erkenntniseinheit versetzen, wird den Phänomenologen von selbst in die Erkenntnistheorie hinüberführen, ihn veranlassen, die unter dem Titel „Erkenntnistheorie" befassten Schwierigkeiten und Scheinprobleme aufzuhellen. Aber an sich bräuchte er es nicht zu tun. Andererseits ist aber eine Erkenntnistheorie ohne Phänomenologie nicht denkbar. Man kann ja, von falschen Interpretationen des Logischen ausgehend, durch eine äußerliche logische Erwägung nachweisen, welche Widersprüche oder Absurditäten sie mit sich führen, und somit die Unzulässigkeit der Interpretationen auf solche Weise dartun. Aber den letzten Sinn der Erkenntnis wird man dadurch und durch alles ähnliche transzendental-methodische Verfahren nicht gewinnen. Um Erkenntnis zu verstehen, muss man eben auf das Aktuelle zurückgehen, auf die Klarheit und Deutlichkeit, welche die Anschauung der gemeinten Spezies selbst und Wesensgesetze selbst bietet. Das ist selbstverständlich und bedarf keiner weiteren Erörterung. Die kritische Erwägung, ohne Rückgang auf die Phänomenologie, ist notwendig und nützlich, aber sie ist eine bloße Vorbereitung auf die eigentliche Leistung, auf die phänomenologische Aufklärung. Die Phänomenologie erhält also hier eine erkenntniskritische Funktion, obschon sie nicht selbst in ihrem Wesen Erkenntniskritik ist.

Ob die Phänomenologie als eine besondere Disziplin aufgebaut werden soll, völlig gesondert von Erkenntnistheorie und Psychologie, das ist eine rein praktische Frage.[1] Gewicht lege ich hier wie bei allen diesen Unterscheidungen nur darauf, dass man die wesentlichen Demarkationslinien sieht, dass man die Idee der Phänomenologie, die Idee der Erkenntnistheorie, die Idee der Psychologie scharf auffasst, um nicht durch Vermengung der Disziplinen oder ihrer Gesichtspunkte und Abhängigkeitsverhältnisse in verkehrte erkenntnistheoretische Richtungen gedrängt zu werden. Verfehlt man eine dieser Nuancen, so verfällt man unrettbar entweder einem absurden Empirismus oder einem mythischen Apriorismus. Eben weil es an diesen Unterscheidungen gefehlt hat, steht die ganze Entwicklung der Erkenntnistheorie unter einem scharfen Gegensatz, unter dem des Sensualismus und Rationalismus. Bei beiden Parteien finden wir den gleichen Fehler, den des Psychologismus, beide vermengen das echte Ursprungsproblem, das der phänomenologischen Aufklärung der Erkenntnis, das zu präzisieren sie außerstande sind, mit dem falschen Ursprungsproblem, mit dem psychologischen. Immer wieder und auf allen Seiten glaubt man Erkenntnis verstehen zu können, indem man dem psychogenetischen Ursprung der Erkenntnis nachgeht.

Zusatz (Randbemerkung auf einer späteren Seite)[2] über Deskription und phänomenologische Analyse. Empirische und naturwissenschaftliche Deskription ist Beschreibung seiender individueller Dinge und Vorgänge u.dgl. Diese Deskription ist Unterlage für die Aufsuchung von empirisch phänomenal-allgemeinen Sätzen und von Naturgesetzen. So in der Morphologie, so in der physischen und psychologischen Naturwissenschaft.

---

[1] *Einfügung wohl von 1906/07* Ein Bedenken, auf das ich hier nicht näher eingehe, ist die Frage der Einheitlichkeit der Phänomenologie. Kann man sie eine Wissenschaft nennen, da sie in zusammenhanglose Gebiete zerfällt: sinnliche Wesen, kategoriale Wesen ... (Wesen des im eigentlichen Sinn Psychischen etc.)? Ich pflege in dieser Hinsicht zu sagen: Phänomenologie bezeichnet mehr eine Methode, Forschungsweise in der Weise der Aufklärung, Evidentmachung denn eine einheitliche Wissenschaft.

[2] *Es handelt sich um die Randbemerkung auf der von Husserl als 46 paginierten Seite (F I 26/84a) der Vorlesung „Allgemeine Erkenntnistheorie" vom Wintersemester 1902/03* (Husserliana Materialien, *Bd. III, S. 78*).

In der Phänomenologie scheint es nun zunächst, dass wir auch Erlebnisse, d.i. Vorgänge in psychischen Individuen, unter Händen haben. In gewisser Weise haben wir solche auch unter Händen. Wenn ich die Wahrnehmung phänomenologisch „beschreibe", habe ich ja eine Wahrnehmung (mein psychisches Erlebnis) vor mir. Aber doch wieder nicht. Objektiv ist es ja richtig, das sind psychische Phänomene; aber in der Phänomenologie sind sie nicht als psychische Phänomene gemeint, in ihr werden nicht psychische Phänomene wahrgenommen, analysiert, mit anderen verglichen, allgemeine psychologische Begriffe, morphologische und naturwissenschaftliche Sätze, Naturgesetze gebildet. Gegeben sind mir die letzten „Einzelheiten", welche das Substrat der phänomenologischen Analysen, Deskriptionen, Ideationen ausmachen im Status der modifizierten cartesianischen Evidenz als „dies"; und „dies da" ist nicht ein zeitlich einzelnes Dies-da, sondern bedeutet schon eine Ideation, und zwar die niederste Stufe der Ideation.

Wenn man in der Lehre von der Abstraktion sagt, jeder Abstraktion liege notwendig ein individuelles Phänomen zugrunde, so ist das im eigentlichen Sinn nicht wahr. Man kann sagen, jeder eigentlich (intuitiv) vollzogenen Verallgemeinerung liege ein Einzelnes zugrunde, der empirischen Verallgemeinerung ein empirisches Einzelnes (also zeitlich Individuelles), hingegen der Wesensbildung, der ideierenden Generalisation, ein phänomenologisch Einzelnes, und das ist kein Individuelles im psychologischen Sinn. Natürlich ist jederzeit eine psychologische Individualisation, eine Auffassung des phänomenologisch Gegebenen in ein Psychologisches, zu irgendeinem empirischen Ich Gehöriges, zu vollziehen möglich; aber diese psychologische Apperzeption und Setzung ist eben nur Möglichkeit und kommt für die Phänomenologie nicht in Frage. Blicke ich auf „dies", diese Wahrnehmung hin, dieses Urteil etc., so bin ich rein beschäftigt mit diesem als das, was es in sich, rein „immanent" ist; und zu diesem nach seinem immanenten Inhalt gehört nichts von Raum, Zeit, individuellem Bewusstsein. Also es ist schon ein Allgemeines,[1] ein Allgemeines niederster Differenzierung. Es ist, was es ist, unabhängig davon, ob es zu diesem oder jenem oder „einem" „Bewusstsein überhaupt" gehört (Bewusstsein als Seele oder dgl.). Freilich, es ist nicht ein durch Verallgemeinerung Gewonnenes. Aber Ideation ist auch nicht Verallgemeinerung. Wir müssen Idee und Allgemeines (Gattung im ursprünglichen Sinn) auseinander halten. Das Rot ist nicht dasselbe wie Rot überhaupt (gehörig zum generellen Urteil), wie Farbe überhaupt (im Gegensatz zu „die Farbe"), der „allgemeine Inhalt" (oder Gegenstand); besser: das Wesen Rot, das Wesen Wahrnehmung etc. Auch „dies da" ist ein Wesen, nur ein konkretes Wesen, ein Wesen niederster Wesensbesonderung.

Doch gehe ich hier zu weit. Wenn ich sage „dies Rot und dies Rot, beiderseits ,dasselbe' " oder „diese Wahrnehmung und jene Wahrnehmung", muss ich da nicht noch innerhalb der Phänomenologie von weiteren Vereinzelungen sprechen, die immer noch nicht individuell-psychologisch bestimmt sind? Oder muss ich nicht sagen, als Rot mögen sie völlig gleich sein, aber in der *haecceitas* unterscheiden sie sich, in der phänomenologischen „Zeit", in der phänomenologischen Bewusstseinsstelle, was schließlich wieder Wesensunterschiede eigener Art sind und keine

---

[1] Das ist nicht richtig. Ja, wenn ich von der *haecceitas* absehe und eben eine Idee dieser Wahrnehmung, ihr Wesen meine!

wahrhaften empirischen Individualitäten, keine Individualitäten im „realen" Sinn. Jedes Individuum hat sein Wesen, sein individuelles Wesen; das ist die niederste Differenzierung, das absolute Konkretum, wie ich es genannt habe. Das ist noch kein Individuum, es ist noch zu vervielfältigen. Das Individualisierende ist keine Differenz, keine „Qualität", kein Inhaltsmoment des „Gegenstandes". Es ist die *haecceitas*. Aber diese, scheint es, fällt mit dem Charakter der Wahrnehmung (Impression und Setzung als Selbst, adäquat gemeint wie erlebt) zusammen. Und dieser Charakter ist nicht ein Trennbares, sondern Inhalt und Charakter sind unabtrennbar eins. Aber das ist noch unvollkommen. Denn die Wahrnehmung – fällt sie mit dem Gegenstand „dies da" zusammen?

Doch hier möchte sich ein Einwand gegen unsere Idee der Phänomenologie anknüpfen.

Wenn die Phänomenologie es mit dem Spezifischen des Bewusstseins und den darin gründenden Wesensgesetzlichkeiten, also apriorischen Gesetzlichkeiten zu tun hat, wodurch unterscheidet sie sich von den apriorischen Disziplinen, welche mehr oder minder rein und vollkommen unter den Titeln reine Logik, reine Mathematik, reine Wahrscheinlichkeitslehre, reine Phoronomie längst angebaut sind? Und wenn die Wesensbetrachtung in der Sphäre der Gemüts- und Willenserlebnisse noch nicht Platz gegriffen und nicht zu entsprechenden apriorischen Disziplinen, zumal nicht zu einer apriorischen Wertelehre, einer apriorischen Ethik u.dgl. geführt hat, so würde die Ausführung der entsprechenden Untersuchungen zu Disziplinen führen, die man doch nicht mit den vorgenannten zusammenfassen und als eine Disziplin unter dem Titel Phänomenologie zusammentun kann. Und erst recht, wenn man in der sinnlichen Sphäre, in der Sphäre der Qualitäten, Intensitäten u.dgl. Wesensgesetze aufstellt, sind diese nicht ganz heterogen denjenigen, die wir in der apriorischen Logik, Wahrscheinlichkeitslehre, Ethik usw. finden? Sind Wesensgesetze der sinnlichen Spezies nicht von Grund auf verschieden von denjenigen der Spezies in der intentionalen Sphäre?

Der Einwand ist offenbar nicht ohne eine gewisse Berechtigung, und ich muss ausdrücklich eine etwas missverständliche Behauptung zurückziehen, die ich in der letzten Stunde gemacht habe, sofern ich innerhalb der Phänomenologie einen deskriptiven und einen nomologischen Teil unterschied. Konstituieren wir aufgrund der verschiedenen spezifischen Wesen, die in der intuitiven Bewusstseinsanalyse zu unterscheiden sind, und aufgrund der unmittelbar zu ihnen gehörigen und in unmittelbarer Evidenz zu erfassenden Wesensgesetze deduktive Theorien, erwachsen uns so apriorische theoretische Disziplinen, so werden wir natürlich die Einheit und Besonderheit einer solchen Disziplin begrenzen müssen durch die Einheit und Eigenartigkeit ihrer Grundgesetzlichkeit, d.h. durch die Einheit einer gattungsmäßigen Zusammengehörigkeit, innerhalb deren Rahmen unmittelbare Evidenzen apriorische spezifische Zusammenhänge herstellen. Die Anzahlenlehre ist eine Disziplin und die Wahrscheinlichkeitslehre eine andere, weil die beiderseits maßgebenden Gattungen und die zugehörigen Wesensgesetze gesondert sind. Die arithmetischen Axiome und die Axiome der Wahrscheinlichkeitslehre greifen nicht ineinander über, sie schaffen völlig gesonderte Theorien und Disziplinen. Nur in der Weise der Anwendung können reine Arithmetik und syllogistische Gesetze in der Wahrscheinlichkeitslehre fungieren.

Andererseits bedarf es gleichwohl einer alles Apriorische vereinheitlichenden und gewissermaßen zusammenschauenden Disziplin, welche sich auf alle spezifischen Wesen und Wesenszusammenhänge bezieht. Das ist die Phänomenologie und in weiterer Folge die mit ihr innig zusammenhängende Kritik der apriorischen Vernunft, also das, was man Erkenntnistheorie, Wertetheorie, Willenstheorie nennt oder mit Kant Kritik der theoretischen, der praktischen Vernunft, der ästhetischen Vernunft (der Urteilskraft). In dem Bedürfnis nach diesen Kritiken (also in der Erkenntnissphäre: nach einer Erkenntnistheorie) gründet auch das Bedürfnis der Phänomenologie. Durch phänomenologische Aufklärung werden die erkenntnistheoretischen Probleme lösbar und ebenso die parallelen Probleme der Wertetheorie oder, wie wir auch sagen, der ethischen, ästhetischen usw. Skepsis.

Zur Verdeutlichung der Sachlage erinnere ich an eine frühere Bemerkung. Ich sagte, Evidenz haben und Klarheit darüber haben, was man in ihr und mit ihr besitzt, sei zweierlei. Nämlich: Bei der Feststellung der Axiome einer apriorischen Disziplin haben wir Evidenz, wir erschauen in ihr einen wesensgesetzlichen Zusammenhang. Gleichwohl verwickeln wir uns in die erkenntnistheoretischen Schwierigkeiten, die uns zum widersinnigen Skeptizismus, Psychologismus, Relativismus zu drängen trachten. Wie kommt das? Z.B. dass von zwei kontradiktorischen Sätzen einer wahr und einer falsch ist, dass doppelte Verneinung einer Bejahung äquivalent ist u. dgl., das ist uns doch in apodiktischer Evidenz gegeben als zum Wesen von Wahr und Falsch, von Ja und Nein gehörig. Und doch finden wir die Irrungen in Lehren, welche den Sinn solcher Gesetze empiristisch verflüchtigen und meinen, mit der biologischen Entwicklung der menschlichen Natur könnte die Wahrheit dieser Gesetze eine Änderung erleiden, sie drückten etwas aus, was zur zufälligen Konstitution der empirischen menschlichen Natur gehöre. Erfassen wir in der Evidenz einen Wesenszusammenhang, wie können wir ihn in einen tatsächlichen umdeuten, wie das Apriori in ein Aposteriori verfälschen? Oder, wenn wir an die Axiome der apriorischen Anzahlenlehre denken, wie a + b = b + a: wir erfassen sie als Wesensgesetze. Wir erfassen die Anzahl überhaupt als das spezifische Wesen im Akte der Kollektion und dazugehörig jene wesentliche Zusammengehörigkeit und Gleichheit in der Form der Verknüpfung von Kollektionen überhaupt. Und nun kommt doch ein Mann wie Mill, der doch dieselbe Evidenz hatte, und sagt: Zahlen sind Ausdrücke physischer Tatsachen,* und das Gesetz drückt eine gemeine physische Beziehung aus! Und wieder: Wenn der Psychologist sagt: Mehrheit und Zahl können uns nur gegeben sein im kollektiven Zusammenfassen und im Zählen, Gleichheit im Vergleichen, Verschiedenheit im Unterscheiden, Identität im Identifizieren, Urteil im Urteilen, Schluss im Schließen usw., also müssen selbstverständlich alle rein arithmetischen, rein logischen Gesetze psychologische Gesetze sein, also empirische Gesetze usw.

Genug der Beispiele. Wie sind hier verkehrte Theorien, wie sind hier Streitigkeiten und schwierigste Probleme möglich, nachdem doch Evidenz besteht?

Zur Antwort sagen wir zunächst: Die betreffenden Axiome und die sie fundierenden begrifflichen Wesen sind uns nicht immer, sondern nur unter Umständen in der Weise der Evidenz gegeben. Haben wir sie einmal klar eingesehen, dann operieren wir mit den sprachlich formulierten Terminis und Aussagen im symbolischen Bewusstsein, wir begnügen uns mit dem vagen Wortverständnis und bauen auf die Wahrheit, ohne sie immerfort zu schauen, vom Grund aus einzusehen. Insbesondere auch in der Reflexion, welche an diese Sätze und Begriffe anknüpft und das in ihnen Gemeinte in Beziehung setzen will zu sehr weitgreifenden psychologischen und biologischen Kenntnissen, verliert sich leicht die Fühlung zur evident machenden Intuition, und damit ist den Verfälschungen Tür und Tor geöffnet. Die Phänomenologie, indem sie den wesentlichen Unterschied zwischen symbolischem Denken und eigentlichem Denken aufdeckt, zwischen Gegebenheit einer Beziehung in Form einer wesentlichen und als wesentlich erschauten Evidenz und jener uneigentlichen Gegebenheit, die in dem vagen symbolischen Denken liegt, weist uns auf die Evidenzsphäre hin, sie sagt uns, was eigentlich und wahrhaft den Gehalt der strittigen Begriffe und Prinzipien ausmacht. Das kann man und muss man da fassen, wo es eben eigentlich und wahrhaft gegeben ist. Nur da ist die eigentliche Meinung realisiert, nur darauf darf sich die Interpretation beziehen. Indem sie sich zum Prinzip der adäquaten

---

* John Stuart Mill, *System der deduktiven und induktiven Logik*, übs. von Theodor Gomperz, Leipzig 1872, Bd. II, Drittes Buch, Kap. XXIV, §5, S. 342.

Evidenzanalyse erhebt und dieses Prinzip überall durchführt, geht sie *eo ipso* in eine umfassende Bewusstseinsanalyse über und überschreitet damit jenes vereinzelte Evidenzbewusstsein, das naiv im einsichtigen Erfassen der Axiome gegeben ist. Nicht nur, dass der Phänomenologe Evidenz selbst und ihren Gegensatz, das verworrene Vorstellen und Urteilen, zum Objekt einer generellen Evidenzanalyse erhebt und sich über ihr allgemeines Wesen Klarheit schafft, sondern auch hinsichtlich der bestimmten begrifflichen Wesen und Wesenszusammenhänge, die in den Axiomen zum Ausdruck kommen, leistet er mehr als der dieselben Axiome naiv, obschon evident Erfassende. Sehen wir ein, dass $a + b = b + a$ ist, so gründet diese Einsicht im einsichtigen Fassen des Wesens der Anzahl. Warum ist es aber dann noch problematisch, wie Zahl zu Zählen steht? Warum die Neigung, das Ideale in das Subjektive und dann Psychologische zu verflüchtigen und die Wesensgesetze als empirisch-psychologische zu missdeuten? Nun, weil die Zahlenabstraktion ein Moment des Bewusstseins zur Unterlage hat, das mit anderen Momenten verflochten ist; das ganze Konkretum, das gesamte momentane Erlebnis mitsamt seiner empirisch-psychologischen Apperzeption, seiner gewohnheitsmäßigen Beziehung auf das empirische Ich, ist Unterlage der spezifischen Abstraktion, Unterlage des Evidenzbewusstseins. Wer in der Evidenz des Axioms naiv lebt, blickt gerade auf die Momente hin und vollzieht gerade die Generalisationen, die im Sinn des Axioms liegen. Wer aber hinterher über den Sinn des Axioms reflektiert, mag leicht statt auf diese Momente auf die ganzen konkreten Komplexionen hinblicken und dem Zug der empirischen Apperzeptionen, die an dieselben anknüpfen, folgen. Und dies wird ganz besonders leicht kommen müssen, da der ganz natürliche Zug des Denkens auf empirische Apperzeption geht, während es eigener Schulung bedarf, um die Grenze reiner Gegebenheit innezuhalten. Indem nun der Phänomenologe hier die rein immanente und vollständige Analyse vollzieht, indem er alle Einzelmomente, die im konkreten Bewusstsein enthalten sind, studiert, indem er das Moment der empirischen Apperzeption unter diesen erkennt und indem er nun alle diese Zusammenhänge und Verhältnisse nicht studiert als Zufälligkeiten des empirischen Moments und empirischen Bewusstseins, sondern in genereller Betrachtung, als Wesenszusammenhänge, ermöglicht er die Lösung aller erkenntnistheoretischen Schwierigkeiten, verschafft er Aufklärung über das Wesen aller Erkenntnis. Nicht das Zählen als empirisches Datum in der psychischen Natur interessiert ihn, sondern das Zählen überhaupt, also spezifisch, und die Zahl überhaupt und die Frage, wie die Spezies Zahl zur Spezies Zählen steht; und ebenso, wie Bedeutung überhaupt zu Bedeuten, zu Vorstellen, zu Urteilen steht. Wobei es wieder gar nicht darauf ankommt, ob das Bedeuten in einem menschlichen oder göttlichen Bewusstsein vorkommt, und nicht ankommt auf das Bedeuten als eine in die tatsächliche Natur einzuordnende Realität. Also auf eine umfassende Wesensanalyse, oder wenn man will, eine allumfassende Bewusstseinsanalyse ist es abgesehen, aber nicht eine Analyse des Bewusstseins als einer Naturtatsache, sondern des „Bewusstseins überhaupt", d.i. des Wesens des Bewusstseins, des Wesens aller in Evidenz zu erschauenden Wesenszusammenhänge. Nur durch umfassende und vollständige Aufklärung verstehen wir die vereinzelten Evidenzen und bleiben wir davon bewahrt, sie zu missdeuten. Nur so meiden wir die Verlegenheiten, die die Vereinzelung und die aus der verworrenen Reflexion stammende Neigung zu einer fehlerhaften μετάβασις mit sich führt. Das ist ja der echte Sinn des traditionellen Ursprungsproblems. Die Phänomenologie ist die allumfassende Lehre von den „Ursprüngen", sie lehrt uns den Mutterboden aller Prinzipien kennen, die Objektivität möglich machen, die Wesen der sinnlichen Spezies und die Wesen der intellektiven Formen, an die alles gültige Denken aus wesentlichen Gründen (und nicht aus empirischen) gebunden ist. Nicht zu mystischen Müttern[*] führt sie uns hin, sondern ihr Reich ist das Reich reiner Evidenz oder Klarheit, das Reich der überempirischen Ideen, überempirisch und doch, ja gerade darum direkt zu geben, nämlich in schauender ideierender Abstraktion.

Danach[1,2] ist es klar, wie wir die Phänomenologie und die apriorischen theoretischen Disziplinen zueinander stellen. Die Phänomenologie ist allumfassende, rein schauend verfahrende Bewusstseinsanalyse, d.h. Herausstellung aller zum Wesen des Bewusstseins überhaupt und seiner primären Inhalte gehörigen Spezies, also natürlich auch der Spezies der Verhältnisse und Zusammenhänge, die zu irgendwelchen adäquat zu gebenden Spezies gehören. Das Studium der Wesensverhältnisse ergibt dann von selbst auch die als Obersätze der apriorischen Disziplinen fungierenden Axiome. Die deduktiv-theoretische Herauswicklung aller Konsequenzen, die in diesen Axiomen stecken, also der mittelbar in ihnen beschlossenen wesensgesetzlichen Zusammenhänge, das überlässt die Phänomenologie den verschiedenen apriorischen Disziplinen. Selbstverständlich gehören zu ihr selbst, zu ihrer Sphäre unmittelbarer und rein deskriptiver Wesensanalyse des Bewusstseins, alle Prinzipien, unter denen das theoretische Verfahren der mittelbaren Ableitung in diesen Disziplinen steht. Während das Interesse der apriorischen

---

[*] Vgl. Goethe, *Faust II*, 1. Akt, „Finstere Galerie".

[1] *8. Stunde (27. Mai 1905)*.

[2] *Dieser Absatz wurde wohl 1906/07 mit Fragezeichen und der Randbemerkung versehen* Die ganze Betrachtung verwechselte logische Klärung und Wesensklärung der Erkenntnis.

Disziplinen, der Arithmetik, der Syllogistik, der Wahrscheinlichkeitslehre, der apriorischen Wertelehre usw. auf Deduktion, auf Entfaltung systematischer deduktiver Theorien geht, geht das phänomenologische Interesse auf unmittelbare Analyse und Deskription. Während jene Disziplinen von einem in der Phänomenologie festgelegten Punkt oder Feld ausgehen und eine Linie daraus zu entfaltender Deduktionen verfolgen, hat die Phänomenologie den Zusammenhang aller solcher Punkte und Felder im Auge, den Zusammenschluss, die Einheit, den Zusammenhang des ganzen Bewusstseins, und zwar nach allem Wesentlichen, in genereller Intuition zu Schauenden. Die Phänomenologie ist Wissenschaft der Ursprünge. Also die sämtlichen echten Axiome, die Ursprünge aller apriorischen Disziplinen, liegen in der Phänomenologie. Damit ist schon gesagt, dass die Prinzipien, unter denen alles wissenschaftliche Verfahren steht, unter denen auch jede empirische Feststellung steht, wenn sie objektiv gültig soll sein können, in die Phänomenologie gehören.

Die Phänomenologie geht in Erkenntnistheorie über, sowie das Interesse sich auf die Lösung der Schwierigkeiten richtet, die im Verhältnis zwischen psychologischer Subjektivität auf der einen Seite und Idealität, absoluter Normalität und Objektivität auf der anderen Seite liegen. Das Prinzip der Lösung ist aber allzeit dies: Wesensgesetzliche Zusammenhänge werden zu empirisch-psychologischen, sowie man die wesensgesetzliche Allgemeinheit überträgt auf die empirisch-psychologische Sphäre. Was absolut gilt, weil zum unaufhebbaren Wesen etwa des Urteils, der Evidenz usw. ⟨gehörig⟩, das gilt in jedem Einzelfall in einer beliebigen empirischen Sphäre; also für die Urteilsakte, die im menschlichen Bewusstsein auftreten. Und umgekehrt, der Anspruch auf überempirische Geltung des Logischen, des prinzipiell Ethischen usw. erklärt sich und erweist sich als berechtigt durch Rückgang auf die phänomenologische Sphäre, im Erweis nämlich, dass logisches, ethisches Gesetz usw. nicht ausdrückt irgendeine empirische Allgemeinheit im zufälligen menschlichen Seelenleben, sondern dass es ideale Wesenszusammenhänge ausdrückt, die in phänomenologischer Abstraktion und Intuition als zum Wesen der entsprechenden Spezies unaufhebbar gehörig sich erschauen lassen.

Die allgemeinen Erörterungen über die Idee einer Phänomenologie möchte ich mit einer ergänzenden Bemerkung über die phänomenologische Methodik beschließen. Die Phänomenologie bewegt ⟨sich⟩ durchaus in der Sphäre der Intuition, in der Sphäre der Klarheit und Deutlichkeit, um die Termini des alten Rationalismus heranzuziehen. Ihren Ausgang nimmt sie von den empirischen Einzelnheiten, die als im Seelenleben sich abgrenzende Einzelakte oder deren primäre Inhalte erlebt sind. Von dem Dasein dieser Einzelnheiten und ihres rein deskriptiven Bestandes haben wir, im schlichten Hinblick auf sie, die cartesianische Evidenz, die Evidenz der *cogitatio*. Also von evidenten Gegebenheiten nimmt die phänomenologische Forschung ihren Ausgangspunkt. Indessen ist zu beachten, dass, wie schon letzthin, aber vielleicht zu flüchtig berührt, die Erlebnisse evidente Gegebenheiten sind nicht als Erlebnisse eines so und so bestimmten menschlichen Individuums, nicht als Tatsachen einer psychischen und psychophysischen Natur. Vielmehr evidente Gegebenheiten sind sie als bloßes Dies. Empirisch aufgefasst sind sie Fraglichkeiten; aber rein intuitiv und mit Ausschluss aller empirisch-transzendierenden Apperzeptionen gefasst, sind sie absolut unfragliche, absolut zweifellose Gegebenheiten. Knüpft z.B. die phänomenologische Analyse an ein Urteil an, das ich soeben vollziehe, so betrifft die Evidenz dieser *cogitatio*, dieses Erlebnisses, nicht das Urteil als m e i n Urteil, nämlich in der Auffassung, dass es mir, dieser bestimmten Person, angehört, so wenig, als sich die Evidenz auf den Sachverhalt bezieht, den ich darin beurteile, den ich darin als wahr ansetze. Vom Sein meines Ich, wofern damit gemeint ist die empirische Persönlichkeit, gibt es keine Evidenz, so wenig wie vom Sein irgendeines empirischen Dinges sonst. Fasse ich das Urteil, das ich fälle, als m e i n Urteil auf, so mag der Hinblick auf das Als-„mein"-Apperzipieren seine Evidenz mit sich führen; das ist aber nur die Evidenz für das Sein dieses Apperzipierens, nicht aber für das Sein des Ich, der empirischen Person. Sagen wir also, das Erlebnis, auf das schlicht hingeblickt und das in reiner Immanenz und Adäquation genommen wird, so wie es erlebt ist, sei eine evidente Gegebenheit, so ist sogar schon der Ausdruck „Erlebnis" und „Immanenz" mit Überschüssigkeiten behaftet. Das Urteil, in dem es als „Erlebnis" bezeichnet wird, wird ja als etwas einem empirischen Ich Angehöriges, von einem Erlebenden Geurteiltes bezeichnet und erscheint gedanklich in Bezug auf dieses Ich bestimmt. Empirische Bestimmung versetzt aber jedes Datum in den Zusammenhang der „Natur", objektiv-wissenschaftliche Bestimmung in den Zusammenhang einer Natur im strengen Sinne als einer theoretischen Einheit gesetzlich zusammenhängender Einzelnheiten. Vor aller Bestimmung liegt aber das wissenschaftlich und überhaupt begrifflich noch Unbestimmte. (Es ist das, was wohl Kant unter dem Titel „Erscheinung" im Auge hatte, nämlich an der Stelle, da er sagte: „Der unbestimmte Gegenstand einer empirischen Anschauung ist Erscheinung."*) Die Phänomenologie geht von diesen intuitiven Gegeben-

---

* Kant, *Kritik der reinen Vernunft*, A 20.

heiten, die noch vor aller Bestimmung liegen, aus. Sie beschäftigt sich mit ihnen und an ihnen, aber nicht, um sie zu erforschen, sie wissenschaftlich zu bestimmen. Täte sie es, so geriete sie in die Naturwissenschaft. Denn jede wissenschaftliche Bestimmung jener unbestimmten Dies-da wandelt sie in bestimmte Tatsachen, und Tatsachen gehören in den Zusammenhang der Natur, der physischen oder psychischen Natur. Die Natur ist das Gesamtreich aller Tatsachen.

Die Phänomenologie beschäftigt sich also nicht mit den ersten Gegebenheiten, um sie zu Tatsachen, etwa zu Erlebnissen im eigentlichen Sinn zu bestimmen, sondern um auf dem Grunde dieser Gegebenheiten Analyse und generalisierende Intuition zu vollziehen. Sie erfasst damit spezifische Wesen und Wesenszusammenhänge. Sie erfasst sie direkt, rein intuitiv und generell. Sie bezieht sich auf diese Spezies nicht indirekt, in der Weise symbolischen Meinens, wie wenn man von dem Wesen des Urteils oder dieser und jener Urteilsspezies spricht, ohne sie selbst zu erfassen und zu schauen; vielmehr schaut sie diese Spezies, indem sie auf dem Grunde jener evidenten Gegebenheiten die spezifizierende Abstraktion vollzieht und so die Allgemeinheiten selbst gegeben hat und erschaut. Sind mehrere Gegebenheiten vorhanden, in denen sich das Allgemeine vielfach vereinzelt, so wird im Wechsel der Einzeldaten das Allgemeine als identisch dasselbe erschaut und ergriffen. Auf die so in genereller Intuition erfassten Spezies bezieht sich die phänomenologische Analyse und Forschung, sie zielt auf die wesentlichen Gattungen, Artungen und Abartungen dieser allgemeinen Wesen, auf ihre möglichen Zusammenhänge, auf die Spezies ihrer elementaren Komplexionsformen, auf ihre Vereinbarkeiten und Unvereinbarkeiten u.dgl. Immerfort ist dabei die Intuition eine reine und adäquate, nirgends geht die Generalisation über den wirklich gegebenen Inhalt der reinen Daten hinaus; immerfort wird methodisch darauf geachtet, dass von den empirischen Apperzeptionen, in denen die Daten gegenständlich gedeutet werden, die sehr viel mehr und anderes sind als das, was im Gegebenen selbst vorliegt, abstrahiert und das bloß apperzeptiv Gemeinte nicht mit dem Gegebenen verwechselt wird.

Welche Rolle spielt nun die Evidenz der *cogitatio*, die auf die ersten unbestimmten Gegebenheiten Bezug hat? Wir können ja sagen: Die Evidenz, die im unmittelbaren Schauen der ersten Gegebenheiten liegt, ist in gewissem Sinn eine Voraussetzung der phänomenologischen Untersuchung, obschon sie andererseits keinen einzigen Satz, keine einzige Prämisse für die eigentlich phänomenologischen Feststellungen hergeben kann und hergeben soll. Die Phänomenologie soll eine völlig independente Disziplin sein und die phänomenologische Methode in aller Vernunftkritik eine völlig independente Methode. Das heißt, sie will nichts voraussetzen, was irgendeinen prinzipiellen Zweifel zulässt. Sie soll die letzte Quelle darstellen, aus der in absoluter Sicherheit alle echten Prinzipien, sowohl diejenigen der objektiven Geltung in der Sphäre der Wissenschaft als diejenigen der objektiven Geltung in der Sphäre der Gefühls- und Willenswerte, geschöpft werden können. Sie beginnt demnach so, dass sie im Sinne des kritischen Skeptizismus alle Fraglichkeiten ausschließt. Geht sie also auf die letzten Gegebenheiten zurück, um durch Erhebung zu dem in ihnen zu erschauenden Allgemeinen Wesenseinsichten zu erschließen, so wird sie selbst in Anknüpfung an diese Daten, bei dem Ausgang von ihnen, sich dessen versichern, ob sie nichts von Fraglichkeiten enthalten. Also wird sie feststellen, dass sie eben evidente Gegebenheiten sind oder dass, wenn unmittelbar Gegebenes als gegeben gelten soll, es eben reduziert werden muss auf die Sphäre der reinen Immanenz, d.i. eben auf den Kreis eigentlicher und adäquater Gegebenheit. Und dieser Eingrenzung bedarf sie, um auf diesem Grund Allgemeinheiten zu gewinnen, die ebenfalls in keiner Weise transzendierende, vielmehr rein adäquate Gegebenheiten sind. Andererseits ist zu sagen, dass die in der Sphäre der reinen Immanenz erfassten Allgemeinheiten nicht etwa die Existenz der Einzelheiten, jener in der cartesianischen Evidenz gesicherten Gegebenheiten voraussetzen. Das adäquat erschaute Allgemeine ist ein für sich völlig Independentes. Es wird methodisch gegeben auf dem Grunde der erlebten Einzelnheit. Methodisch ist es zur Beseitigung jedes Zweifels an dem Wert des phänomenologischen Verfahrens gut und notwendig, sich zu sagen: Das Erlebnis, von dem ich ausgehe, ist, wenn ich davon abstrahiere, dass es mein, der empirischen Person, Erlebnis ist, und wenn ich es inhaltlich genauso nehme, wie es da ist, nach dem, was ich wirklich darin finde, und nicht nach dem, was ich darüber hinausgehend in und mit ihm meine; das Erlebnis so genommen, ist sicher kein Anlass eines möglichen Zweifels. Und auf dem Grund der in dieser Evidenz erfassten zweifellosen Gegebenheit bilde ich generelle Anschauungen, ich erfasse auf dem Grund dieser Einzelnheiten, sie analysierend und in reiner Immanenz spezifizierend, die und die spezifischen Wesen. Verfahre ich aber so, hat dieses methodische Verfahren keinerlei Bedenken mehr in sich, und vor allem nicht in dem Ausgangspunkt, den ich genommen habe. Denn dieser ist ein absolut Gegebenes und Zweifelloses.

Nachdem wir die Idee der Phänomenologie als einer allumfassenden Wesensanalyse des Bewusstseins, vollzogen rein in der Sphäre der Immanenz und Evidenz, geklärt und ihr Verhältnis zu den apriorischen Disziplinen, zur Kritik der Vernunft, zur Psychologie erörtert haben, können wir nun zurückgehen auf das engere Thema unserer Vorlesungen, auf die Urteilstheorie. Es braucht kaum gesagt zu werden, dass nun ein neuer, und der wichtigste Sinn von Urteilstheorie erwächst, nämlich als Phänomenologie des Urteils, und dass diese sich von der empirischen Psychologie des Urteils ebenso scheidet wie Phänomenologie und Psychologie überhaupt. Die Psychologie des Urteils betrachtet also Urteile als Erlebnisse von erlebenden Ichs, als Tatsachen der psychischen und psychophysischen Natur. Die Phänomenologie schließt diese empirische Apperzeption aus, sondern erforscht das Wesen des Urteils und alles, was durch eine rein intuitive und generelle Analyse des Urteils selbst und der mit ihm verflochtenen Bewusstseinsdaten in der wesentlichen Betrachtung ausgesagt werden kann. Sie geht von Einzelfällen aus, und möglichst mannigfachen und vielartigen, in denen der Name „Urteil" eine berechtigte und evident einheitliche Anwendung findet; sie nimmt in diesen Fällen die Phänomene, wie sie als Data der so genannten inneren Wahrnehmung[1] evident gegeben sind, d.h. sie stellt sich dabei auf den Boden der Evidenz der *cogitatio*,[2] alle Transzendenz und somit alle psychologische Supposition wird ausgeschlossen. Sie erforscht analytisch das gemeinsame und in genereller Intuition herauszuhebende Wesen des Urteils überhaupt und die in ihm zu unterscheidenden Momente. Sie verfolgt nun die verschiedenen Modifikationen des Urteils, und zwar immer die wesentlichen Modifikationen, sofern sie immer generell das zur Idee Urteil überhaupt Gehörige im Auge hat. Sie fragt also, welche wesentlichen Besonderungen die verschiedenen wesentlichen Urteilsmomente zulassen und welche möglichen Verflechtungsformen zu der Idee des Urteils wesentliche Beziehung haben. Gehört es z.B. zum generellen Wesen des Urteils, dass es einen Bedeutungsgehalt hat, einen „Urteilsinhalt", den wir Satz nennen, so gehört zur Wesensanalyse des Urteils die Unterscheidung der wesentlich verschiedenen Satzformen. Gehört es, wie man sagt, zum Wesen des Urteils, dass ihm jeweils eine Vorstellung zugrunde liege, die in ihm anerkannt oder verworfen wird, dann ist zu erforschen, welchen Sinn die Rede von „zugrunde liegender Vorstellung" haben kann, was im Wesen der Vorstellung, die in das Wesen des Urteils als Moment hineingehöre, liege, inwiefern dem Urteil Anerkennung oder Verwerfung wesentlich sei und was diesen Begriffen vor dem Forum der generellen Intuition seinen eigentlichen Sinn gebe, was ihnen als begriffliches Wesen entspreche. Heißt es, dass jedes Urteil sich auf einen Sachverhalt

---

[1] der so genannten inneren Wahrnehmung *wurde wohl 1906/07 gestrichen und mit der Randbemerkung versehen* Nicht der inneren Wahrnehmung, ebenso gut kann es innere Phantasie sein.

[2] der cogitatio *wurde wohl 1906/07 gestrichen.*

beziehe, und in anderer Art als eine bloße Vorstellung, ebenso, dass jedes Urteil über einen Gegenstand etwas aussage und etwas von ihm aussage u.dgl., so ist wiederum in der Sphäre der Evidenz, durch Rückgang auf das in den Erlebnissen adäquater Wahrnehmung generell zu Erschauende, zu erforschen, was der wesentliche Sinn der Beziehung auf Gegenständlichkeit sei, welche Wesensmomente hierfür in Betracht kommen. Ebenso sind die für das Erkenntnisinteresse fundamentalen Unterschiede zwischen blindem Urteil, dem bloßen Meinen ohne Erschauen, und dem intuitiven Urteil und wiederum zwischen unvollkommen intuitivem und evidentem Urteil zu erforschen. Eine Fülle von Problemen tut sich da also auf, die sich auch ansehen ließen als Aufklärung, Begrenzung und Evidentmachung einer Reihe von Begriffen, die im Urteilsgebiet oder im Zusammenhang mit dem Urteil auftreten. Wie verhält sich Urteil zu Aussage, wie Urteil zu Satz und Bedeutung, wie Urteil zu Gegenstand und Sachverhalt, wie Urteil zu Glaube, zu Anerkennung, zu Verwerfung, wie Urteil zu Vorstellung, zu Wahrnehmung, Phantasievorstellung und Erinnerungsvorstellung, wie Urteil zu Evidenz und Absurdität, wie zu Wahrheit und Falschheit, wie zum Begriff der Apperzeption? Wie klärt sich der Unterschied zwischen einfachen und zusammengesetzten Urteilen, zwischen zusammengesetzten Urteilen und Urteilen über Urteile auf, usw.?

All diese Probleme sind, wenn wir die nuancierte Wendung vom Phänomenologischen zum Psychologischen vollziehen, zugleich psychologische Probleme, Probleme der psychologischen Deskription. Und verfolgt der Psychologe nach Feststellung aller im Wesen des Urteils gründenden Momente und Zusammenhänge der Urteilserlebnisse ihre empirischen Verflechtungen und die empirischen Gesetze, die sich aufgrund der Erfahrung und Induktion feststellen lassen, so erwächst ihm mit der genetisch-kausalen die volle Psychologie des Urteils.

Auch der Zusammenhang mit dem, was wir in einer früheren Vorlesung als rein grammatische und rein logische Urteilstheorie bezeichnet haben, ist leicht zu charakterisieren. Und wieder handelt es sich dabei um bloße Übertragung unserer allgemeinen Betrachtungen auf die besondere Sphäre des Urteils. Die Unterscheidung der wesentlich verschiedenen Satzformen und die Gesetzmäßigkeit ihrer systematischen Komplexionen und Modifikationen ist die Aufgabe der apriorischen grammatischen Satzlehre. Darauf baut dann die reine Logik. Diese Formenlehre der Sätze bietet ihr das Fundament für eine Formenlehre gültiger Sätze, sie erforscht die Gesetzmäßigkeiten, die zur Idee der Wahrheit überhaupt aufgrund der bloßen rein grammatischen Form gehören.

Die Phänomenologie des Urteils nun zieht in ihr Gebiet alles hinein, was unmittelbar intuitiv zu fassen ist, sie will eine systematische Einsicht in den deskriptiven Bau des Urteilsbewusstseins überhaupt, nach seinem generellen und direkt zu schauenden Zusammenhang gewähren. Somit gehört offenbar die Wesensanalyse der Idee Satz in ihre Sphäre, denn der Satz ist der Bedeutungsgehalt eines möglichen Urteils; jedes Urteil hat einen „Urteilsinhalt", und die wesentlichen Besonderungen, Formen desselben, soweit sie in unmittelbarer Evidenzanalyse zu haben sind, hat die Phänomenologie in Betracht zu ziehen, ebenso die primitiven Verflechtungsformen und Gesetze. Dagegen werden wir eine systematisch deduktive Entfaltung aller formalen Möglichkeiten, der immer entlegeneren, derjenigen, die unmittelbar nicht gegeben sind, nicht mehr der Phänomenologie zurechnen. Nur das Fundamentale und Primitive gehört in sie hinein wie alles primitive, alles unmittelbare Apriori; denn nur in der Allseitigkeit und Vollständigkeit der unmittelbaren apriorischen Analyse können die Erkenntnisinteressen befriedigt werden, aus denen die Phänomenologie entspringt. Ebenso geht das Interesse der höheren Sphäre der reinen Logik auf die Theorie der apriorischen und rein formalen Geltungsgesetze. Diese Theorie rechnet die Phänomenologie nicht in ihre Sphäre, sondern nur das unmittelbare Apriori, das ihr zugrunde liegt; also die Feststellung und allseitige Erforschung der den rein logischen Begriffen zugrunde liegenden begrifflichen Wesen, also was im Rückgang auf das Bewusstsein überhaupt, auf die Sphäre adäquater innerer Anschauung als das eigentliche Wesen der Wahrheit, des Seins, der Negation usw. sich herausstellt und wie all diese Ideen im einen Wesensgrund des Bewusstseins überhaupt generell zusammenhängen. Da die Axiome, welche aller rein logischen Theorie und somit der ganzen Wissenschaft der reinen Logik zugrunde liegen, unmittelbar apriorische Wesenszusammenhänge ausdrücken, so gehören diese Axiome ebenfalls, und natürlich, in die Phänomenologie des Urteils. Sehr innig verflechten sich mit ihr ferner die erkenntnistheoretischen Urteilsprobleme. Es sind das ja durchaus Probleme, welche Dunkelheiten, Schwierigkeiten, scheinbare Widersprüche angehen, die nur darum und nur so lange bestehen, als die logischen Ideen oder die zur Idee des Urteils wesentlich gehörigen Ideen phänomenologisch nicht voll und ganz geklärt sind. An und für sich wäre es denkbar, dass man umfassende phänomenologische Analyse betriebe, ohne sich um erkenntnistheoretische Schwierigkeiten zu bekümmern. Indessen nimmt doch die Untersuchung der Natur der Sache nach immer die Form an, dass man von den Worten ausgeht, in denen man Logisches ausdrückt, Worten wie Satz, Begriff, Urteil, Wahrheit usw. Indem man dann aufklärend sich an die Anschauung wendet, und zwar an die phänomenologische Anschauung, die strengste Evidenz, drängen sich doch von selbst die falschen, mit dieser Wesensanalyse streitenden Interpretationen der vagen Reflexion entgegen und erfahren ihre Widerlegung. So werden *in praxi* Phänomenologie des Urteils und der Erkenntnis und Erkenntnistheorie, wie überhaupt Phänomenologie und Kritik der theoretischen, praktischen und wertenden Vernunft, ineinander übergehen.

Jedenfalls sehen wir, dass im Vergleich der verschiedenen Begriffe von Urteilstheorie als psychologischer, grammatischer, logischer, erkenntniskritischer und phänomenologischer der letztere Begriff eine bevorzugte Stellung beansprucht, oder anders gesagt: Die Phänomenologie des Urteils ist die fundamentalste Urteilstheorie, sie bietet jene radikale, bis zu den tiefsten Wurzeln des Bewusstseins hinabsteigende Erforschung des Urteils, welche das notwendige Fundament für alle anderen Urteilstheorien abgeben muss. Ihrer Natur nach geht sie allen anderen vorher, und in ihr liegen die Wurzeln aller anderen Urteilstheorien und hinsichtlich der Erkenntnistheorie sogar die Methoden und Prinzipien der Problemlösungen. Dieser radikalen Urteilstheorie sollen unsere weiteren Betrachtungen gewidmet sein. Sieht man auf den Grund und auf die wesentlich leitenden Intentionen in den bisherigen Behandlungen der „Urteilstheorie", so überzeugt man sich übrigens leicht, dass sie es, ohne sich darüber klar zu sein und die verschiedenen Problemschichten zu sondern, primär auf eine Phänomenologie des Urteils abgesehen hatten.

Ich habe geglaubt, der Frage, was Urteilstheorie eigentlich ist und will, vorweg eine umfassende Betrachtung widmen zu müssen, weil jeden schärfer Denkenden nichts peinlicher im Studium der einschlägigen Literatur berührt als die allgemeine Unklarheit darüber, was derartige Untersuchungen über Urteilstheorie eigentlich meinen und wollen. Die erste Voraussetzung fruchtbarer wissenschaftlicher Arbeit ist aber, so sollte man wenigstens denken, Klarheit über Art und Sinn der Ziele, die man verfolgen will. Andererseits waren diese einleitende⟨n⟩ Überlegungen auch wichtig, weil sie zugleich mit der allgemeinen Charakteristik der Phänomenologie auch diejenige der phänomenologischen Methode, also derjenigen Methode, die wir überall zu befolgen haben, vollzogen.

II. TEIL

GRUNDLEGUNG ZU EINER ALLGEMEINEN PHÄNOMENOLOGIE DES URTEILS

⟨Ausdruck und Bedeutung⟩

Wir[1] beginnen heute die Phänomenologie des Urteils. Natürlich setze ich dabei voraus, dass Sie den Sinn des Wortes „Urteil" in gewisser Weise schon kennen. Die Wesensanalyse, die wir anstreben, hat nicht den Zweck, demjenigen, der noch nicht weiß, was „Urteil" heißt, den Sinn dieses Wortes allererst beizubringen. Die logischen und erkenntnistheoretischen Motive, die dahin drängen, sich über das „Wesen" des Urteils als seinen „eigentlichen Sinn" klar zu werden, könnten in demjenigen gar nicht erwachsen, der mit dem Begriff des Urteils nicht schon in gewisser Weise vertraut wäre und mit ihm in wissenschaftlichen und wissenschaftstheoretischen Zusammenhängen nicht ausgiebig operiert hätte. Also wir wissen, was Urteil heißt, wir wissen z.B., dass jemand urteilt, der in einem Aussagesatz in Wahrhaftigkeit eine Mitteilung macht oder der, solch einen Satz verstehend, die Mitteilung empfängt und sie für wahr hält. Was[2] wir Urteil zu nennen haben, welche Phänomene oder sonstigen Einzelheiten in den Umfang dieses Begriffs fallen, darüber sind wir *in praxi* kaum je in Verlegenheit. Jedenfalls für die Praxis des Alltagslebens und selbst für die Bedürfnisse des Wissenschaftsbetriebs kennen wir das Urteil hinreichend genau, und erst die erkenntniskritischen Schwierigkeiten führen uns darauf, dass diese Kenntnis eine vage, bloß verworrene ist, die der Umwandlung in die klare und deutliche Erkenntnis bedarf, die wir Wesenserkenntnis nennen.

Das Ziel, das wir uns mit dieser Wesenslehre stellen, und die Methode, die wir zu befolgen haben, ist von einer Art, dass wir nicht etwa[3] Wort und Begriff des Urteils zunächst ängstlich vermeiden müssten oder auch fürchten müssen, dass die Verworrenheit des Begriffs und die ungeklärten Vieldeutigkei-

---

[1] *9. Stunde (3. Juni 1905).*

[2] *Dieser Satz wurde wohl 1906/07 gestrichen.*

[3] *Das Stück von* etwa *bis* oder auch *wurde wohl 1906/07 gestrichen.*

ten, die ihm anhängen, den Gang unserer Überlegungen gefährden und uns in Trugschlüsse verwickeln könnten. Es ist ja nicht auf einen Bau von Theorien, auf irgendwelche theoretische Deduktionen abgesehen, in denen der Begriff des Urteils als Terminus zu fungieren hätte. Einen Begriff aufklären, auf sein Wesen zurückgehen, seine phänomenologischen Quellen erforschen, also die ihm zugehörigen Phänomene und spezifischen Zusammenhänge in der Sphäre reiner Anschauung studieren, das alles heißt nicht theoretisieren, anschauungsflüchtige Schlüsse und Schlussgewebe übereinander bauen und hoch strebende Theorien konstruieren. Im Theoretisieren entfernen wir uns von der Anschauung, statt wie im phänomenologischen Forschen rein innerhalb ihrer Sphäre zu verbleiben. Verworrenheit und Vieldeutigkeit sind für die Theorie eine Gefahr.[1]

Andererseits sind Verworrenheit und Vieldeutigkeit für die Phänomenologie nicht die Gefahren, sondern die Ausgangspunkte, die Objekte der Beschäftigung und die Probleme. Demgemäß[2] reden wir im Weiteren von Urteilen als einem in gewisser Weise und vorläufig Bekannten, ohne es erst zu definieren, und unser Ziel ist es, es in einem viel tieferen Sinn ⟨zum⟩ Bekannten zu wandeln, wodurch uns erst zum Bewusstsein kommt, was alles auf unserem ursprünglichen Standpunkt von Bekanntheit uns unbekannt war, wie vieles wir da missdeutet haben, wie wesentliche Unterschiede wir übersahen, wie wesentlich verschiedene Begriffe wir haben in Verworrenheit durcheinander laufen lassen. Wollen wir aber an die Sachen selbst heran, so müssen wir eine Klasse von Beispielen im Auge haben, die dem ungeklärten Begriff einen festen Halt geben.

Der natürliche Ausgangspunkt für eine Phänomenologie des Urteils, welche logischen und erkenntnistheoretischen Interessen dienen will, ist der Aussagesatz. Das wissenschaftliche Denken schafft sich seinen Ausdruck in der Sprache, alle⟨m⟩ wissenschaftlichen Ergebnis gibt der Forscher seinen Ausdruck in Aussagesätzen, und diesen entsprechen im Forscher selbst und in jedem, der seine Aussagen genauso nimmt, wie er sie meint, und sie als das gelten lässt, was sie ihm gelten, Erlebnisse des Urteilens. Was Urteil ist, welche Gattung von psychischen Erlebnissen dieses Wort bezeichnen soll,

---

[1] *Der folgende Text wurde eingeklammert und wohl nicht vorgetragen* Daher das logische Interesse, sie möglichst zu beseitigen, fest umgrenzte Begriffe und scharf sondernde Termini zu beschaffen. Bis zu einem gewissen Grade bedarf es hierfür, wenigstens in der Sphäre der Elementarbegriffe, phänomenologischer Analyse, und jedenfalls hat diese den Nebenerfolg, die Begriffe und Termini aus sich so zu entlassen, dass sie eventuellen theoretischen Anforderungen in höchstem Maße genügen.

[2] *Der Rest des Absatzes wurde wohl 1906/07 gestrichen.*

das muss aus dieser Korrelation bestimmt werden. Und in diesen Erlebnissen, die der Phänomenologe auch in sich finden kann und findet, muss dann das phänomenologische Wesen des Urteils gesucht und bestimmt werden.

Ehe diese Aufgabe aber in Angriff genommen werden kann, bedarf es einer allgemeineren Untersuchung. Das Urteilen und die mit ihm prätendierte Wahrheit finden, heißt es, ihren Ausdruck in der Aussage. Diese hat, sagt man, eine Bedeutung. Was liegt in den Begriffen Ausdruck und Bedeutung überhaupt? Darüber müssen wir uns zunächst Klarheit verschaffen.[1]

⟨*Aus der Vorlesungsmitschrift Dauberts:*⟩ Hierzu Anschluss an das 1. Kapitel des 2. Bandes der *Logischen Untersuchungen*. Wort ist Zeichen. Wort ist Ausdruck. Aber nicht gleichwertig. Jeder Ausdruck ist ein Zeichen. Aber nicht jedes Zeichen ist ein Ausdruck, weil es nicht immer Bedeutung und Sinn hat. Korrelat sind Zeichen und Bezeichnetes; aber dies nicht eigentlicher Charakter des Bedeutens.

Unterscheidung: 1. Zeichen = Anzeichen, Kennzeichen, Merkzeichen usw. Diese drücken nichts aus. Sie können wohl auch Bedeutungsträger werden, aber mit diesen kommt etwas Neues hinzu. Anzeichen sind Zeichen, wodurch die Objekte kenntlich gemacht werden (z.B. eine Flagge), Merkzeichen (fossile Knochen, Marskanäle), Denkzeichen (Denkmäler). Absichtlich erzeugte Zeichen (Signale) und unabsichtliche (Gestik). Zu dieser Unterscheidung von finalen und realen Zeichen cf. Martinak.[*] Wichtig: Gewisse Gegenstände oder Sachverhalte sind gegeben. Wir nehmen das Bestehen von diesen zum Motiv für die Annahme, dass gewisse andere Gegenstände oder Sachverhalte existieren. Es fungiert als unmittelbares Motiv, als empirisches Motiv. Wir finden eine Versteinerung und schließen: Das ist ein Anzeichen, dass diese oder jene Tiere hier gelebt haben. Aber das Hinweisen der Anzeige ist kein logisches Schließen. Allerdings kann man auch bei logischen Schlüssen gelegentlich von Zeichen sprechen, aber nicht im eigentlichen Sinn. Z.B. dem Rechner ist die Tatsache bestimmter Rechenfaktoren Zeichen dafür, dass andere gelten, z.B. die Ungeradzahligkeit der Gleichung wird gesehen. Dieses ohne weiteres Zeichen dafür, dass sie mindestens eine reelle Wurzel hat. Aber hier ist nicht eigentlich geschlossen. Es muss der Rechner so viel schon kennen, dass er ohne Ausführung des Schlusses ⟨diesen⟩ einfach durch psychologische Erinnerung ersetzen kann.

Die Funktion des Zeichens ist wohl Ideenassoziation, aber nicht ein bloßes Daran-Erinnern, sondern auch ein neues phänomenologisches Faktum. Leistung der Assoziation wäre, aus einem bloß Zusammenseienden ein Zusammengehöriges (für unser unmittelbares Bewusstsein, für unser Gefühl) zu machen. In den Bereich dieser Tatsachen gehört die Anzeige. Denn das Hinweisen ist ein fühlbarer Zusammenhang in der Zusammengehörigkeit der Erlebnisse. Es gehört also das Wesen der Anzeichen nicht zu den Wesen der Gegenstände (wie auch nicht die Assoziation überhaupt),

---

[1] I. Untersuchung. *Husserl setzte die Vorlesung anhand der §§ 1–11 der I. Logischen Untersuchung fort. Stellvertretend für diesen von Husserl nicht eigens ausgearbeiteten Vorlesungsteil folgt das entsprechende Textstück der Vorlesungsmitschrift Dauberts (N I 1/6a–7a).*

[*] Vgl. Eduard Martinak, *Psychologische Untersuchungen zur Bedeutungslehre*, Leipzig 1901, § 1.

ihren Spezies und Wesen selbst. Die phänomenologische Einheit ist die: Das eine weist auf das andere hin. Ganz einerlei, ob dergleichen Existenz anzunehmen sei oder nicht.

Von den bloß anzeigenden Zeichen sind unterschieden die bedeutsamen Zeichen oder die Ausdrücke. Ausdruck ist mehrdeutig. Ausgeschlossen wird, ⟨was⟩ als Ausdrucksbewegung gelten kann: Mienenspiel, Geste. Im Mienenspiel kommt der Seelenzustand einer Person „zum Ausdruck". Aber in diesen „Ausdrücken" teilt einer dem anderen nichts mit. Es fehlt die Intention, den Bestand irgendwelcher Erlebnisse ausdrücklich hinzustellen für andere oder auch für sich selbst. Jene Ausdrücke haben keine „Bedeutung". Wort und Satz haben eine Bedeutung. Miene oder Geste haben keine Bedeutung. Ein Zweiter kann solche Bewegungen vielleicht deuten, indem er die Gemütsbewegungen daraus erschließt. Sie bedeuten dadurch, dass er sie deutet. Aber auch dann nicht der Charakter von Bedeutung im sprachlichen Sinn, sondern sie haben den Charakter von Zeichen oder Anzeichen.

Beim Ausdruck wird nun weiter unterschieden: 1. das sinnliche Zeichen; 2. ein gewisser Belauf von psychischen Erlebnissen. Diese werden gewöhnlich als Sinn des Ausdrucks bezeichnet. Dies aber genügt nicht. Bei Namen hat Marty unterschieden: Kundgabe, Bedeutung und Nennung.* Hier soll unterschieden werden: I. Ausdruck in kommunikativer Funktion. Der Redende erzeugt das Zeichen in der Absicht, sich damit über etwas zu äußern. Er verleiht den psychischen Inhalten in gewissen Akten einen Sinn, und diesen Sinn will er übermitteln. Seinerseits fasst er den Sprechenden als eine Person, die zu ihm spricht und mit den Lauten gewisse sinnverleihende Akte vollzieht, deren Sinn sie mitteilen will. Zum Inhalt der Kundgabe gehören alle kundgegebenen oder angezeigten Erlebnisse.

Dabei[1] engerer und weiterer Sinn: 1. Im engeren Sinn sind kundgegeben die sinngebenden Akte. 2. Im weiteren Sinn sind kundgegeben alle weiteren Akte. Z.B. „Ich wünsche dies oder das". Kundgegeben in engerem Sinn ⟨ist⟩ das Urteil über den Wunsch, und in weiterem Sinn der Wunsch selbst, über den ich urteile.

In gewöhnlichem Sprachgebrauch wird Kundgabe als Ausdruck oder ausgedrückt bezeichnet. Der Sprechende wird dabei anschaulich apperzipiert: der, derjenige, der dieses oder jenes sagt. Es ist nicht begriffliches Wissen-um, sondern es ist Wahrnehmung dessen, was der Sprechende begehrt, wünscht, urteilt usw. Dies kein strenger, aber verständlicher weiter Sinn von Wahrnehmung.

Im einsamen Seelenleben wird mit dem Ausdruck nichts kundgegeben. Man tut sich nicht selbst seine Erlebnisse kund. Trotzdem haben auch im einsamen Seelenleben die Ausdrücke ihre Bedeutung. Und dieses Moment ist in der einsamen und in der Wechselrede gemeinsam. Gemeinsam ist: a. Das physische Phänomen, das Erlebnis, in dem sich der Ausdruck nach seiner physischen Seite konstituiert. b. Die Akte, in welchen sich das Bedeuten vollzieht, und Akte, in denen die Bedeutungen sich evtl. mit einer anschaulichen Fülle versehen. Mit diesen Akten gewinnen die Ausdrücke Beziehung auf eine ausgedrückte Gegenständlichkeit (von der die Rede redet). Hierdurch meint der Ausdruck etwas oder bezieht sich auf ein Gegenständliches. Diese

---

* *Recte* Kasimir Twardowski, *Zur Lehre vom Inhalt und Gegenstand der Vorstellungen*, Wien 1894, §3.

[1] *10. Stunde (3. Juni 1905).*

Gegenständlichkeit kann entweder bloß in einer leeren Weise und andererseits in einer gewissen vollen Weise gemeint sein. Weiter ⟨sind⟩ zu unterscheiden diejenigen bedeutungsverleihenden Akte, welche dem Ausdruck wesentlich sind, und diejenigen, welche es nicht sind. In erstere gehören nicht die Akte, welche die Fülle oder Anschauung geben. Z.B. das Wort „Napoleon" allein gibt die Bedeutung. Durch ein Bild wird ein Akt hergestellt von Fülle, aber diese Fülle ist dem Ausdruck nicht wesentlich. Dieser bedeutungserfüllende Akt aber ist sehr wichtig. Er ist nicht ein bloßes Neben-dem-ersten-Akt. Er erfüllt den ersten Akt, und beide verschmelzen zu einer Einheit. Der Ausdruck eint sich in der Anschauung der gemeinten Gegenständlichkeit. Diese Veranschaulichung realisiert die Bedeutungsintention. Ein Ausdruck ist also nicht der leere Wortlaut. Ausgedrückt könnte die Bedeutung heißen, und ferner mit Beziehung auf das Verhältnis von Bedeutungsintention und -erfüllung könnte der erfüllende Akt ausgedrückt heißen. Ganz anders: Jemand drückt sich aus. Hier wird die gesamte Kundgabe auch als Ausdruck bezeichnet.

Die phänomenologische Einheit von Wort (physisch) und Ausdruck: Wir sehen oder hören Physisches. Sowie wir jetzt in diesen Worten etwas meinen, bleibt wohl das Wortbild noch anschaulich uns vorschwebend, aber wenn nun der Gegenstand den Charakter des Ausdrucks annimmt, geht eine phänomenologische Modifikation vor. Es ändert sich der Charakter des Erlebnisses, in dem das Sinnliche gegeben ⟨ist⟩. Es tritt hinzu ein modifizierender Charakter, und dieser ist der Akt des Bedeutens. Dieser hat seine Stütze an der sinnlichen Wortvorstellung. In ihm vollzieht sich die Beziehung auf das, wovon die Rede ist.

Die Bedeutung des Ausdrucks ist eine streng identische bei Aussagen desselben Wortes oder Satzes, obwohl die Erlebnisse immer verschieden sind. Die ideale Einheit ist die Bedeutung.

In[1] der letzten Vorlesung sind wir bei einer allgemein-grammatischen Untersuchung stehen geblieben. Es handelte sich um das eigentümliche Wesen jener Klasse von Zeichen, die wir Worte und Reden nennen. Von diesen, nicht aber von allen Zeichen überhaupt heißt es, sei es überhaupt, sei es in einem gewissen prägnanten Sinn, dass sie etwas bedeuten, dass sie Ausdrücke sind, dass sie etwas besagen, und mit diesen gehäuften Wendungen selbst ist bald dasselbe, bald Verschiedenes, jedenfalls aber zum Wesen der sprachlichen Ausdrücke Gehöriges gesagt. Die fundamentalen Unterscheidungen, die sich nun hinter diesen Wendungen verbergen, sind, wie wir erkannten, nicht ausreichend analysiert, wenn man, der allgemeinen Unterscheidung zwischen Zeichen und Bezeichnetem folgend, in der grammatischen Sphäre entsprechend unterscheidet, nämlich zwischen Namen und Genanntem, zwischen dem Wortlaut und dem Gegenständlichen, das er nennend oder in einer dem Nennen analogen Weise bezeichnet und in diesem Sinne ausdrückt. Und wieder reicht es nicht aus, wenn man Wortlaut und Bedeutung

---

[1] *11. und 12. Stunde (24. Juni 1905).*

gegenübergestellt, etwa so, dass man zwischen physischer und psychischer Seite der Ausdrücke unterscheidet. Jede dieser Unterscheidungen gibt, obschon nicht in vollkommen klarer Weise, etwas an die Hand, und Weiteres muss hinzugefügt werden.

Beilage. Wir haben letzthin die Rede in ihrem kommunikativen Verhältnis betrachtet. Der Redende teilt mit seiner Rede etwas mit, und der Hörende nimmt diese Mitteilung auf, er versteht sie. Darauf beziehen sich die Begriffe Kundgabe und Kundnahme. Das Sich-über-diese-und-jene-Sachen-Aussprechen vollzieht sich in gewissen psychischen Erlebnissen; der Redende gibt sie kund, sofern er verstanden werden, d.i. von dem Hörenden als jemand apperzipiert werden will, der eben diese Erlebnisse vollzieht, also dies oder jenes mitteilt, und der Hörende, sofern er diese Zudeutung vollzieht, hat bezüglich dieser Erlebnisse eine Kundnahme vollzogen. Dies bestimmt einen ersten Begriff von Ausdruck. Der Redende drückt sich aus, er gibt etwas kund. Im eigentlichen Sinn kundgegeben nannten wir speziell diejenigen Erlebnisse, in denen sich das Bedeuten vollzieht, und das sind nicht alle in der verstehenden Apperzeption dem Redenden zugedeuteten Erlebnisse.

Nun könnten wir aber von den Verhältnissen der Kundnahme und Kundgabe abstrahieren, indem wir darauf aufmerksam wurden, dass die sprachlichen Ausdrücke auch bedeutsam fungieren in Fällen, wo im eigentlichen Sinn keine Rede, keine Mitteilung, kein Verhältnis von Redendem und Angeredetem vorhanden ist, nämlich in der monologischen Rede, im einsamen Denken und Sprechen. Blicken wir also auf das hin, was von diesen Unterschieden des kommunikativen und nicht kommunikativen Verhältnisses unabhängig ist und zum bedeutsamen Ausdruck wesentlich gehört, ob er nun der Mitteilung dient oder dem einsamen Denken.

Gehen wir von irgendwelchen Exempeln bedeutsamer Reden aus, so können wir an ihnen die phänomenologische Reduktion vollziehen und auf ihrem Grund die Wesensabstraktion, in der sich uns das Wesen des bedeutsamen Ausdrucks, der bedeutsamen Rede in evidenter Weise bestimmt. Wir schließen also an den empirischen Einzelfällen, die uns als Ausgang dienen, alles aus, was die unmittelbare Gegebenheit im Sinne der cartesianischen *cogitatio* überschreitet und somit alle Transzendenz, alle erkenntnistheoretische Fraglichkeit.[1] Da halten wir fürs Erste fest die Wortlauterscheinung, die Erscheinung des bloßen Wort- oder Schriftzeichens. Dieses Zeichen selbst ist ein physisches Objekt oder gibt sich als physisches Objekt. Es erscheint lokalisiert auf dem Papier, von meinen Augen so und so weit entfernt u.dgl. Ob dieses sinnliche Objekt existiert und in welchem Sinn es das tut, das gehört in die Sphäre der Fraglichkeiten.[2] Unfraglich gegeben, als phänome-

---

[1] alle erkenntnistheoretische Fraglichkeit *wurde wohl 1906/07 verändert in* alles erkenntnistheoretisch Irrelevante.

[2] Fraglichkeiten *wurde wohl 1906/07 gestrichen.*

nologisch zweifelloses Datum in Anspruch zu nehmen ist aber das Erscheinen des qualitativ so und so zu charakterisierenden, so und so lokalisierten sinnlichen Zeichens, oder das Sinnlichkeitsbewusstsein, das Wahrnehmungs- oder Phantasiebewusstsein von ihm. Dieses Bewusstsein ist aber noch nicht dasjenige der Rede. Dasselbe besäße ja auch derjenige, dem das sinnlich Erscheinende nichts bedeutet. Es wäre eine sinnliche Wahrnehmung oder eine sinnliche Phantasie so gut wie irgendeine beliebige andere. Das Wort, die Rede bedeutet etwas, drückt etwas aus. Redend meinen wir etwas und sagen wir über etwas, und was wir da meinen, das liegt nicht in dem bloß sinnlich Apperzipierten. Das, worüber wir sagen, das ist nicht das sinnliche Zeichen des Wortlauts, mittels dessen wir unserer Meinung über die Sache den verbalen Ausdruck verschaffen. Phänomenologisch haben wir offenbar von dem Wortlauterscheinen ein neues Datum, einen eigentümlichen „Akt", eine neuartige Apperzeption zu unterscheiden, eben dieses an das Wortlautphänomen geknüpfte Meinen, Bedeuten, Sich-auf-die-und-die-Sache-Beziehen, und zwar So-Beziehen, wie gerade dieses Meinen durch seine ganze Art und Form es fordert.

Auch hier haben wir gedanklich zweierlei aufgrund des einen Datums zu unterscheiden: das Meinen oder Bedeuten des Ausdrucks und das Gegenständliche, worauf sich dieses Meinen bezieht. Indessen, phänomenologisch gegeben, als Datum, ist das Letztere, allgemein zu reden, nicht, es gehört in die Sphäre der phänomenologischen Fraglichkeiten.[1] Sage ich aus, dass Port Arthur von den Japanern erobert worden ist,[*] so mag das eine so genannte „Einbildung" sein, es mag sein, dass es gar kein Port Arthur gibt und je gegeben hat oder dass ich „geträumt" habe, dass es sich ergeben hat. Wie immer es sich damit verhält: sobald die Rede sinnvoll fungiert, so bedeutet sie das, was sie da besagt, sie spricht von Port Arthur und dass es erobert worden sei. Das Wortlautbewusstsein ist Anhalt und Träger für ein zweites Bewusstsein; ein Bedeutungsbewusstsein, das Meinen, es habe sich mit Port Arthur so und so verhalten, ist, mag es sich dabei um Wahres oder Falsches handeln, eine unfragliche Komponente der bedeutsamen Rede als solcher. Dieses Bedeuten ist ein phänomenologisches Datum, und es gehört zu ihm als sein Wesen, dass es ein „Bewusstsein" ist, ein Akt, eine *intentio*, die sich auf ein Gegenständliches „bezieht" (auf eine Festung Port Arthur usw.). Ein Meinen meint etwas. Indem mit der Rede, mit dem Wortlaut etwas

---

[1] Fraglichkeiten *wurde wohl 1906/07 gestrichen.*
[*] Am Ende des russisch-japanischen Krieges (1904–1905) musste das 1898 von den Chinesen an Russland verpachtete Port Arthur den Japanern übergeben werden.

gemeint ist und dadurch über etwas gesagt, und etwas, was nicht der Wortlaut selbst ist, nicht dieses in der sinnlichen Apperzeption Erscheinende selbst, hat[1] sich eine neue Beziehung auf eine Gegenständlichkeit konstituiert, gleichgültig ob man dann auch entscheiden mag: diese Gegenständlichkeit existiert gar nicht. Natürlich sind die beiden Akte, die wir bisher unterschieden haben, das Wortlautbewusstsein und das Bedeutungsbewusstsein, nicht in der Weise eines bloßen Zusammen, einer Beziehung als Summe gegeben; mag sein, dass in der Einheit des jeweiligen Gesamtbewusstseins alle Einzelakte bloße Komponenten sind und somit ihre Einheit haben. Wie immer es sich damit verhalte: sicher ist jedenfalls, dass es sich bezüglich der beiden uns interessierenden Akte nicht um eine beliebige Einheit und nicht um die bloße Einheit handelt, die Bewusstseinsdaten als solche in der Gesamtbewusstseinseinheit haben, sondern um eine phänomenologisch eigentümliche, durch phänomenologische Analyse vorfindliche und im Wesen der beiderseitigen Akte gründende Verknüpfung handelt. Die beiden Akte sind nicht bloß zusammen erlebt, sondern eigenartig aufeinander gebaut, in ihrer Einheit hat jeder eine andere Funktion, eine gewisse Ungleichwertigkeit. Das Wortlautphänomen ist eine sinnliche Erscheinung so gut wie irgendeine andere. Und doch, in dieser Verbindung mutet sie sich ganz anders an als eine andere. Zunächst: Dem Wortlaut als sinnliches Objekt gehört nicht unser Interesse, er ist nicht ein Wahrgenommenes im normalen Sinn, wonach das sinnlich Perzipierte nicht bloß perzipiert, sondern auch betrachtet und gemeint ist. Nicht mit dem Wortlaut sind wir beschäftigt, nicht ihm sind wir in der Weise der Aufmerksamkeit zugewendet, vielmehr dem ganz anderen Gegenständlichen, was er vermöge seiner Bedeutung besagt. Wir leben nicht in der sinnlichen Apperzeption, vielmehr im Bedeutungsbewusstsein; ihm kommt unser Aufmerken zugute, d.h. auf seinen Gegenstand achten wir. Und so soll es sein. Dem Worte haftet sozusagen die Tendenz an, unser Interesse auf den bedeuteten Gegenstand hinzulenken, es stößt das Interesse von sich ab und drängt es auf das Bedeutete hin. Wir finden diese Tendenz vor, sowie wir die Aufmerksamkeit auf das Wort selbst zu lenken suchen, wir empfinden den Widerstand, das wegdeutende Sollen. Das von sich weg und auf das Bedeutete Hinweisen, das ist nicht ein verborgenes psychologisches Faktum, sondern ein phänomenologisch aufweisbares Moment im Erleben. Überwinden wir jene Tendenz, leben wir nun ganz in der Wortlauterscheinung, so verliert das Wort seinen Charakter als Wort, die Erscheinung fungiert jetzt wie eine sonstige Wahrnehmung oder

---

[1] *Der Rest des Satzes wurde wohl 1906/07 gestrichen.*

Phantasie. Nimmt das Zeichen aber wieder den Charakter des Ausdrucks an, dann erfährt es eine offenbare phänomenale Modifikation, es wird vom Bedeutungsbewusstsein beseelt. Das Wort erscheint noch, aber es selbst ist nicht das Gemeinte. Die Worterscheinung fundiert eben den neuen Akt, mit dem Wort ist etwas anderes gemeint, und auf dieses andere ist es abgesehen; in der neuen Intention, die mit der sinnlichen verschmolzen ist und die phänomenal von dem Wort auszustrahlen scheint, lebt unsere Aufmerksamkeit und unser Interesse.

Die Frage, was das für Akte sind, die wir als bedeutungverleihende bezeichnet haben, ob es bloß sinnliche Akte sind, nur eigenartig angeknüpft an die Wortlautakte, oder ob ganz neuartige Akte, das werden wir noch gründlich erwägen müssen. Die Frage schließt ja unser Problem in sich, das Urteilsproblem. Eine Aussage machen heißt nicht bloß Wortlautphänomene erzeugen. Der Überschuss, das, was den Sinn der Aussage in sich birgt, ist natürlich das Urteilen, das also zu den bedeutungverleihenden Akten gehört.

Indessen, ehe wir dieser Frage nachgehen, wollen wir die zum Ausdruck als solchem wesentlich gehörigen Unterscheidungen vervollständigen. Ein Ausdruck, z.B. eine Aussage, hat, sagt man, eine Bedeutung. Ist Bedeutung und bedeutungverleihender Akt dasselbe? Der Akt, eingeordnet in der empirisch-psychologischen Apperzeption, dem Bewusstsein des Redenden, ist ein psychisches Erlebnis. Ist also die Bedeutung als ein psychisches Erlebnis anzusehen? Die Antwort lautet verneinend. Im Grunde handelt es sich bei der Unterscheidung zwischen Bedeutung und Bedeuten um eine Selbstverständlichkeit, die uns allen aus der natürlichen Rede des gemeinen Lebens und jedenfalls sämtlicher Wissenschaften geläufig ist. (Wir haben in den früheren Vorlesungen zu Zwecken der Abgrenzung der Idee der reinen Grammatik und reinen Logik die fraglichen Begriffsbildungen schon vollzogen. Wir haben daher nur zu rekapitulieren.) Es ist aber merkwürdig, dass die traditionelle Logik gegenüber dieser natürlichen und ganz unentbehrlichen Unterscheidung sich wie blind gestellt hat. Für die Logik entdeckt hat sie Bolzano; er hat sie als einen Grund- und Eckstein der formalen Logik erkannt. Er unterscheidet nämlich scharf zwischen Vorstellungen und Urteilen als psychischen Erlebnissen und dem, was er Vorstellungen an sich und Sätze an sich nennt. Es handelt sich um nichts anderes als um Begriff und Satz im gewöhnlichen Sinn; das aber sind Artungen innerhalb der Idee Bedeutung.

Der Begriff der Energie, den ich soeben, mit vollem Verständnis das Wort „Energie" gebrauchend, vollziehe, ist nicht mein momentanes, flüchtig vorübergehendes Erlebnis des Sprechens und Bedeutens.[1] Der Begriff Energie ist e in Begriff, mögen auch der psychischen Akte, in denen ich und beliebige andere diesen Begriff als Denkinhalt haben, unbegrenzt viele sein.

Dasselbe gilt von ganzen Aussagen. Einer Aussage liegt ein einheitlicher Sinn zugrunde, und dieser macht den Bedeutungsgehalt eines gewissen psychischen Erlebnisses, eines gewissen Urteils aus. Z.B. ich spreche aus: „Alle Planeten bewegen sich um die Sonne in Kegelschnittbahnen." Indem ich spreche, gebrauche ich meine Worte bedeutsam. Ich vollziehe innerlich, psychisch, einen gewissen in den Worten und ihrem grammatischen Bau sich ausprägenden Akt des Urteilens. Wer meine Aussage mit Verständnis hört, der weiß das auch. Er fasst mich als so und so Urteilenden auf und zugleich erzeugt er auch seinerseits entsprechende psychische Akte, in denen auch er nun die Bedeutung des Satzes als Inhalt besitzt. Was ist nun aber die Bedeutung des genannten Aussagesatzes? Ist es das psychische Erlebnis, das ich kundgegeben, das ich als Urteil vollzogen habe, oder sind es die psychischen Erlebnisse, in denen sich das verständnisvolle Hören vollzieht? Offenbar nichts von all dem. Es ist ja klar, dass, was meine Aussage besagt, identisch dasselbe ist; es ist der eine und selbe Satz, wer immer ihn aussprechen und verstehen mag. Das keplersche Gesetz vervielfältigt sich ja nicht mit der Anzahl der Urteilenden; es kann in unbegrenzt vielen, der Möglichkeit nach in unendlich vielen Urteilsakten den Inhalt bilden, und zwar den einen und identischen Inhalt. Auf diesen Inhalt in seiner idealen Einheit bezieht sich die Rede von der Wahrheit oder Falschheit. Das keplersche Gesetz ist e i n e Wahrheit, es ist e i n wahrer Satz. Die Zahl der Wahrheiten wird nicht vermehrt mit der Anzahl von Personen und von zufälligen einzelnen Akten dieser Personen, in welchen e i n e Wahrheit zum Urteilsinhalt wird. Die Urteilsakte kommen und gehen, sie sind flüchtige Ereignisse im Zusammenhang eines empirischen Bewusstseins. Die Wahrheiten aber und die Sätze kommen nicht und gehen nicht, sie haben kein zufälliges Sein, sie sind, was sie sind, auch wenn niemand sie urteilen mag. Hat Kepler zum ersten Mal den Gedanken des genannten Gesetzes erfasst und zum ersten Mal seine Wahrheit eingesehen, so hat er damit das Gesetz entdeckt, aber er hat es nicht geschaffen. Das Gesetz galt ja auch vorher. Das Gelten ist nichts, was nun erst einen Anfang hatte. Die Geltung des Gesetzes ist überzeitlich, aber im Denken und Einsehen des Gesetzes wird die überzeitliche Einheit zum Inhalt

---

[1] *Der folgende Text wurde eingeklammert und wohl nicht vorgetragen* Wie wir in idealisierender Abstraktion von d e m Worte „Energie" sprechen und das Wort als Einheit fassen, die identisch dieselbe ist, wie viele das Wort aussprechen mögen, so fassen wir auch die Wortbedeutung als Einheit.

des zeitlichen Erlebnisses, d.h. der Urteilende, Einsehende meint in seinem Akte das, was in der Aussage des keplerschen Gesetzes seinen Ausdruck findet, und meint es so, dass er im wiederholten Vollzuge solcher Akte sich der Identität dessen, was er da meint, bewusst werden kann. Und ebenso behaupten wir die Identität dieser Einheit, die wir keplersches Gesetz nennen, darum, weil wir im Vergleich der betreffenden Erlebnisse des Aussagens und Urteilens einsehen: Sie alle meinen dasselbe, in allen ist dasselbe gemeint und gesagt. Und dieses Selbe ist es eben, was wir das Gesetz nennen. Und wir sehen dabei mit Evidenz, dass, was wir hierbei identifizieren, nichts ist, was wir als ein psychisch Reales in Anspruch nehmen könnten. Dieser Inhalt des Urteils, in unserem Beispiel das Gesetz Keplers, ist nicht etwa ein Stück des Urteils, ein es konstituierendes Moment. Die mannigfaltigen Akte desselben Inhalts sind ja nicht zusammengewachsen, sie haben nicht etwas gemein in dem Sinn, wie etwa zwei Häuser eine Mauer gemein haben. Jeder Akt ist für sich, der eine in diesem, der andere in jenem Bewusstseinszusammenhang, der eine jetzt, der andere vor tausend Jahren. Und doch meinen sie ein und dasselbe: das eine identische Gesetz.

Diese ideale Einheit hat man in normaler Rede im Auge, wo man von der Bedeutung eines Namens und eines sonstigen Wortes, von der Bedeutung eines Satzes, eines Satzzusammenhangs spricht.[1]

---

[1] *Der folgende Text wurde eingeklammert und wohl nicht vorgetragen* Offenbar gilt ja dasselbe, was wir im Aussagesatz erörtert haben, von allen Aussageteilen, d.i. von allen bedeutsamen Elementen, die den ganzen Satz komponieren. Da alle Rede sich schließlich in Sätze auflöst und die bedeutsamen Teile von Sätzen normalerweise in Worten und Wortformen ihren Ausdruck finden, so ist es klar, dass überhaupt, wo von einer Bedeutung die Rede ist, irgendeines Wortes oder zusammenhängenden Ausdrucks, normalerweise eben solche idealen Einheiten gemeint sind. Ebenso ist es klar, dass, wenn wir Begriffe oder Vorstellungen als Wortbedeutungen bezeichnen, Sätze oder auch Urteile als Aussagebedeutungen, Beweise und Theorien als Bedeutungen von Aussagegeweben, Bedeutungen von Abhandlungen, Büchern usw., dass da nicht die Wortvorstellungen und Urteilsakte als psychische Erlebnisse, sondern als diese idealen Einheiten gemeint sind. Die Äquivokation darf hier nicht verwirren. „Urteil" ist normalerweise ein Ausdruck, der das Urteilserlebnis bezeichnet. Nennen wir aber die Bedeutung eines Aussagesatzes ein Urteil, so ist nicht mehr das Erlebnis bezeichnet.

Indessen ist die Verwendung des Wortes „Urteil" für das Ideale ein erst von den Logikern eingeführter und auf Unklarheit beruhender Wortgebrauch. In der gewöhnlichen Rede, wie sie in allen Wissenschaften statthat, spricht man nicht von Urteilen. Man nennt das keplersche Gesetz und ein sonstiges astronomisches oder wissenschaftliches Gesetz nicht ein Urteil, sondern einen Satz. Allerdings wird dieses Wort „Satz" auch in grammatischem Sinn gebraucht. Die logisch-wissenschaftliche Rede von Satz aber sieht gerade von allen bloß grammatischen Unterschieden ab. Das keplersche Gesetz wird nicht verändert, wenn es aus einer Sprache in die andere übersetzt wird oder wenn innerhalb derselben Sprache erlaubte und den Sinn nicht modifizierende Veränderungen vorgenommen werden. Derselbe Satz ist eben derselbe Sinn, wie immer die grammatische Form wechseln mag.

Die Bedeutung ist Inhalt des Ausdrucks, ausgedrückter Inhalt (zweiter Sinn von ausgedrückt), Inhalt des betreffenden Vorstellens, Urteilens usw. Als ausgedrückten Inhalt, als Vorstellungsinhalt u.dgl. bezeichnet man auch die betreffende genannte, ausgesagte Gegenständlichkeit. Ist Bedeutung und Gegenstand ein und dasselbe? Die Frage aufwerfen heißt sie beantworten. Selbstverständlich sagen wir: Nein.[1]

Man sieht dies sofort daraus, dass ein und derselbe Gegenstand in mehreren verschiedenen Bedeutungen gemeint bzw. in mehreren bedeutungsverschiedenen Ausdrücken genannt sein kann. Z.B. die beiden Ausdrücke „der gegenwärtige Kaiser von Deutschland und der gegenwärtige König von Preußen" und „Wilhelm der Zweite" nennen dieselbe Person, aber jeder tut es in verschiedener Weise. Die nominalen Ausdrücke „gleichseitiges Dreieck" und „gleichwinkliges Dreieck", „kleinste gerade Zahl" und „Zahl Zwei" u.dgl. bieten andere Beispiele für den hier fraglichen Unterschied. Die Verschiedenheit liegt nicht etwa bloß im Wortlaut, wie er beim Übergang von einer zu einer anderen Sprache wechselt. Es handelt sich also nicht um einen Unterschied, wie er etwa besteht bei den Ausdrücken *duo*, *deux*, zwei. Im letzteren Fall sind die Ausdrücke verschieden, aber der Sinn, die Bedeutung, identisch. In unserem Beispiel aber sind nicht nur die Worte, sondern auch die Bedeutungen verschieden. Dieselbe Person wird mittels verschiedener Bedeutungen genannt. Die „Gedanken" sind verschieden: Unter Gedanken sind hier eben Bedeutungen gemeint.

Es können nicht nur verschiedene Bedeutungen sich auf denselben Gegenstand beziehen, sondern es kann sogar auch umgekehrt eine und dieselbe Bedeutung sich auf verschiedene Gegenstände beziehen. So bezieht sich die

---

Durch diese Überlegungen hat sich uns nicht nur der ideale Inhalt des ausdrückenden Aktes vom physischen Ausdruck auf der einen und vom psychischen Akt des Ausdrückens auf der anderen Seite unterschieden, sondern wir haben auch einen von jetzt ab genau zu beachtenden Begriff des Wortes „Bedeutung" fixiert. Als Bedeutungen werden wir immer und ausschließlich diese idealen Einheiten bezeichnen, den idealen identischen Sinn; und auch das Wort „Sinn", das sprachlich synonym gebraucht wird, werden wir so verwenden. Es ist nur weniger bequem, da es keinen Plural zulässt und noch ganz heterogene Bedeutungen hat.

[1] *Gestrichen* Wenn beiderseits von ausgedrücktem Inhalt und, ohne Beziehung auf den Ausdruck, von dem Inhalt eines Urteilens, Schließens etc. die Rede ist, so zeigt dies eben die fundamentale Äquivokation an, die scharf beachtet werden muss.

Dem Sinn gemäß, den wir dem Worte „Bedeutung" gegeben haben, sind nicht nur Bedeutung und bedeutungverleihende Akte voneinander unterschieden, sondern auch Bedeutungen und bedeutete Sachen. Und hiermit kommen wir auf eine neue, und zwar ebenfalls die objektive Seite des Ausdrucks betreffende Unterscheidung. Auch sie ist leicht zu erfassen. Der Gegenstand, auf den sich beispielsweise die Bedeutung eines Namens bezieht, ist nicht dasselbe wie diese Bedeutung selbst.

Bedeutung des Ausdrucks „ein Rotes" in unbestimmter Weise auf einen Gegenstand. Je nachdem ich nun bald diesen, bald jenen Gegenstand einen roten nenne, ist unter dem Roten eben bald dieser, bald jener gemeint. Da das Prädikat in allen solchen Subsumtionsurteilen offenbar dieselbe Bedeutung hat, so finden wir hier in der Tat e in e Bedeutung auf mannigfaltige Gegenstände bezogen. Natürlich[1] kann man auch dies geltend machen: Bedeutung und Gegenstand ist nicht dasselbe, da sonst Existenz der Bedeutung und Existenz des Gegenstandes auch dasselbe sein müsste. Aber jeder widersinnige Ausdruck ist gegenstandslos in dem Sinn, dass der Gegenstand nicht existiert und nicht existieren kann. Aber eine Bedeutung hat er doch. Er meint etwas. Jeder falsche und selbst widersprechende Satz ist doch ein Satz und hat seine ideale Einheit. Der Sachverhalt besteht aber nicht. Zudem ist in jedem Fall, wo ein Ausdruck sich auf individuelle Gegenständlichkeiten bezieht, die Bedeutung ein Ideales, Spezifisches, die Gegenständlichkeit selbst vorausgesetztermaßen ein Individuelles.

Danach sehen wir, dass bei jedem Ausdruck phänomenologisch zu unterscheiden ist: Wortlautphänomen und bedeutungverleihendes Erlebnis. In objektiver Hinsicht: die Bedeutung und der Gegenstand.

Die[2] großen Probleme der Erkenntnistheorie hängen an diesen Unterscheidungen. Wie steht das phänomenologische Datum, oder psychologisch gefasst, wie steht das psychische Erlebnis des Bedeutens, des Vorstellens, des urteilenden Aussagens zu jenen idealen und objektiven Einheiten? Wie ist die Beziehung der Vorstellung auf den Gegenstand zu verstehen, die Beziehung des Urteils zum objektiven Sachverhalt? Wie kann der subjektive Akt die Sachen treffen? Und wie soll er das dadurch, dass er bedeutet? Wie impliziert das Aussagen die ideale Bedeutung? Natürlich können solche Fragen nicht so äußerlich in Angriff genommen werden. Mit den äußeren

---

[1] *Der Rest des Absatzes ist Veränderung für* Bedeutung und Gegenstand sind also oft unabhängig variabel, es kann also beides nicht dasselbe sein. Dies gilt nicht nur von Namen, sondern auch von ganzen Aussagen. Eine Aussage und, logisch gesprochen, eine Satzbedeutung bezieht sich auf ein Gegenständliches, und dieses Gegenständliche ist nicht die Satzbedeutung selbst. Der Satz drückt einen Sachverhalt aus. Z.B. der Satz, dass dieses Jahr der Winter sehr früh eingetreten ist, hat einen bestimmten Sinn. Mittels dieses Sinnes bezieht er sich auf die meteorologische Tatsache, die evtl. in ganz anderen Sätzen, und mit ganz anderem Bedeutungsgehalt, zum Ausdruck kommen könnte.

[2] *Dieser Absatz ist Veränderung für* Wenn die Logiker von Vorstellungen (oder auch von Begriffen) und von Urteilen sprechen, so meinen sie bald die Akte des Bedeutens und bald die idealen Bedeutungen. Besonders verhängnisvoll hat sich die Vieldeutigkeit der Rede von einem Vorstellungsinhalt erwiesen. Unter Vorstellungsinhalt ist bald die Bedeutung und bald der bedeutete Gegenstand gemeint, und beides nennt man auch Bedeutung, so dass diese wesentliche Unterscheidung völlig verwischt erscheint.

Unterscheidungen reichen wir nicht aus. Wir müssten die Sachen näher studieren. Dem dient nun gerade die Urteilstheorie: Studium der Bedeutungserlebnisse.

⟨Bedeutung und bedeutungverleihende Akte⟩

Die meisten Logiker und Psychologen halten es nicht für nötig, zwischen bedeutungverleihendem Erlebnis und Bedeutung selbst zu unterscheiden, und da sie überdies jenes Erlebnis in falscher Weise beschreiben, so wird die phänomenologische Natur des Denkens und das Verständnis des Sinnes, in dem Denken überhaupt einen objektiven Inhalt haben soll, ein unbegreifliches Rätsel. Nach der herrschenden Auffassung sollen Bedeutungen nichts anderes sein als Phantasiebilder, die von physischen und psychischen Erlebnissen zurückgeblieben sind und sich mit den Wortlauten assoziiert haben. Bei dem Worte „Baum", „Löwe" u.dgl. schwebt mir in der Phantasie ein Baum, ein Löwe vor, und dieses Phantasiebild wäre die Bedeutung. Im Falle einer auf sinnliche Gegenstände bezogenen Aussage hätten wir also zweierlei sinnliche Apperzeption: eine im Wortlaut, eine zweite in der Bedeutung. „Einen Ausdruck verstehen" hieße danach überhaupt die ihm zugehörigen Phantasiebilder vorfinden. Also wo sie ausbleiben, da wäre der Ausdruck sinnlos.

Die kürzeste Reflexion, die einfache Konstatierung des phänomenologischen Befundes in den allermeisten Fällen eines verständnisvollen Gebrauchens oder Verstehens von Wortzeichen genügt, um diese Auffassung als grundfalsch zu erkennen. Und es ist ein Zeugnis dafür, wie sehr es noch gegenwärtig an einer treuen und vorurteilslosen deskriptiven Phänomenologie der Erkenntniserlebnisse fehlt, dass derartige Lehren noch möglich sind, ja sogar weiteste Verbreitung erfahren können.

Es ist ja gewiss, dass die Reflexion über das Bedeuten von Ausdrücken uns in vielen Fällen Phantasievorstellungen vorfinden lässt, die sichtlich zu ihren Bedeutungen gehören, nämlich zu ihnen in gewissen näheren oder ferneren Beziehungen stehen. Aber damit ist nicht gesagt, dass es sich in allen Fällen so verhalten muss. Es ist nicht einmal für die betreffenden Ausdrücke selbst bewiesen, dass die begleitenden Phantasiebilder zum Zustandekommen des Bedeutens wesentlich sind, und endlich, selbst wenn die Phantasiebilder dafür wesentlich wären, so ist nicht gesagt, dass sie die Bedeutungen selbst sind.

Zunächst ist es doch sehr leicht, breite Klassen von Fällen anzugeben, wo wir Ausdrücke mit vollem Verständnis gebrauchen oder im Hören auffassen, ohne dass wir bei ihnen irgendwelche begleitende Phantasiebilder vorfinden. Nehmen Sie irgendein Werk zur Hand, das sehr abstrakte Fragen behandelt, z.B. ein mathematisches oder physikalisches, und zwar ein Werk, das Sie mit vollem Verständnis zu lesen vermögen. Beobachten Sie dann während des verständnisvollen Lesens, was Sie an Phantasiebildern vorfinden. Nehmen Sie z.B. einen Satz wie „Das Produkt von Summe und Differenz zweier Zahlen = die Differenz ihrer Quadrate" oder „Jede algebraische Gleichung n^{ten} Grades hat n Wurzeln" u.dgl. Was ich da bei mir vorfinde, wenn ich diese Sätze höre, sind zwar Phantasiebilder, aber nur solche von algebraischen Zeichen, und es sind Druckzeichen, die auf irgendein Buch hinweisen, in welchem ich diese Sätze gelesen habe. Aber niemand wird doch diese Phantasiebilder als Bedeutungen in Anspruch nehmen; das sind auch nicht diejenigen, welche die bekämpfte Lehre meint. Die Buchstabenzeichen, die mir die Phantasie herbeibringt, sind ja nicht die Zahlen und Zahlverhältnisse, welche wir in den zitierten Sätzen meinen. Und so verstehen wir mathematische Sätze sehr wohl, wir gebrauchen sie im mathematischen Denken in ihrem vollen Sinn, und doch ist von Phantasiebildern, die als ihre Bedeutungen in Anspruch zu nehmen wären, nichts da.

Doch brauchen wir gar nicht die Mathematik; nehmen Sie Ausdrücke wie Religion, Kunst, Wissenschaft, Kultur u.dgl. und beobachten Sie das, was Sie dabei erleben. Machen Sie auch folgenden Versuch: Nehmen Sie sich vor, wenn Sie heute Ihre Zeitung lesen, mitten im interessierten Lesen plötzlich innezuhalten und den Belauf Ihrer Phantasieerlebnisse festzuhalten. Achten Sie wohl auf die Phantasiebilder, die wirklich da waren, die Sie in unmittelbarer, frischer Erinnerung noch eben fassen konnten, und diejenigen, die nachträglich, erst infolge Ihrer Reflexion auftauchten, also nicht zum Bestand Ihres ursprünglichen verständnisvollen Lesens gehörten. Sie werden staunen, wie arm an anschaulichem Vorstellungsgehalt Ihr Denken war. Sie werden finden, dass wir in recht weiten Strecken unseres verständnisvollen Lesens und Hörens unser Auslangen finden mit ganz wenigen und höchst dürftigen Phantasmen und dass diese Phantasmen außerdem oft in einer ganz losen, sehr entfernten Beziehung zu dem Bedeutungsgehalt des Gelesenen und Gehörten stehen.

Sollte es etwa die Bedeutung des Wortes „Kunst" sein, wenn mir beim Gebrauch desselben einmal das Phantasiebild des Düsseldorfer Kunstausstellungsgebäudes, das andere Mal ein Heft einer Kunstzeitschrift, die ich wer weiß wann in der Hand hatte, ein drittes Mal ein umrahmtes Bild, dessen Inhalt ich gar nicht auffasse, und so immer wieder anderes vorschwebt? Dass all diese Phantasmen eine gewisse, sehr entfernte Beziehung zur Rede von

Kunst haben, mag sein, aber dass in irgendeinem dieser Bilder die Bedeutung sei, wird man nicht sagen wollen. Das Wort „Kunst" habe ich doch in jedem Fall verstanden. Die Bilder waren aber von sehr verschiedenem Charakter. Also können die Bilder nicht die Bedeutung sein. Sie können nicht einmal ein Stück der Bedeutung hier realisieren, da sie nichts Gemeinsames erkennen lassen, was zum Inhalt der Bedeutung wesentlich und unmittelbar gehörte.

Unsere Gegner werden vielleicht einwenden: In den Fällen, wo wir von Phantasiebildern der gemeinten Sachen überhaupt nichts finden, da sind sie immer noch vorhanden. Dass wir sie nicht finden, ist kein Beweis für ihr Fehlen. In den anderen Beispielen aber sind die vorgefundenen Phantasiebilder, die uns besonders merklich geworden, nicht die Bedeutungen selbst, sondern stehen in weiter zurückliegenden assoziativen Zusammenhängen und bleiben uns unbewusst, d.h. sie sind aktiv erlebt, aber kommen nicht zur Apperzeption, sie bleiben unmerklich.

Dass dies aber eine leere Ausflucht ist und dass die ganze Hypothese nur *ad hoc* konstruiert ist, um dem uralten Vorurteil, dass der Sinn der Worte in reproduzierten Erinnerungsbildern bestehe, genügen zu können, ist sofort zu sehen. Wir haben hier eine schlagende Erwiderung: Machen jene Phantasiebilder selbst das Bedeuten aus, besteht das verständnisvolle Auffassen eines Ausdrucks also in dem Auffassen oder in ⟨dem⟩ Sich-Nacherzeugen der Phantasiebilder, dann kann ein sinnvolles Reden und Verstehen nur da möglich sein, wo diese Phantasiebegleitungen voll bewusst und bemerkt sind. Dass ein Ausdruck für uns etwas bedeutet, das ist ein sehr merklicher Charakter desselben. Beim Worte „Kunst" ist mir anders zumute wie bei einem sinnleeren Lautgebilde wie „Karahara". Das Verstehen ist ein sehr prominentes psychisches Erlebnis. Die Anknüpfung eines psychisch Unmerklichen an den Wortlaut ändert ihn nicht merklich. Also dadurch kann er nicht Bedeutsamkeit erlangen. Sagte man aber, eine solche Verknüpfung bewirke kausal eine phänomenale Änderung des Wortlautphänomens, dieses erhalte nun einen neuen Charakter, den des beseelenden Verständnisses, so hat man die ursprüngliche Position schon aufgegeben. Denn dann liegt das Bedeuten nicht mehr in dem bald bewussten, bald unbewussten Phantasiebild, sondern es liegt in dem durch die verborgene Wirksamkeit des Phantasiebildes neu erzeugten Charakter; sie liegt also in einem neuen psychischen Erlebnis, das nicht selbst ein Phantasiebild ist.

Wie verkehrt übrigens die gegnerische Lehre ist, sieht man auch besonders klar an dem Verständnis absurder Ausdrücke: rundes Viereck, regelmäßiges Dekaeder. Die als Bedeutungen fungierenden Phantasiebilder sollen nach jener Lehre gewissermaßen Illustrationen sein, Bilder der mit dem Ausdruck gemeinten Gegenstände. Es ist aber klar, dass bei widersprechenden, in sich absurden Ausdrücken solche Illustrationen unmöglich sind. Alles, was in einem einheitlichen Anschauungsbild vorstellbar ist, ist möglich. Absurda sind aber Unmöglichkeiten. Regelmäßige Hexaeder kann ich anschaulich vorstellen, regelmäßige Dekaeder nicht, denn sie sind „Undenkbarkeiten", „Unmöglichkeiten". Könnte ich sie anschaulich vorstellen, dann wären sie aber möglich. Trotzdem verstehen wir alle den Sinn dieser Ausdrücke, und der Mathematiker operiert mit ihnen im indirekten Beweis. Ein Hauptstück der mathematischen Theorien liegt sogar darin, die Unmöglichkeit nachzuweisen, dass derartigen exakt definierten Begriffen ein mathematisches Gebilde nicht entsprechen kann. Während solcher Demonstrationen hat er diese Begriffe im vollen Verständnis, sonst könnte er für sie ja nichts demonstrieren. Aber er weist nach, dass Gegenstände der Art, wie sie in diesen Begriffen gemeint sind, in geometrischer Wahrheit nicht existieren können; die betreffenden begrifflichen Bestimmungen sind real unverträglich. Der mathematischen Unverträglichkeit ist aber gleichwertig die Unmöglichkeit der Verknüpfung der betreffenden Prädikate in einer Anschauung. Bilder solcher mathematischer Objekte kann es also überhaupt nicht geben.

Also die Bedeutsamkeit des verbalen Denkens liegt so wenig in den illustrierenden Phantasiebildern, dass in den weitesten Strecken solchen Denkens nicht nur solche Illustrationen fehlen, sondern sogar notwendig fehlen müssen, weil sie *a priori* ausgeschlossen sind.

Von der Gegenseite pflegt man zu sagen: Ein anschauungsloses Reden ist überhaupt kein Reden mehr. Fallen die Erinnerungsbilder weg, so haben wir ja einen leeren Wortlaut. So verhält es sich beim gedankenlosen Hersagen eingelernter Verse, Gebetformeln usw.; so beim Quasisprechen der Papageien und so bei all dem gedankenleeren Gerede, von dem der Dichter sagt: Wo Begriffe fehlen, da stellt ein Wort zur rechten Zeit sich ein.*

Aber dergleichen darf uns nicht beirren. Auch wir unterscheiden zwischen dem sinnlosen Sprechen, welches in Wahrheit gar kein Sprechen ist, und dem sinnvollen, in dem die Worte von bedeutungverleihenden Akten beseelt sind. Was wir leugnen, ist nur, dass die Phantasiebilder der bedeuteten Gegenstände identisch seien mit den Bedeutungen, oder auch nur, dass diese Phantasieakte die Akte seien, in denen sich das Bedeuten oder Verstehen der Worte vollzieht. Mit den Wortlauten sind innig eins gewisse uns wohl vertraute psychische Charaktere, um derentwillen der Wortlaut uns eben nicht als bloßes sinnliches Zeichen, als bloßes Laut- und Schriftgebilde

---

* Goethe, *Faust* I, V. 1995.

anmutet, sondern eben als verstandenes, sinnvolles Wort. Dieser psychische Charakter heißt eben das Verstehen oder Bedeuten. Wir finden ihn vor, wo immer wir Worte als Worte, Sätze als Sätze gebrauchen, und wir finden ihn vor, ob illustrierende Phantasmen auch noch mitgegeben sind oder nicht. Wir behaupten keineswegs, dass solche Phantasiebilder, wo sie auftreten, keine Beziehung zu dem Bedeuten, zu dem Mit-dem-Wortlaut-etwas-Meinen haben. Ein wirklich illustrierendes Phantasma „illustriert" uns eben, was wir mit dem Ausdruck gemeint haben; und in dieser Rede von dem Illustrieren ist schon eine Beziehung angedeutet.

⟨Bedeutungsintention und Bedeutungserfüllung⟩

Wir[1] waren in der letzten Vorlesung bei der Frage stehen geblieben: Was sind das für Erlebnisse, die als bedeutungverleihende bei Ausdrücken fungieren? Wir setzten uns in dieser Hinsicht mit der gewöhnlichen, aus einer oberflächlichen Assoziationspsychologie stammenden Lehre auseinander, welche die Antwort schnell bei der Hand hatte: Die von früheren Wahrnehmungen zurückgebliebenen Phantasiebilder der genannten Dinge sind eine Assoziation mit den Wortzeichen eingegangen. Die Letzteren fungieren bedeutsam, wenn die zugehörigen Phantasiebilder sich bedeutungverleihend einstellen. Das Wort fungiert bedeutsam, wenn mit ihm etwas von ihm selbst Verschiedenes vorgestellt wird, und das geschieht vermöge der Assoziation. Ist die Assoziation unwirksam geworden, also die Vorstellung fortgefallen, so ist das Wort bedeutungslos. Diese Ansicht konnte nicht genügen.

Dass hier Assoziation bzw. Repräsentation im Spiel ist, brauchen wir nicht zu bestreiten. Aber Assoziation als eine Tatsache der genetischen und Dispositionspsychologie geht uns hier nichts an, wo wir rein deskriptiv die phänomenologischen Gegebenheiten festzustellen und zu beschreiben suchen. Assoziation, Reproduktion, unbewusste Disposition sind nichts phänomenologisch Aufweisbares. Dass das bedeutsame Wort sich nicht phänomenologisch konstituiert in der bloßen Wortlautapperzeption, dass mit ihr vielmehr eine Vorstellung, ein bedeutunggebender Akt verknüpft sein muss, ist von uns natürlich zugegeben, nur lassen wir uns nicht unter dem Titel Vorstellung die Phantasievorstellung suggerieren. Am häufigsten gebrauchen wir dies Wort allerdings in diesem Sinn, aber ohne nähere Prüfung dürfen wir ihn hier nicht zugrunde legen. Das Wort ist vieldeutig. Auch ist die populäre Argumentation aus der assoziativ-psychologischen Entstehung

---

[1] *13. und 14. Stunde (1. Juli 1905).*

der Wortzeichen nicht tragfähig genug, um den fraglichen Vorstellungsbegriff zu fundieren.

In der rein deskriptiven Analyse finden wir jedenfalls nicht immer, wo ein Wort und ein sprachlicher Ausdruck überhaupt bedeutungsvoll fungiert, die verlangten Phantasiebilder. Das ist schon längst und von verschiedenen Philosophen bemerkt worden; so z.B. von Schopenhauer: Verhielte es sich mit unserem Denken, wie die bestrittene Ansicht es fordert: welche „Wirbelstürme von Phantasmen"* müssten wir da über uns ergehen lassen. In den weitesten Strecken unseres normalen Denkens fungieren die Wortzeichen rein symbolisch, die Phantasiebegleitung ist überaus dürftig. Und soweit sie vorhanden ist, hat sie keineswegs immer den verlangten Charakter: Die Phantasiebilder, die da sind, stellen unzählige Male nicht die Gegenstände vor, auf die die Ausdrücke sich beziehen, sondern irgendwelche andere zu ihnen oft nur in sehr fernen Beziehungen stehende. Die Worte fungieren darum nicht als bedeutungslose Zeichen. Wir verstehen sie vollkommen, oder korrelativ gesprochen: Sie bedeuten uns etwas, wir stellen mit ihnen etwas vor, meinen mit ihnen etwas. Dieses Vorstellen ist aber kein Phantasieren der gemeinten Sachen. Die Wortlautapperzeption ist Trägerin einer neuen Apperzeption, eines eigentümlichen Bedeutungsbewusstseins, jenes Verstehens oder Etwas-Meinens, und darin liegt auch ohne veranschaulichende Phantasieerscheinungen der Überschuss gegenüber dem bloßen Wortlaut.

Wir haben auch gehört, dass der Rekurs auf etwaige unbewusste Phantasieerscheinungen nichts helfen kann. Sie mögen vorhanden sein oder nicht, das Bedeutungsbewusstsein können sie nicht selbst ausmachen, sie können es höchstens kausieren. Sie sind unbewusst, das Bedeutungsbewusstsein ist bewusst; es ist ein scharf bestimmter phänomenologischer Charakter des normalen Ausdruckserlebnisses.

Nicht minder entscheidend war das Argument aus den widersinnigen und dabei doch einheitlich bedeutsamen Ausdrücken. Ein einheitliches Phantasiebild ist bei ihnen *a priori* ausgeschlossen, und doch werden sie einheitlich verstanden. In Hinblick auf diese Argumente dürfen wir es als ein völlig gesichertes Ergebnis hinstellen, dass Vorstellungen, jetzt immer verstanden als Phantasievorstellungen, das Bedeuten von Ausdrücken nicht ausmachen können, zum mindest⟨en⟩ dass sie für das Bedeuten nicht wesentlich, nicht unentbehrlich sind. Auch ohne sie vollzieht sich oft genug Bedeuten und sich in der Weise des Ausdrückens Auf-Gegenstände-Beziehen.

---

* Vgl. Arthur Schopenhauer, *Die Welt als Wille und Vorstellung*, 1. Bd., 1. Buch, §9 (Arthur Schopenhauer's sämmtliche Werke, Bd. II, hrsg. von Julius Frauenstaedt, Leipzig 1877, S. 47).

Damit ist unsere Frage, was das, bedeutungverleihende Erlebnisse sind, noch nicht beantwortet, und zugleich ergibt sich hier das Problem, was für Funktion die Phantasievorstellungen im Zusammenhang des Bedeutens haben, was für Erlebnisse überhaupt zum Bedeuten wesentliche Beziehung haben, mag es auch sein, dass sie selbst nicht bedeutunggebend sind. Und weiter, was für Beziehungen das sind. Dass die Phantasieerscheinungen in den Fällen, wo sie gegeben sind, zum Bedeuten phänomenologisch nicht beziehungslos sind, das haben wir ja von vornherein zugestanden. Diese Erscheinungen machen die Gegenstände in der Phantasie vorstellig, die das Wort, die der Ausdruck meint. Ob nun die Gegenstände in so genannter Wirklichkeit sind oder nicht sind, sie werden gemeint, sie werden phantasiemäßig vorgestellt. Erlebnisse aber, die dasselbe Gegenständliche, und nach denselben Seiten, Momenten, Formen meinen und denen wir es auch ansehen, dass sie das tun, müssen doch phänomenologisch etwas Gemeinsames haben, sie können als phänomenologische Data nicht beziehungslos sein. Eben der Umstand, dass die Phantasievorstellung, wo sie den Ausdruck illustriert, offenbar zum Bedeuten eine wesentliche Beziehung hat, dass Ausdruck und Phantasievorstellung nicht bloß zufällig im Bewusstsein beisammen sind, vielmehr in einem Puls sozusagen dieselbe Gegenständlichkeit meinen, erklärt es, dass man so hartnäckig daran festhalten konnte, diesen begleitenden Phantasievorstellungen die Funktion des Bedeutens zunächst in diesen Fällen und dann überall beizumessen. Dazu kommt, dass man, offenbar aus guten Gründen, oft sich gedrängt fühlt, von den rein symbolisch fungierenden Ausdrücken auf die entsprechenden Anschauungen zurückzugehen, und dass man dabei, wiederum nicht ohne Grund, zu sagen liebt, man gehe so erst auf die „eigentlichen" Bedeutungen zurück; z.B. da, wo es sich darum handelt, schwierige und feine Bedeutungsnuancen zu sondern, unklare Äquivokationen aufzulösen und gar Evidenz unmittelbarer Axiome zu gewinnen. Aufgrund rein symbolisch fungierender Ausdrücke ist dergleichen nicht zu leisten. Ich muss mir „klarmachen", was ich mit den Worten „eigentlich meine", und an der Anschauung vollziehe ich die Sonderungen oder sehe ich die Notwendigkeit der Sachlage generell ein.

Natürlich kann diese unterscheidende Rede von eigentlicher und uneigentlicher Bedeutung nicht besagen, die symbolisch, die anschauungslos gebrauchten Ausdrücke seien ein leerer Wortschall. Wir verstehen sie ja, wir gebrauchen sie mit Sinn. Ohne fundierende Anschauung machen wir einander Mitteilungen, wir sprechen Überzeugungen aus, wir streiten uns, wir sind eventuell bereit, unser Leben für Überzeugungen zu lassen, die wir in bloß symbolischen Formen vollziehen. Die Rede vom Rückgang auf das eigentlich Gemeinte, auf das, was den eigentlichen Sinn gibt, kann also nicht besagen: Rückgang von leeren Wortschällen auf Erlebnisse, durch die sie überhaupt erst bedeutsam werden.

Die Frage ist also: Wie steht das Vorstellen entsprechender Gegenständlichkeiten in der Phantasie zu dem Bedeuten?[1] Ist es am Ende auch ein Bedeuten? Erwiesen haben wir zunächst nur, dass es Bedeuten gibt ohne Vergegenwärtigung der gemeinten Gegenständlichkeiten in der Phantasie. Wie aber, wenn solche Vergegenwärtigung da ist, wenn Ausdrücke Phantasievorstellungen der bezeichneten Gegenstände mit sich führen? Ist vielleicht dann das Phantasievorstellen selbst das Bedeuten? Kann sich das Bedeuten in verschiedenen Akten vollziehen, teils in solchen, die wir symbolisches Bedeuten nannten, teils in Phantasien und vielleicht noch in vielen anderen Erlebnissen? Sollte sich aber herausstellen, dass Veranschaulichung nicht Bedeutung gibt, sondern eben nur „veranschaulicht", dann fragt es sich: Was ist das für eine Funktion, und ist es notwendig eine auf Phantasie beschränkte Funktion? Gibt es nicht noch andere Erlebnisse, die in gleicher Funktion mit der Phantasie auftreten können?

Diese Fragen sind natürlich nur zu beantworten durch Studium der phänomenologischen Vorkommnisse; wir müssen zusehen, woher ein bedeutsamer Ausdruck, einmal rein symbolisch und einmal in entsprechender Phantasieanschauung fungierend, die Quelle seiner Bedeutsamkeit schöpft. Es ergibt sich dabei nun leicht, dass die Phantasieerscheinung nicht ohne weiteres als bedeutunggebender Akt gelten kann. Der symbolisch fungierende Ausdruck hat seine Bedeutung an dem ihn beseelenden Charakter des Das-und-das-Meinens. Wenn ein andermal derselbe Ausdruck, der Ausdruck im selben Sinn mit einem Phantasiebild verknüpft ist, dann ist natürlich dasselbe Meinen auch da. Sooft wir, in welchen Akten auch immer, denselben Sinn vollziehen, also dieselbe Gegenständlichkeit in derselben Bestimmtheit und Form meinen, sooft muss dieses Meinen auch phänomenologisch ein Gemeinsames haben, und damit muss sich der identische Sinn konstituieren. So also auch hier. Der durch Phantasie unterbaute Ausdruck trägt also ein Meinen von demselben Bedeutungscharakter. Die Phantasie aber kann dieses Meinen nicht selbst sein, sonst müsste das bloße Haben der Phantasie gleichwertig sein mit dem Vollziehen des Bedeutens. Das aber stimmt nicht. Zunächst: Dasselbe Phantasiebild kann sehr verschiedenen Meinungen und Bedeutungen den Anhalt und die anschauliche Fülle geben.

---

[1] *Gestrichen* Dass es zu ihm in wesentlicher Beziehung steht, ist sicher. Aber was ist das für ⟨eine⟩ Beziehung?

Das Bild veranschaulicht die Meinung, die als bloß symbolische nur leere Meinung war, das Bild vergegenwärtigt uns die Sache in mehr oder minder vollkommener und eigentlicher Weise. Es dient zur Klarlegung, evtl. zur Bestätigung der bloß symbolischen Meinung. In gewisser Weise impliziert das Bild etwas von der Bedeutung. Die Meinung, werden wir doch sagen, zielt auf die Sache, es meint sie. Bestätigt sich die Meinung, etwa aufgrund eines Erinnerungsbildes, so tritt mit der Konstitution dieses Bildes das Bewusstsein ein: Das ist, was wir meinten. Das Bildbewusstsein identifiziert sich mit dem symbolischen Bewusstsein, und das setzt offenbar ein Gemeinsames der Meinung voraus. Die Meinung als leere Intention und die Meinung als erfüllende Meinung müssen zur Einheit kommen durch die Einheit des „Sinnes". Wäre in der Anschauung nichts von dem Was der Meinung, so könnte sie sich nicht verschmelzend mit der Wortmeinung decken, es könnte das Bewusstsein nicht als das der identifizierenden Erfüllung charakterisiert sein. Andererseits sehen wir aber, dass nicht das pure Phantasiebild hier in Frage kommt, sondern zugleich die symbolisch in ihm terminierende Meinung. Die Anschauung erfüllt die Intention. Die bislang leere, gleichsam unbefriedigte nimmt Anschauungsfülle an, die Intention wird sozusagen neutralisiert, so ähnlich, wie die Wunschintention in der Freude des errungenen Wunschzieles fortlebt, aber den Charakter der Erfüllung annimmt. Bloße Freude über den Besitz der Sache ist nicht Erfüllung des Wunsches, vielmehr nur die Freude, in welche die Wunschintention übergeht, in welcher sie terminiert, in welcher sie befriedigt sich löst. Ebenso in unserem Fall. Die am Ausdruck haftende Intention, die Bedeutungsintention, eignet sich die Bedeutungsfülle an. So gewinnt in der Erfüllung, in Form der Veranschaulichung, evtl. der Bestätigung, die Anschauung Bedeutungsfunktion. Es eignet sie sich an, in diesem Zusammenhang.

Wir sehen aber gleich, dass die Phantasie in dieser Hinsicht keineswegs bevorzugt ist. Im Gegenteil, in noch höherem Maße übt diese Funktion die Wahrnehmung. Sage ich aus und finde, was ich aussage, in der wahrnehmenden Anschauung wieder, so deckt sich die symbolische Intention der Aussage mit dem, was mir die Wahrnehmung bietet. Die Wahrnehmung bestätigt, bekräftigt die Meinung der Aussage, und offenbar in vollkommenerem Maße[1] wie die bloße Phantasie (und wie selbst die Erinnerung, die wir übrigens schon von der „bloßen" Phantasie unterscheiden müssen). Dass bei der sinnvollen Anwendung der Worte auf die Gegebenheiten der Wahrnehmung nicht erst Phantasiebilder vermitteln müssen, brauche ich kaum zu

---

[1] in vollkommenerem Maße *wurde wohl später gestrichen*.

sagen. Wenn ich in der Phantasie auf eine Erscheinung ein nennendes Wort beziehe, vermittelt da die Benennung auch eine Phantasieerscheinung? Die gewöhnliche Meinung ist ja wohl die, dass mit dem Worte sozusagen eine nämliche Vorstellung verbunden ist. Dass diese nicht notwendig vermitteln muss und wir nicht zwei Phantasiebilder haben, ist klar. Genetisch mag etwas daran sein, mitunter wenigstens. Dass man solche Vermittlung angenommen hat, das beruhte nur auf theoretischer Konstruktion. Es beruhte eben auf der falschen Voraussetzung, das Bedeuten ohne Wahrnehmen, in dem die Gegenständlichkeiten selbst gegeben sind, vollziehe sich notwendig durch vorstellig machende Bilder. In diesen sah man die überall identischen Bedeutungen, und so ließ man auch die Anwendung des Wortes auf die wahrgenommene Sache vermittelt sein durch intermediierende Bilder, die mit den entsprechenden Wahrnehmungserscheinungen zur Verschmelzung kämen.

Wir müssen nun aber die Schranken der bisherigen Betrachtung überschreiten. Gewisse phänomenologische Data lernten wir als Bedeutungsintentionen präsentieren und andere phänomenologische Data, wie Wahrnehmungen, Erinnerung und Phantasieanschauung, traten zu jenen in eine eigentümliche Bedeutungsbeziehung, in die Beziehung der Erfüllung der Bedeutungsintentionen. Die Wichtigkeit dieser Beziehung wurde schon angedeutet durch die Rede von der Veranschaulichung, Evidentmachung, Bestätigung oder Bewährung. Wir haben hier noch nicht die Natur dieser Beziehung näher zu studieren. Vor allem wichtig für unsere Zwecke ist, Klarheit darüber zu gewinnen, welche Gattung von phänomenologischen Daten oder, wie wir früher schon sagten, von Akten zu diesen merkwürdigen Bedeutungsfunktionen, den Funktionen der Bedeutungsintention und Bedeutungserfüllung befähigt und berufen ist.

Die erste Feststellung, die wir hier machen müssen, ist die, dass nicht jedes beliebige phänomenologische Datum für diese Funktionen in Betracht kommen kann, vielmehr nur diejenigen, die als Intentionen im weitesten Wortsinn zu charakterisieren sind. Ich gebrauche hierfür auch den Namen Akt, wobei an den ursprünglichen Wortsinn von *actio* gar nicht zu denken ist. Es handelt sich hier darum, auf ein Moment in unseren Erlebnissen zu achten, für das wir normalerweise blind zu sein pflegen. Wir stellen vor, wir urteilen, wir haben an Dingen ein Gefallen oder Missfallen, wir wollen oder fliehen. Indem wir das tun, beziehen wir uns eben in der Weise des Vorstellens, Urteilens usw. auf Gegenständliches; die betreffenden Gegenstände, Eigenschaften, Verhältnisse u.dgl. stehen uns dabei vor Augen entweder in eigentlichem Sinn – wir sehen sie, wir nehmen sie direkt wahr –, oder wir schauen sie in der Phantasie, in der Erinnerung, oder wir denken sie mittels bloßer

Symbole. Wie immer das nun geschehen mag, wir fassen die Gegenstände als etwas für sich und setzen uns zu ihnen in Beziehung: Z.B. draußen die physischen Dinge, und hier stehen wir und richten auf sie unser Auge, wir sehen sie, wir vergleichen und unterscheiden sie, wir fühlen uns im Gemüt von ihnen angezogen oder abgestoßen usw. Da muss man sich aber zunächst klarmachen, dass Gegenstände nichts sind, was man phänomenologisch als Gegebenheiten annehmen darf. Sehe ich den Gegenstand, so ist phänomenologisch nicht zweierlei da, der Gegenstand und das Sehen, sondern nur eins, das so und so bestimmte Sehen, d.h. das Wahrnehmungsbewusstsein vom Gegenstand. Und phantasiere ich denselben Gegenstand, so ist nur gegeben das Phantasiebewusstsein. Dass sie beide Bewusstsein vom selben Gegenstand sind, das ist wieder eine Gegebenheit in einem neuen Bewusstsein, dem Identitätsbewusstsein, dem Bewusstsein von der Selbigkeit des Gegenstandes da und dort. Und nicht ist da etwas vorzufinden, der Gegenstand als ein Drittes neben Wahrnehmung und Phantasie. Im Identitätsbewusstsein erfassen wir die gegenständliche Identität der Wahrnehmung und der Phantasie vom selben Gegenstande, im Unterschiedsbewusstsein erfassen wir die Verschiedenheit von Gegenständen einer Wahrnehmung A und einer Wahrnehmung B. In rein phänomenologischer Evidenz konstatieren wir vergleichend und unterscheidend, dass es Erlebnisse gibt, die als immanenten phänomenalen Charakter die Eigenheit an sich haben, „sich auf Gegenstände zu beziehen", dass verschiedene Erlebnisse das evident gemeinsam haben, dass sie sich auf dasselbe Gegenständliche beziehen, und andere, dass sie sich auf verschiedenes beziehen; ferner, dass es verschiedene Arten und Formen der gegenständlichen Beziehung gibt, Unterschiede, die wir bezeichnen als Unterschiede des Wahrnehmens, Erinnerns, Phantasierens, des Anschauens und Symbolisierens usw. Die Erlebnisse nun oder, wenn Sie wollen, die phänomenologischen Data, in welchen Bewusstsein von Gegenständlichkeit statthat, Erlebnisse, deren immanenter phänomenologischer Charakter das Sich-auf-den-und-den-Gegenstand-Beziehen ausmacht, nennen wir intentionale. Ein Rotinhalt für sich, ein Toninhalt für sich ist noch kein intentionales Erlebnis, wohl aber ein Rot wahrnehmen, ein rotes Haus phantasieren, eine Melodie hören und als Gesang dieser Sängerin hören, sich darüber freuen oder auch sich nach dem Hören einer Melodie sehnen usw. Wer ein rotes Haus sieht, der fasst das erlebte Rot in gewisser Weise auf, es vollzieht sich ein Meinen, das sich auf den Gegenstand „rotes Haus" bezieht.

Zum Erlebnis gehört ein wesentlich immanenter Charakter, der das ausmacht, was ihm bewusste Beziehung auf Gegenständliches verleiht. Bewusstsein im prägnanten Sinn, das ist das intentionale. Analysieren wir intentionale Erlebnisse, wie Wahrnehmungen, Phantasievorstellungen, Urteile, Gefallensakte u.dgl., so stoßen wir auf Elemente, die nicht mehr denselben Charakter haben. Es gibt zwar zusammengesetzte Intentionen, aber auch die einfachen Akte oder Intentionen lassen noch Analysen zu; und die Elemente, die wir dabei finden, sind nicht selbst wieder Akte. Dies vorausgesetzt, ist es nun klar, dass die bedeutungverleihenden Erlebnisse gewisse Akte sind im eben besprochenen Sinn. Die Wortlaute sind sinnliche Inhalte, deren Bedeutsamkeit nicht darin liegt, dass irgendwelche andere sinnliche Inhalte mit ihnen gegeben sind, sondern darin, dass mit den Wortlauten etwas gemeint ist. Das Meinen ist ein intentionaler Charakter, der dem Wortlautphänomen anhaftet und die Beziehung auf eine gemeinte Gegenständlichkeit herstellt. Wenn wir das Wort „Löwe" symbolisch verstehen und daneben das Wort „Elefant", so hängt beiderseits an den Wortlautphänomenen je ein Bewusstsein, ein Akt; vermöge dessen sagen wir, dass wir mit dem Wort „Löwe" einen Löwen vorstellen und mit dem Wort „Elefant" einen Elefanten. Das sind phänomenologische Charaktere, und offenbar verschiedene; beiderseits vollzieht sich ein verschiedenes Bewusstsein.

Was von den Bedeutungsintentionen, gilt von den Bedeutungserfüllungen. Wenn die Meinung des Wortes, die ihm anhaftende Bedeutungsvorstellung, sich eine Fülle der Anschauung zueignet, so ist das Erfüllende nicht ein beliebiger sinnlicher Inhalt, sondern wiederum ein Bewusstsein, ein Bewusstsein vom Gegenstand, und zwar vom selben Gegenstand, als welchen die Wortintention meinte. Wenn uns beim Wort „Tannenbaum" ein sinnliches Bild vorschwebt, so ist unter dem Titel Bild nicht etwa zu verstehen der schwankende, nach Qualität, Intensität, Fülle, Lebendigkeit wechselnde, bald verschwindende, bald wieder auftauchende sinnliche Inhalt, sondern das sich mittels desselben konstituierende, durch all die Schwankungen hindurch stetig und fest hindurchgehende Bewusstsein, um dessen willen wir sagen, ein Gegenstand stehe uns in der Phantasie vor Augen. Der Gegenstand ist die ständig gemeinte Einheit in der flüchtigen Mannigfaltigkeit. Diese erfährt eben fortgesetzt ein Auffassen im Sinne dieses Gegenstandes, im Phantasieakte konstituiert sich die Beziehung auf den Phantasiegegenstand. Eben dasselbe gilt von der Wahrnehmung. Nicht die sich bei der „Drehung und Wendung des Gegenstandes" oder bei der wechselnden relativen Lage unserer Sinnesorgane zum Gegenstand wechselnden Sinnesempfindungen sind der Gegenstand – sonst hätten wir ja immer wieder neue Gegenstände und nicht den einen und selben Gegenstand –, vielmehr sind sie phänomenologische Data, die in ein Bewusstsein vom Gegenstand eingehen; mittels ihrer konstituiert sich, nämlich durch ein sie beseelendes Auffassen und Meinen, die Wahrnehmungserscheinung des Gegenstandes, kontinuierlich erfahren die sinnlichen Inhalte ein Deuten im selben Sinn, sie werden aufgefasst oder gedeutet als dieser Baum da, und dieses Bewusstsein, und nicht die bloß sinnlichen Inhalte machen die Wahrnehmung aus.

Unsere Frage ist nun: Können jederlei Akte in Bedeutungsfunktion, wenn nicht in Funktion der Bedeutungsintention, so in derjenigen der Bedeutungserfüllung stehen? Dass als Bedeutungsintention überall die eigentümlich charakterisierten Akte fungieren, die wir symbolische nannten, können wir für sicher halten. Aber wie steht es mit den erfüllenden Akten? Die Wichtigkeit dieser Frage für die Urteilstheorie werden Sie bald erkennen, Sie werden bald sehen, dass alle diese Betrachtungen ein notwendiges Fundament für eine solche Theorie bilden.[1]

Eine nahe liegende und verbreitete Lehre ist die, dass in Bedeutungsfunktion Akte jeder Art stehen können. In der Tat scheint das vorerst selbstverständlich. Durch sprachliche Ausdrücke können wir doch allen Akten, Akten von jeder Art Ausdruck geben: Vorstellungen, Urteilen, Gefühlen, Begehrungen. Wir haben entsprechend auch Redeformen: Die Namen geben Ausdruck den Vorstellungen, die Aussagen (im prägnanten Sinn) Ausdruck den Urteilen, die Wunschsätze geben Wünschen, die Befehlssätze Willensakten Ausdruck. Offenbar bilden die bezüglichen Akte die Bedeutungen der betreffenden Reden.

Indessen, so einfach ist die Sache nicht abgetan. Zunächst ist zu beachten, dass, wenn wir von diesen oder jenen Akten sagen, wir gäben ihnen in unserer Rede Ausdruck, wir als „ausgedrückt" überhaupt die kundgegebenen Akte zu bezeichnen pflegen, und darunter auch solche, die zweifellos nicht bedeutungverleihende sind und auch nicht bedeutungerfüllende.

Beispielsweise wenn ich den Satz ausspreche: „Ich wünsche, dass der Marokkohandel einen für Deutschland ehrenvollen Ausgang nehmen möge",[*] so gebe ich damit meinen Wunsch kund. Damit ist nicht gesagt, dass der Wunsch hier in Bedeutungsfunktion steht und in diesem Sinn auch ausgedrückt ist. Wenn ich sage: „Ich wünsche", so nenne ich doch den Wunsch, so wie, wenn ich sage: „Ich spreche", ich mein Sprechen nenne, oder, wenn

---

[1] *Gestrichen* Wir können sagen, alle Ausdrücke sind entweder ganze Sätze oder Stellvertreter für ganze Sätze oder Teile ganzer Sätze. Schließen wir die verkürzten Reden, die ganzen Sätzen äquivalent sind und die ohne Änderung ihrer Bedeutung durch ganze Sätze ersetzt werden können, aus, so umspannen wir mit sämtlichen Sätzen und in allgemeiner Betrachtung mit allen Satzarten das Gesamtgebiet möglicher Bedeutungen.

[*] Bezugnahme auf die 1. Marokkokrise (1905). Die deutsche Regierung wurde aktiv, als Frankreich sich im Frühjahr 1905 eine Monopolstellung in Marokko, an dem Deutschland großes wirtschaftliches Interesse hatte, zu verschaffen suchte.

ich sage: „Der Jasmin blüht", ich den Jasmin und sein Blühen nenne. Hier haben wir doch zweierlei: Das Wünschen, Sprechen, das Blühen des Jasmin ist nicht das Bedeuten, sondern das Gegenständliche, auf das das Nennen gerichtet, was also in der Bedeutung der Worte gegenständlich gemeint ist. Das Wünschen erlebe ich; um es nennen zu können, muss es eine nominale Vorstellung bilden, die darauf sich richtet. Ich gebrauche aber die nominale Vorstellung hier nicht in der Weise einer bloß symbolischen; mein Erlebnis des Wünschens kundgebend blicke ich auf mein Wünschen hin, also ich vollziehe eine innere Anschauung, eine Wahrnehmung meines Wunsches. Indem ich also zugleich nenne, zugleich sage: „Ich wünsche" und zugleich auf den Wunsch, den ich erlebe, hinblicke, erfüllt sich die Intention des nennenden Aktes. Aber nicht der Wunsch selbst ist hierbei der erfüllende Akt, sondern die intuitive Auffassung des Wunsches, die Wahrnehmung des Wunsches und die darauf basierte intuitive Fassung als ein Wunsch. Wir haben also hier dreierlei Akte zu unterscheiden: 1) die zu den Worten gehörigen Bedeutungsintentionen; 2) die sie erfüllenden Akte, das sind die sich ihnen anschmiegenden intuitiven Akte: zuunterst die Intuition, der innere Hinblick auf den erlebten Wunsch; 3) der Akt, der als genannter Gegenstand fungiert, der Wunsch selbst. Genauso ist in der Wahrnehmungsaussage „Dieser Jasmin blüht" die zu den Worten gehörigen bedeutungverleihenden Akte, die ihnen sich anschmiegenden, durch sie gedanklichen Ausdruck erfahrenden Wahrnehmungsakte und der wahrgenommene Gegenstand zu unterscheiden, nur dass hier das Wahrgenommene nicht ein innerer Akt, sondern ein äußerer Gegenstand ist.

Mit dem Wunschbeispiel ist eine ganze Klasse von Fällen belegt. Überall, wo wir Akte vollziehen und in unserer Rede zum Ausdruck bringen, d.h. hier: von ihrem Dasein eine Mitteilung machen, über sie eine Aussage machen, überall also, wo wir sagen: „Ich befehle", „Ich frage", „Ich zweifle", „Ich sage aus", „Ich leugne" usw., da sind diese Akte weder als die Bedeutungsintentionen noch als die Bedeutungserfüllungen für die entsprechenden Reden in Anspruch zu nehmen; die Sachlage ist vielmehr die, dass die inneren Anschauungen, und näher Wahrnehmungen dieser Akte, der Hinblick auf sie, die Grundlage bilden, auf welcher die Bedeutungsintentionen der aussagenden Worte ihre Erfüllung finden.

Damit ist die Frage allerdings noch nicht entschieden. Unsere Beispiele hatten die Form: „Ich befehle", „Ich will", „Ich frage" usw. oder: „Mein Wille ist der und der", „Meine Frage ist die, ob" usw. Dass in diesen Formen, analog wie in Sätzen der Art wie „Cajus befiehlt, will" usw., die Akte des Wollens, Wünschens, Zweifelns genannte Gegenstände und nicht bedeutungtragende Akte sind, mag man zugestehen. Es wird von ihnen prädiziert oder vom Ich prädiziert, dass es sie hat und vollzieht. Aber wie verhält es sich mit den eigenen Redeformen der Fragen, Befehle, Wünsche usw., z.B. „Möge mir Gott beistehen!", „Ist die Sache entschieden?", „Sei fleißig!"? In Betreff dieser grammatischen Satzformen herrscht ein alter Streit. Man macht nicht den Unterschied zwischen Bedeutungsintentionen und Bedeutungserfüllungen, man streitet bloß im Allgemeinen, worin die Bedeutung dieser Sätze liegen soll. In diesen Sätzen kommen verschiedene psychische Akte zum Ausdruck: in Aussagesätzen Urteile, in Wunschsätzen Wünsche, in Fragesätzen Fragen usw. Darin liegt, so interpretieren die einen, der Autorität des Aristoteles folgend, dass jeder selbständige abgeschlossene Satz eine abgeschlossene Bedeutung hat, und diese Bedeutung konstituiert sich in sehr verschiedenen Aktarten. Prinzipiell kann jede Aktart Bedeutungsträger beistellen, und dies kommt in den grammatisch verschiedenen Satzarten zur charakteristischen Ausprägung. Also die Bedeutung liegt in Aussagesätzen in Urteilen, in Wunschsätzen in Wünschen usw. Die andere Partei sagt: In all diesen Sätzen liegt die Bedeutung nicht in verschiedenartigen Akten, sondern in Akten einer und derselben Gattung. Fragen, Wünsche, Befehle usw. sind nicht Bedeutungsträger, sondern überall die genannten und mit der Nennung kundgegebenen Gegenstände. Z.B. im Fragesatz wird das Fragen erlebt, angeschaut, wird als Frage aufgefasst, gedanklich ausgedrückt, und dieser auf die Frage bezogene Ausdruck, dieser Gedanke, der nicht die Frage selbst ist, sondern der auf sie bezogene Gedanke, ist die Bedeutung; der Satz ist ein Aussagesatz über eine Frage. Führen wir unseren Unterschied zwischen Bedeutungsintentionen und Bedeutungserfüllungen ein, so können wir sagen: Jedermann muss schließlich zugestehen, dass in den Sätzen der Form „Ich wünsche", „Ich frage" prädiziert, geurteilt wird und dass darin die betreffenden Akte des Wünschens usw. genannt sind, gegenständlich sind. Des Näheren fungieren hier die den Worten zugehörigen Bedeutungsintentionen als bedeutungverleihende; andererseits sind eigene Erlebnisse des Sprechenden kundgegeben, und zwar nach dem vorhin Erörterten so, dass sie angeschaut (wahrgenommen) werden und dass diese Anschauungen (Wahrnehmungen) in Funktion der Bedeutungserfüllung stehen.

Prinzipiell ⟨als⟩ von demselben Charakter, wenn auch in der Konstitution etwas verschieden, sind die spezifischen Wunschsätze, Befehlssätze u.dgl. zu interpretieren. D.h. die Akte des Wünschens, Wollens, Fragens usw. sind nicht selbst Bedeutungsakte, weder Bedeutungsintentionen (das selbstverständlich nicht) noch Bedeutungserfüllungen; sondern Anschauungen (innere Wahrnehmungen) von diesen Akten stehen in der Funktion der

Bedeutungserfüllung: Wahrnehmungen und, wie weiter hinzuzufügen ist, auf sie gebaute Akte begrifflicher Auffassung, Denkakte in dieser oder jener Art, die Anschauungen denkmäßig gestaltend.

Ist die letztere Ansicht richtig, so drängt sie uns folgende Auffassung betreffs derjenigen Akte, die in der Funktion der Bedeutungserfüllung stehen können, auf. Befähigt zur Bedeutungserfüllung sind nicht alle Akte, vielmehr nur Akte eines gewissen zu begrenzenden Bereichs, wie wir natürlich erwarten werden: einer gewissen wesentlich einheitlichen Gattung. Zu ihr gehören Wahrnehmungen, in weiterer Folge natürlich auch Phantasievorstellungen, Erinnerungen, Erwartungen, ferner darin fundierte begrifflich fassende Akte und ihre Verwandten, kurzum Denkakte. Sollte sich herausstellen, was ebenfalls von vornherein sehr nahe liegt, dass die Bedeutungsintentionen, die den Worten anhängen und die im Status der Erfüllung durch die intuitiven Akte sozusagen „gebunden" sind und bei Wegfall dieser Akte frei werdend die rein symbolischen Intentionen ausmachen, dass, sage ich, die Bedeutungsintentionen gattungsmäßig mit den erfüllenden Akten verwandt sind, so würde die Sachlage die sein, dass überhaupt in Bedeutungsfunktion nur Akte einer gewissen Gattung stehen können, sagen wir kurzweg: die Gattung intellektiver Akte; nicht aber die Akte, die man unter dem Titel emotionale die Akte des Fühlens, Begehrens, Wollens zu bezeichnen pflegt.

Nun tritt es zutage, dass wir hiermit schon in einem Hauptstück der Urteilstheorie stehen. Denn wie immer die Gattung endgültig zu umgrenzen ist, sie muss doch naturgemäß bestimmt werden in Anknüpfung an die Akte, welche das bedeutungsmäßige Meinen der Aussage ausmachen: Ich vollziehe ein Aussagen, ich urteile.

Das Erste ist also, sich klar zu werden, wie Urteilen zu Bedeuten überhaupt steht, und es wäre eine erste Erkenntnis von erheblicher Wichtigkeit, wenn sich zeigen ließe, dass ein wesentlich einheitlicher Gattungsbereich die Sphäre des möglichen Bedeutens umgrenzt und dass wir uns in dieser festen Sphäre zu bewegen und sie zur Wesenseinsicht zu bringen haben, wenn wir die möglichen Begrenzungen der Idee Urteil zu bestimmen und die Akte, die für die verschiedenen Begriffe von Urteil konstitutiv in Frage kommen, phänomenologisch zu erforschen haben. Die Sache gewinnt noch an Wichtigkeit, wenn wir bedenken, was im Sinn der uns jetzt bewegenden Vermutungen liegt: nämlich dass jeder Bedeutungsakt (wir nehmen Bedeutungsintention und Bedeutungserfüllung zusammen) entweder das volle Aussagen nach der Bedeutungsseite ausmacht oder in die Bedeutungseinheit des Aussagens als mögliches Bestandstück eintritt. Es würde sich also zugleich um ein Studium des gattungsmäßigen Stoffes sozusagen handeln, aus dem bedeutungverleihende und bedeutungerfüllende Akte der Aussage bestehen können, was doch eine Hauptsache in jeder Urteilstheorie ist. Dies zur Vordeutung. Dass ich mich hier etwas roh ausdrücken musste und einige Begrenzungen notwendig sein werden, brauche ich nicht zu sagen.

Die einheitliche Gattung der intellektiven Akte, auf deren Abgrenzung wir ausgehen, kann gewonnen werden in einer viel allgemeineren Untersuchung, die zunächst von der Frage nach Wesen und Umfang des Bedeutens absieht. Sie kann nämlich gewonnen werden in der Sphäre der allgemeinsten Bewusstseinsanalyse, welche die wesentlichen Demarkationslinien innerhalb der Bewusstseinssphäre erforscht. Den vieldeutigen Begriff Bewusstsein verwenden wir dabei ausschließlich im Sinne von Akt, also psychologisch ausgedrückt im Sinne jener Erlebnisgattung, aufgrund deren sich die apperzeptive Beziehung des Ich auf eine vorgestellte, beurteilte, bezweifelte, gewollte Gegenständlichkeit u.dgl. vollzieht.[1]

⟨Aktqualität und Aktmaterie⟩

Brentano, der Akt und psychisches Phänomen identifiziert, versucht nach Feststellung des Begriffes Akt eine vollständige Klassifikation dieser „psychischen Phänomene", er leitet damit seine Psychologie, die ihm Wissenschaft von diesen psychischen Phänomenen ist, ein. Er nimmt drei Grundklassen psychischer Phänomene oder, wie wir sagen, intentionaler Phänomene, Akte an: Vorstellungen, Urteile und Gemütsbewegungen (Phänomene der Liebe und des Hasses).[*] Wir sind zum Glück nicht in die Notwendigkeit versetzt, uns für eine vollständige interessieren oder hinsichtlich einer solchen entscheiden zu müssen. Uns genügt die Ausscheidung einer Klasse. Zum Ausgang nehmen wir den brentanoschen Satz, der ihm auch zur Charakterisierung der psychischen Phänomene dient: Jeder Akt ist entweder eine Vorstellung oder hat eine Vorstellung zur Grundlage.[**]

Die Motive für eine Aufstellung dieses Satzes und ein wenigstens für den ersten Moment ganz selbstverständlicher Sinn desselben sind leicht bezeichnet. Zum Wesen eines Aktes, eines intentionalen Erlebnisses, gehört *ex definitione* die Beziehung auf eine Gegenständlichkeit. Wie kann ich mich

---

[1] *Der folgende Text wurde eingeklammert und wohl nicht vorgetragen* Phänomenologisch, unter Ausschluss aller transzendierenden Apperzeption, kommen also die Data in Betracht: das Vorstellen, zu dessen Wesen es gehört, Vorstellen von etwas, von dem und jenem zu sein, das Urteilen, zu dessen Wesen es gehört, irgendeinen Sachverhalt als seiend hinzustellen usw.

[*] Vgl. Franz Brentano, *Psychologie vom empirischen Standpunkte*, Leipzig 1874, Bd. I, S. 103.

[**] *A.a.O.*, S. 104.

aber auf eine Gegenständlichkeit beziehen, ohne sie vorzustellen? Hätte ich keine Vorstellung von ihr, so könnte sie sein, was sie ist, sie wäre doch nicht für mich da. Also jeder Akt bezieht sich auf eine Gegenständlichkeit mittels einer Vorstellung. Jeder ist entweder selbst Vorstellung, und zwar bloße Vorstellung, oder er ist zudem noch Urteil, Wunsch, Wille aufgrund der Vorstellung. Sehen wir uns nun die Sachlage näher an. Ein Akt ist Bewusstsein von Gegenständlichem, sei es vorstellendes Bewusstsein, sei es urteilendes Bewusstsein, zweifelndes, wünschendes, wollendes Bewusstsein. In der Nebeneinanderstellung solcher Beispiele tritt alsbald hervor, dass es verschiedene Arten solchen „Bewusstseins", verschiedene Arten von Akten gibt. Vorstellen, Urteilen, Überzeugtsein ist phänomenologisch anders charakterisiert als Wünschen, Wollen, Zweifeln usw. Vergleichen wir verschiedene Urteilsakte, so haben sie offenbar etwas phänomenologisch Gemeinsames. Rein deskriptiv finden wir das Gemeinsame vor, eben dasjenige, das den Gattungscharakter des Urteils ausmacht. Ebenso ist der allgemeine Charakter des Wunsches ein phänomenologisches Moment, das Wünsche auszeichnet usw. Natürlich erschöpft dieses Moment nicht den ganzen Akt. Verschiedene Urteile sind trotz der gleichen Urteilscharaktere eben noch verschieden. Und zumal kann sich das eine auf diese, das andere auf eine andere Gegenständlichkeit beziehen. Ebenso bei Wünschen: Der eine Wunschakt ist Wunsch nach diesem, der andere Wunsch nach jenem Gegenständlichen usw.

Die Frage ist nun, wie die Beziehung des Aktes auf seine Gegenständlichkeit zustande kommt.

Natürlich handelt es sich in letzter Hinsicht nicht um ein psychologisches Zustandekommen, sondern um die Feststellung eines dem Akte immanenten zweiten Momentes, an dem es liegt, dass dieser Akt eines Gegenständlichen, und gerade dieses Gegenständlichen bewusst ist. Der Urteils-, der Wunschcharakter begründet es, dass wir einen phänomenologisch vorgegebenen Akt als Urteil, als Wunsch bezeichnen. Aber zum Wesen eines Urteils, zum Wesen eines Wunsches gehört es, dass in ihm etwas geurteilt, dass in ihm etwas gewünscht wird.[1] So wie im Akte der Überzeugung der Überzeugungs-

---

[1] *Der folgende Text wurde eingeklammert und wohl nicht vorgetragen* Natürlich ist dieser Sachlage nicht Genüge geschehen, wenn man etwa denkt: Da bin ich, und draußen ist eine Gegenständlichkeit; und nun erwacht in mir eine Überzeugung in Betreff jener äußeren Gegenständlichkeit, oder ein Wunsch, der auf sie bezüglich ist, wird erregt usw. Denn selbst wenn die äußere Gegenständlichkeit wirklich ist: hier in der Erkenntnistheorie, wo wir noch gar nicht wissen, was das heißt, in äußerer Wirklichkeit sein, können wir von keiner äußeren Existenz Voraussetzung machen. Phänomenologisch ist sie nichts Aufweisbares. Für den Akt, der sich auf sie bezieht, kommt nur in Frage, was in ihm selbst aufweisbar ist,

charakter ein Moment ist, so ist das von dem und jenem Überzeugtsein, das, was das Überzeugungsbewusstsein zum Bewusstsein von dieser Gegenständlichkeit macht, ein ergänzendes Moment. Zwei Überzeugungen haben den gemeinsamen Charakter der Überzeugung. Die eine ist Überzeugung davon, dass heute ein heißer Tag ist, die andere, dass die Entscheidung in Ostasien gefallen ist.* Es ist beiderseits ein verschiedener immanenter Zug in den Überzeugungen, jede hat eine andere phänomenologische Bestimmtheit, und das macht phänomenologisch die verschiedene „gegenständliche Richtung". Alle Unterschiede in der gegenständlichen Richtung und in der Weise, wie Gegenständliches im Akte bewusst ist, sind deskriptive Unterschiede im Akte selbst oder müssen sich auf deskriptive Unterschiede gründen.

Wir nennen das gattungsmäßige Moment, welches, abgesehen von der Richtung auf diese und jene Gegenständlichkeit, Gattungen und Arten von Akten unterscheiden lässt und Sonderungen bestimmt wie die zwischen Urteilen, Zweifeln, Wünschen, Willensakten, die Aktqualität, und das andere Moment an den Akten, das ihnen Richtung auf die Gegenständlichkeit verleiht, die Aktmaterie. Zwei Wünsche, von denen sich der eine auf die, der andere auf jene Sachen bezieht, sind gleich qualifiziert, nämlich als Wünsche. Das, was in ihnen gewünscht ist, der Wunschinhalt, die Wunschmaterie, ist eine verschiedene.

Doch[1] nun bedarf es einer weiteren Bestimmung dieser Materie. Dass sich ein Akt gerade auf diese und keine andere Gegenständlichkeit bezieht, das liegt an seinem immanenten Wesen und liegt speziell an seiner Aktmaterie. Näher besehen dürfen wir aber dieses Moment der Materie nicht bloß durch die gegenständliche Richtung definieren. Wir stellen folgende Überlegung an. Qualität und gegenständliche Richtung sind im Großen und Ganzen unabhängige Variable, d.h. mit der Qualität ist die gegenständliche

---

und dazu gehört offenbar das Auf-diesen-Gegenstand-Gerichtetsein, das Über-ihn-Urteilen, In-Bezug-auf-ihn-Wünschen, während andererseits der Gegenstand selbst im Akte als ein Stück oder Moment desselben nicht zu finden ist und auch gar nicht wirklich zu existieren braucht, ja vielleicht gar nicht existieren kann. Bin ich von einem Sachverhalt überzeugt, dann ist er im Akte die intentionale Gegenständlichkeit. Die Überzeugung ist aber oft genug, ohne dass ich selbst dessen bewusst bin (sonst wäre ich ja nicht überzeugt), falsch. Mein Urteil bezieht sich auf die Sache, die Sache existiert aber gar nicht. Halten wir uns dabei an das Phänomenologische, an das, was zum Phänomen immanent, als konstituierendes Moment gehört, so besteht dem hier Wesentlichen nach offenbar gar kein Unterschied, ob die Überzeugung wahr oder falsch ist: In jedem Fall ist sie Überzeugung von einer Gegenständlichkeit, und die Beziehung auf diese ist ihr in jedem Falle immanent. Das aber besagt nichts anderes und kann nichts anderes besagen als dies.

* Ende des russisch-japanisches Krieges (1904–1905).

[1] *Randbemerkung wohl von 1906/07* Materie, Sinn.

Richtung nicht festgelegt, dieselbe Qualität kann sich mit verschiedensten gegenständlichen Richtungen vereinen. Halten wir die Qualität fest, z.B. beschränken wir uns auf die Qualität Wunsch, so kann, ideell gesprochen, der Wunsch sich auf jede beliebige Gegenständlichkeit richten. Ebenso ist Überzeugung Überzeugung von dem und jenem, auf die verschiedensten Gegenständlichkeiten kann sich Überzeugung richten usw. Nehmen wir nun aber Akte derselben qualitativen Artung, z.B. lauter Urteile oder lauter Wünsche, und fixieren wir zugleich die gegenständliche Richtung, so merken wir einen Unterschied: Zwei Urteile können sich auf dieselbe Gegenständlichkeit richten, und doch ist die Weise, wie die Gegenständlichkeit im Akte bewusst ist, noch nicht eindeutig bestimmt. Es gibt da noch verschiedene Variationsmöglichkeiten. Wir wollen jetzt nur auf eine das Augenmerk richten. Dieselbe Gegenständlichkeit intentional haben, auf dieselbe gerichtet sein, heißt nicht, sie in gleichem Sinn vor Augen haben, sie in gleichem Sinn auffassen. Urteile ich über unseren Kaiser und urteile ich über Wilhelm den Zweiten, so bezieht sich das Urteil, wenn ich im Übrigen beiderseits genau dasselbe aussage, auf dieselbe Gegenständlichkeit. Ebenso, wenn ich einmal generell urteile über das gleichseitige Dreieck und ein andermal über das gleichwinklige Dreieck. Die Gegenstände sind dieselben, und doch ist die Weise, wie sie bewusst sind, eine verschiedene. Der Unterschied ist kein qualitativer – es handelt sich ja immer wieder um Urteile –, der Unterschied betrifft die Art und Weise, wie der Gegenstand „vorstellig" ist, als welcher er im Akte gemeint ist, als wie aufgefasster, als wie bestimmter er intentional ist. Sage ich: „dies", und sage ich: „dies Haus", so ist trotz der Identität des Gegenstandes, deren ich ganz wohl auch bewusst sein kann, und trotz der Identität der Aktqualität, etwa der urteilsmäßigen, eine Änderung vorgegangen, eine Änderung in der Weise der gegenständlichen Auffassung. Im zweiten Fall habe ich nicht bloß direkt hingewiesen, sondern den Gegenstand begrifflich, und zwar als ein Haus aufgefasst.

Verstehen wir nun unter Materie dasjenige Moment im Akte, dem er seine gegenständliche Richtung verdankt, so ist es doch evident, dass die Richtung auf den bestimmten Gegenstand nicht ein Moment ist und die Verschiedenheit der Auffassung des Gegenstandes, von der wir hier sprechen, ein davon unterschiedenes und gleichsam nebenliegendes zweites Moment. Vielmehr ist der Gegenstand immer und notwendig in bestimmter Weise aufgefasst, oder phänomenologisch gesprochen: Der Akt hat als Aktmaterie ein phänomenologisches Moment, vermöge dessen er sich auf eine so und so aufgefasste Gegenständlichkeit bezieht. Aber so geartet ist nun die Natur der Aktmaterien, dass phänomenologisch verschiedene unter ihnen

Einheit eines Identitätsbewusstseins begründen können, in dem dann eben zum Bewusstsein kommt, dass mit ihnen dieselbe Gegenständlichkeit, aber eine in verschiedener Weise aufgefasste, bewusst ist. Die Aktmaterie ist das Bewusstseinsmoment, vermöge dessen ein Gegenständliches in der und der Auffassung bewusst ist. Nicht erst ein Gegenständliches und dann in einem zweiten Moment eine Auffassung von ihm: Ein Gegenstand vor der Auffassung ist phänomenologisch ein Nichts. Die Auffassung vom Gegenstand gibt überhaupt erst den Gegenstand. Sie ist die Materie, und an den Differenzierungen der Materie liegt es, dass bei Verschiedenheit der Auffassung, der Materie, Einheit des Gegenstandes und ein andermal Verschiedenheit des Gegenstandes bewusst werden kann, und dies aufgrund eines übergreifenden, im Wesen dieser Differenzen gründenden Identitäts- oder Unterschiedsbewusstseins. Ist die Materie, ist der Auffassungssinn bestimmt, dann ist die gegenständliche Beziehung festgelegt. Aber andererseits kann bei Wechsel der Materie die gegenständliche Beziehung doch dieselbe sein: so immer bei bedeutungsverschiedenen, aber hinsichtlich des Gegenstandes identischen Namen.

Nehmen wir den Urteilsakt, der unserer Aussage, dass heute ein heißer Tag ist, die Bedeutung gibt. Wiederholen wir die Aussage oder vollziehen wir alle als verschiedene Personen die Aussage, so haben wir viele Akte, alle von derselben Qualität, aber auch von derselben Materie. Wir sehen: Alle aktuellen Aussagen von einer und derselben Bedeutung und ebenso alle nennenden Akte, in denen „derselbe Name in derselben Bedeutung gebraucht wird", haben dieselbe Materie. Ebenso haben aber auch verschieden qualifizierte Akte evtl. dieselbe Materie. Z.B. wer sich bloß vorstellt, dass ⟨es⟩ morgen regnen wird, wer urteilt: „Morgen wird es regnen", wer dasselbe vermutet, wer fragt: „Wird es morgen regnen?", wer in gleichem Sinn wünscht, hat immer wieder dieselbe Gegenständlichkeit in derselben Auffassung vor Augen, nur ist die Qualität der Akte überall eine verschiedene.

So viel zur Bestimmung der Begriffe Qualität und Materie. Die Materie macht einen höchst wichtigen Begriff vom Inhalt aus. Wenn man vom Vorstellungsinhalt, Urteilsinhalt, Wunschinhalt spricht, so kann darunter die Materie gemeint sein, z.B. wenn man sagt: Jeder Akt hat zwei Seiten, die Qualität, die ihn gattungsmäßig charakterisiert, und den Inhalt, der ihm die Bestimmtheit gibt, sich auf die oder jene Gegenständlichkeit zu richten.

Die Einheit dieser beiden Momente bestimmt ferner einen neuen wichtigen Begriff, nämlich „das intentionale Wesen" eines Aktes. Es wird sich herausstellen, dass die beiden unterschiedenen Momente nicht die einzigen sind, die an Akten unterschieden werden können; aber andererseits sind sie für jeden Akt beide durchaus wesentlich, und es ist wertvoll, einen Begriff zu haben, der die Einheit der beiden bezeichnet. Dieser Einheitsbegriff ist maßgebend auch in gewöhnlichen Reden; so, wenn wir von verschiedenen Menschen sagen, sie hätten alle dieselbe Vorstellung, dieselbe Wahrnehmung, Erinnerung, sie wären erfüllt von derselben Erwartung, von demselben Wunsch, sie fällten dasselbe Urteil, sie hegten dieselbe Hoffnung usw. Die mannigfaltigen Einzelakte, die unter dem Titel z.B. derselben Vorstellung, desselben Urteils befasst werden, sind nicht reell dieselben, aber sind im Wesen dieselben. Im Wesen: Qualität und Materie ist die gleiche.

⟨Brentanos Satz von der Vorstellungsgrundlage⟩

Unsere[1] Frage war die nach der Bedeutungsfunktion der Akte: Können alle Akte als bedeutungverleihende oder bedeutungerfüllende stehen? Vermutung: nur intellektive Akte. Abgrenzung der Gattung der intellektiven Akte. Wir unterschieden nun letzthin bei jedem Akte Qualität und Materie. Qualität: Urteil, Wunsch etc. Materie: das im Akte, was ihm gegenständliche Richtung verleiht.

Was ist das nun, dieses gegenständliche Richtung Verleihende? Darauf antwortet der brentanosche Satz: eine Vorstellung. Da müssen wir beachten, dass der Terminus Vorstellung vieldeutig ist.

1) Manche Autoren gebrauchen das Wort so weit, dass es unverkennbar ist, dass sie es mit Akt identifizieren, mögen sie nun den scharf umrissenen Begriff des Akt⟨es⟩ besitzen oder nicht.

2) Manche Autoren gebrauchen das Wort für jeden phänomenologisch nachweisbaren Inhalt, für jedes Datum, ja evtl. sogar, wo von unbewussten Vorstellungen die Rede ist, nicht nur für phänomenologisch nachweisbare, sondern auch für Inhalte überhaupt, die, mit den nachweisbaren gattungsmäßig verwandt gedacht, zur Einheit des individuellen Erlebniszusammenhangs gehörig angesehen werden können. Diese beiden Begriffe von Vorstellung kommen hier nicht in Frage. Die Vorstellung soll selbst ein Akt sein.

3) Vorstellung heißt oft so viel wie Phantasievorstellung und hat seinen ganzen Bezug in der Wahrnehmung. Vorstellung und Wahrnehmung: beides sind, wohl verstanden, Akte. Doch muss man scheiden. Halten wir uns in der Sphäre der sinnlichen Wahrnehmung, so müssen wir scheiden zwischen den sinnlichen Inhalten, so wie sie als phänomenologische Data gegeben sind, und dem Bewusstsein, in dem sie, als dieser oder jener physische Ge-

---

[1] *15. und 16. Stunde (8. Juli 1905).*

genstand aufgefasst, sozusagen objektiv gedeutet sind. Das Wahrnehmen, in dem uns der Gegenstand, der Baum, das Haus, gleichsam in eigener Person gegenübersteht, und ebenso das Phantasieren, in dem uns der Baum als bloß vergegenwärtigter vorschwebt, das sind Akte. Unter dem Titel Phantasievorstellung sind, da man die angedeutete Unterscheidung nicht beachtet oder nicht konsequent festhält, oft die bloßen sinnlichen Daten, oft aber auch die Phantasieakte, die Phantasiephänomene gemeint, die man natürlich auch nicht vermengen darf mit den Phantasiegegenständen.

Für uns könnte hier nur in Frage kommen der Begriff der Phantasievorstellung als des Aktphänomens, in dem sich die Beziehung auf ein Phantasieobjekt konstituiert.

Kann man in diesem Sinn nun sagen, jeder Akt, der nicht bloß Vorstellung sei, habe eine Vorstellung zur Grundlage? Nein. Das geht aus unserem Studium der Akte des Bedeutens hervor. Es gibt ein rein symbolisches Bedeuten; im Akte des Bedeutens beziehen wir uns auf eine Gegenständlichkeit, ohne dass diese durch eine Phantasieerscheinung vergegenwärtigt sein müsste, und mitunter ist die Möglichkeit einer solchen Vergegenwärtigung *a priori* ausgeschlossen. Zudem wird man auch bei anderen Aktarten auf entgegengesetzte Instanzen stoßen. Wer wird annehmen wollen, dass jeder Wahrnehmung die Phantasievorstellung des Wahrgenommenen zugrunde liege?

Was für Akte sollen also unter Vorstellungen gemeint sein, wenn wir mit Phantasievorstellungen nicht unser Auslangen finden? Jedenfalls doch Akte einer gewissen phänomenologisch sich abhebenden einheitlichen Klasse. Im Sinne des brentanoschen Satzes soll jeder Akt, der nicht zu dieser Klasse gehört, der keine „Vorstellung" ist, eine Vorstellung implizieren; diese habe die Funktion, ihm die Gegenständlichkeit vorstellig zu machen, auf welche der Akt „gerichtet" ist. Im Sinne des brentanoschen Satzes liegt also auch, dass jeder einfache Akt unter den Begriff „Vorstellung" fallen muss, während jeder Akt, der nicht Vorstellung ist, notwendig komplex wäre, nämlich immer eine Vorstellung implizieren würde. Dabei ist noch Folgendes zu bedenken. Von Einfachheit und Zusammengesetztheit können wir hier in verschieden⟨em⟩ Sinn sprechen. Überhaupt zusammengesetzt ist ein Akt als solcher, der eine Mehrheit von Akten in sich unterscheiden lässt. Andererseits gehört zum Wesen e i n e s Aktes, dass er auf e i n e Gegenständlichkeit gerichtet ist. Die Einheit des Aktes hat in der Einheit einer Gegenständlichkeit sein Korrelat. Das schließt nicht aus, dass in e i n e m Akte mehrere Gegenstände gemeint sind; aber soll es e i n Akt sein, so müssen die mehreren sich zusammenschließen zu einer einzigen Gegenständlichkeit, die eben diejenige ist, auf welche der Akt einheitlich genommen sich richtet. Das

Gefallen an dem Blütenflor in einem Garten bezieht sich in gewisser Weise mit auf jede einzelne der beteiligten Blüten, aber sie helfen, in der Einheit einer Wahrnehmung uns vor Augen stehend, einen einheitlichen intentionalen Gegenstand konstituieren: „Blütenflor in diesem Garten". Mindest in der losesten Form des Zusammen müssen die Gegenstände vereinheitlicht sein. Wenn der Vater sich in einem einheitlichen Akt der Freude über seine Kinder freut, so sind die Kinder einheitlich als Zusammen der Kinder vorstellig, und das Zusammen liefert hier die gegenständliche Vereinheitlichung, die natürlich nicht Einheit einer Dinglichkeit bedeutet.

Wie jeder Akt, so muss also auch ein zusammengesetzter Akt auf eine Gegenständlichkeit gerichtet sein. Wie eine zusammengesetzte Maschine eine Maschine ist, so ein zusammengesetzter Akt ein Akt, und ein Akt bezieht sich auf eine Gegenständlichkeit. Mit Beziehung auf die Einheit dieser Gegenständlichkeit muss nun im Sinne des brentanoschen Satzes die Komplikation bestehen: Die Beziehung auf diese Gegenständlichkeit muss der Akt verdanken einer einheitlichen Vorstellung, und erst mittels dieser Vorstellung gewinnt der Akt, wenn er nicht selbst Vorstellung ist, die Möglichkeit, sich auf sie zu richten. Auf die einheitliche Gegenständlichkeit richtet sich die Vorstellung einstufig, jeder andersartige Akt mehrstufig.

Diese zugrunde liegende Vorstellung und ebenso der darauf gebaute andersartige Akt kann dann noch andere Komplikationen enthalten. Die eventuell komplexe Gegenständlichkeit kann vorstellig sein in einem komplexen Vorstellungsakte, und die die einzelnen Gegenstände und ihre Beziehungen konstituierenden Elementarakte des Vorstellens können dann Träger sein von Elementarakten anderer Artung – eine Komplikation, die offenbar von anderem Charakter ist als diejenige, welche auf die Einheit der gesamten Gegenständlichkeit bezogen ist und die wir als Mehrstufigkeit bezeichneten. Jedenfalls ist aber auch klar, dass jeder selbständige und dabei einfache Akt *eo ipso* ein Akt des Vorstellens sein müsste ebenso gut wie jeder zusammengesetzte Akt, der aber auf seine Gegenständlichkeit in einstufiger Weise Beziehung hat (in dem sich also nicht mehrere Aktqualitäten unterscheiden lassen, die sich auf dieselbe einheitliche Gegenständlichkeit beziehen). Das gibt uns nun eine Direktion zur Prüfung des Gesetzes und zugleich zur Feststellung des Vorstellungsbegriffs, der in ihm maßgebend sein muss.

Nehmen wir das Beispiel jenes freudigen Stolzes, den der Vater im Anblick seiner ihn umringenden Kinderschar empfindet. In der Einheit der kollektiven Wahrnehmung steht ihm die Kinderschar gegenüber, und auf dieselbe Kinderschar, die durch die Wahrnehmung vorstellig ist, bezieht sich die Freude. Da hätten wir also zwei Akte unterschieden, auf dieselbe

Gesamtgegenständlichkeit bezogen. Die Freude setzt die zugrunde liegende „Vorstellung" voraus. Wir gestehen zu: Eine Freude ohne Vorstellung des Erfreuenden ist undenkbar. Hier ist das Vorstelligmachende die Wahrnehmung. Sie ist zusammengesetzt, sofern sie sich auf jedes Kind bezieht und der Beziehung auf jedes einzelne im Wahrnehmungsbewusstsein eine Komponente entspricht. Aber das Zusammen der Kinder, die Kinderschar, als einheitliche Gegenständlichkeit genommen, konstituiert sich erst in der Gesamtwahrnehmung, sie bezieht sich auf diese Gegenständlichkeit als ein einheitliches Bewusstsein.[1] Und darauf gründet sich als Zweites die Freude; sie überdeckt sozusagen die Vorstellungseinheit und lässt die gegenständliche Einheit als das Erfreuende erscheinen. Sie selbst fällt außerhalb des Vorstellungsbegriffs, weil sie notwendig fundiert ist. Dürfen wir die Wahrnehmung als einen einstufigen Akt schon nehmen – und[2] dafür spricht jedenfalls der Umstand, dass eine Zerfällung des Aktes in weitere Stufen phänomenologisch nicht möglich ist –, so wäre also die „Wahrnehmung" einer der Akte, die unter den Begriff der „Vorstellung" fallen. Nur e i n e r der Akte: Ich kann mich aufgrund einer Wahrnehmung, ebenso gut aber auch aufgrund einer Phantasievorstellung,[3] einer Erinnerung, einer Erwartung freuen. Wiederum kann die Freude sich konstituieren aufgrund einer symbolischen Vorstellung, einer symbolisch verstandenen und sinngemäß aufgenommenen Aussage, wie wenn z.B. eine Siegesnachricht das Gemüt in Bewegung setzt, ohne dass entsprechende Anschauung, sei es auch nur Phantasiebildlichkeit, die Sachlage anschaulich machte.

Die Freude exemplifiziert uns eine weite Sphäre von Akten. Natürlich gilt von der Trauer dasselbe wie von der Freude, vom Missfallen dasselbe wie vom Gefallen. Auch Wünschen, Begehren, Wollen gehören hierher. Ihre gegenständliche Beziehung verdanken sie immer und offenbar notwendig irgendwelchen „Vorstellungen". Fragen wir aber, was das für Akte sind, die als vorstellig machende fungieren, so sind es Wahrnehmungen, Erinnerungen, Phantasievorstellungen, Bildvorstellungen, aber auch Bedeutungsvorstellungen, und zwar solche, die mit „Anschauung" erfüllt sind, oder auch solche, die als rein symbolische Vorstellungen auftreten.

Das sind nun phänomenologisch sehr verschieden charakterisierte Akte, und doch fühlen wir eine gewisse Einheit der Zusammengehörigkeit, wir fühlen, dass es nicht eine bloße Äquivokation ist, wenn man diese Akte

---

[1] *Gestrichen* in einer einheitlichen Qualität.
[2] *Dieser in Parenthese gesetzte Satzteil wurde wohl 1906/07 gestrichen.*
[3] einer Phantasievorstellung *wurde wohl 1906/07 gestrichen.*

sämtlich unter dem Titel „Vorstellung" zusammenfasst und von ihrer Funktion spricht, eine Gegenständlichkeit zu konstituieren, Beziehung auf eine Gegenständlichkeit phänomenologisch herzustellen, welche dann anderen Aktintentionen Richtung zu geben vermag. Mit Rücksicht auf diese ihre Funktion habe ich, um den vielfachen und sehr beirrenden Äquivokationen des Terminus Vorstellung zu begegnen, für Vorstellung in dem hier fraglichen Sinn den Namen objektivierende Akte vorgeschlagen und in der V. und VI. Logischen Untersuchung Wege angegeben, auf welchen man sich der phänomenologischen Einheitlichkeit dieser Klasse versichern kann. Ich erwähne in Kürze Folgendes: Innerhalb der Klasse der objektivierenden Akte finden wir merkwürdige Verhältnisse von „Intention"[1] und Erfüllung der Intention. Paare von Akten, die ein solches Verhältnis fundieren, sind evidenterweise phänomenologisch verwandt, ihre Qualitäten gehören zu einer Qualitätsgattung. Z.B. eine symbolische Vorstellung vereint sich mit einer entsprechenden Phantasieanschauung; was bloß symbolisch gemeint war, steht nun selbst, in Form einer Phantasieanschauung, vor Augen. Die Phantasie kann dann aber in der Weise der Erfüllungssteigerung[2] übergehen in eine Wahrnehmung,[3] wiederum dieselbe Gegenständlichkeit, und im selben Sinn aufgefasst, steht nun in einem neuen, höheren Sinn selbst vor Augen; was bloß im Phantasiebild vorschwebt, ist wahrnehmungsmäßig selbst gegeben, und günstigenfalls genauso gegeben, wie es im Phantasieren gemeint war.[4] Das Erfüllungsbewusstsein hat hier den Charakter[5] des Identitätsbewusstseins. Das zeichnet die objektivierenden Akte aus. Auch Akte anderer Sphären können in Verhältnisse der Intention und Erfüllung eingespannt sein. Aber bei ihnen hat die Erfüllung nicht den Charakter der identifizierenden Erfüllung, obschon ein Identitätsbewusstsein vermöge der zugrunde liegenden Vorstellungen immer mit im Spiel ist.

Eine Vorstellung erfährt in der Erfüllung Veranschaulichung und evtl. Bekräftigung, Bewährung. Ein Wunsch aber erfährt in einem ganz anderen Sinn Erfüllung, und das erfüllende Phänomen, die Freude, ist keine Veranschaulichung. Die Wunschintention befriedigt sich und terminiert in dem Freudezustand als Zustand der aufgelösten Spannung. Diese befriedigende Erfüllung ist fundiert in einer Identifizierung. Nämlich das Wunschobjekt ver-

---

[1] *Einfügung wohl von 1906/07* Identifikation.

[2] in der Weise der Erfüllungssteigerung *wurde wohl 1906/07 gestrichen.*

[3] *Randbemerkung wohl von 1906/07* Ist das eine bloße Stufe weiter?

[4] *Wohl 1906/07 mit Fragezeichen versehen und Randbemerkung* Phantasie zu Wahrnehmung keine Erfüllungssteigerung!

[5] *Randbemerkung wohl von 1906/07* Den Charakter? Schließt ein!

wirklicht sich, was ich wünschte, tritt wirklich ein; und dies nicht nur in *rerum natura*, sondern für das Bewusstsein. Darin liegt aber ein Identitätserlebnis, das die fundierenden Vorstellungen in eins setzt. Aber die Identifizierung in der Verwirklichung ist nicht die Wunscherfüllung selbst, sondern fundiert sie nur. Ebenso verhält es sich bei der Erfüllung einer Willensintention, die Identifizierung voraussetzt, aber nicht bloß Identifizierung ist. Diese Andeutungen mögen genügen.[1]

Sie können Ihnen die Vorstellung erwecken, wie nicht nur durch direkte Vergleichung der Akte, die in allen mehrstufig übereinander gebauten Komplexionen die unterste Stufe bilden, sondern auch auf indirektem Wege durch Betrachtung der Erfüllungsverhältnisse, an denen alle Arten von Akt⟨en⟩ beteiligt sein können, sich herausstellt, dass wirklich ein einheitlicher Vorstellungsbegriff abgegrenzt werden kann: der Begriff des objektivierenden Aktes, der dem brentanoschen Satz einen höchst wichtigen Sinn gibt. Zu den Vorstellungen in diesem Sinn[2] gehören offenbar die bedeutungverleihenden Akte, und da alle anderen in Bedeutungsfunktion stehenden Akte mit ihnen in die Einheit identifizierender Erfüllung treten oder treten können, so ergibt sich, dass nur objektivierende Akte zur Bedeutungsfunktion befähigt und berufen sind, und dann aber auch alle objektivierenden Akte.

Wir sehen zugleich, dass entsprechend der in der Sphäre der Ausdrücke sich aufdrängenden Unterscheidung zwischen Bedeutungsintention und Erfüllung die Klasse der objektivierenden Akte eine fundamentale Scheidung aufweisen wird: die Scheidung in symbolische oder leere Objektivationen, die entweder selbst als Bedeutungsintentionen fungieren oder, außerhalb des Zusammenhangs mit Ausdrücken auftretend, doch phänomenologisch vom selben Charakter sind, und in intuitive Objektivationen, die in Bezug auf leere Objektivationen als intuitive Fülle beibringende fungieren können.

Wir wenden uns nun aber zu einem näheren Studium der objektivierenden Akte. Zu ihnen gehören die Urteile. Nur in der Einheit der umfassenden Gattung kann das Wesen des Urteils erforscht werden.

⟨Bloße Vorstellung und Urteil⟩

Es gibt keine phänomenologische Urteilstheorie für sich, es gibt nur eine umfassende Wesensanalyse der objektivierenden Akte und innerhalb derselben eine mitbeschlossene Urteilsanalyse.

---

[1] *Randbemerkung wohl von 1906/07* Nein. Das ist nicht richtig dargestellt.
[2] *Einfügung wohl von 1906/07* letztfundierender, einstufiger Akte.

Zwei fundamentale, miteinander sich kreuzende Gegensätze laufen durch die Gattung der objektivierenden Akte hindurch: Der eine ist der soeben erwähnte zwischen symbolischen und intuitiven Objektivierungen, der andere derjenige zwischen „bloßen Vorstellungen" und Urteilen (wobei freilich sowohl der Terminus Vorstellung als der des Urteils in einem noch zu bestimmenden Sinn zu verstehen ist). Dabei besteht die Eigentümlichkeit, dass zu jedem symbolischen Akt ein ihm entsprechender oder ein Bündel ihm entsprechender intuitiver Akte aufzuweisen ist derart, dass beiderseits dieselbe Gegenständlichkeit, und in völlig gleichem Sinn vorstellig ist. Und ebenso umgekehrt, zu jedem intuitiven Akt lässt sich ein derart genau entsprechender symbolischer aufweisen.

Wiederum entspricht jeder möglichen bloßen Vorstellung ein genau entsprechendes Urteil, das genau dasselbe für seiend hält, was die Vorstellung bloß vorstellt, und umgekehrt entspricht jedem Urteil eine genau entsprechende bloße Vorstellung. Mit diesen fundamentalen Gegensätzen und zugleich Parallelen verwickeln sich nun noch ganze Reihen von höchst wichtigen Unterschieden, deren Auseinanderhaltung dem analytischen Scharfsinn die größten Zumutungen macht. Im Zusammenhang damit stehen vielfältige Äquivokationen, die die Urteilstheorie bzw. die Analytik der objektivierenden Aktsphäre verwirren und selbstverständlich nur zur Abhebung kommen, wenn die phänomenologischen Unterschiede reinlich geklärt sind.

Brentano, welcher der modernen Behandlung der Urteilslehre neben Sigwart die größten Impulse gegeben, gründet seine Lehren auf den zweiten Gegensatz, den zwischen bloßer Vorstellung und Urteil. Entdeckt und für die Urteilslehre als fundamental erkannt hat diesen Gegensatz Hume; von diesem hat ihn Mill übernommen, der seinerseits auf Brentano gewirkt hat. Doch steht Brentano in seinen Darstellungen Hume sehr viel näher als Mill, obschon er den *Treatise* nicht gekannt hat. Eine Grundauffassung entfernt uns von ihm gleich zu Anfang. Die Gattung der objektivierenden Akte, die wir, ausgehend vom brentanoschen Satz, als die zuunterst fundierenden Akte bestimmt haben, umfasst nach Brentano nicht die Urteile; also ihm ist die Unterscheidung zwischen bloßen Vorstellungen und Urteilen nicht eine Scheidung innerhalb der objektivierenden Akte. Er klassifiziert vielmehr die sämtlichen Akte in bloße Vorstellungen, in Urteile und in Gemütsakte als die drei einander koordinierten Grundklassen. Danach sind ihm, wie die Wünsche, die Freuden, die Wollungen u.dgl., so auch die Urteile nicht einstufige, sondern mehrstufige Akte. Jedes Urteil hat nach ihm eine Vorstellungsgrundlage. Urteilen ist nach ihm Glauben oder Leugnen, Anerkennen oder Verwerfen. Wie jeder Akt, so bezieht sich auch ein Akt des Anerkennens auf eine anerkannte, ein Akt des Verwerfens auf eine verworfene Gegenständlichkeit. Sie wird im Akte konstituiert durch eine ihr zugrunde liegende Vorstellung, die als bloße Vorstellung auch für sich sein könnte. Fällt das Anerkennen fort, und tritt auch nicht an seine Stelle ein Verwerfen, so schwebt mir die Gegenständlichkeit bloß vor, ich habe dann rein für sich dieselbe Vorstellung; tritt andererseits urteilsmäßige Entscheidung ein, etwa Anerkennung, Zustimmung, so fundiert diese selbe Vorstellung einen neuen Aktcharakter, eben den des Glaubens etc.

Brentano scheidet in Zusammenhang damit zwischen Qualität und Materie des Urteils. Die Qualität ist der als Bejahung oder Verneinung differenzierte Aktcharakter des Urteils (es gibt also zwei Urteilsqualitäten), die Materie ist die zugrunde liegende Vorstellung, die bloße Vorstellung heißt, wenn sie nicht urteilsmäßig, aber auch nicht gefühlsmäßig, durch eine Qualität aus der Sphäre der Gemütsbewegungen qualifiziert ist oder qualifiziert gedacht wird. Die Materie kann eine einfache oder zusammengesetzte sein, also eine einfache oder zusammengesetzte Vorstellung kann zugrunde liegen. In der Einheit eines Urteils können aber auch mehrere Urteilsqualitäten auftreten; das Urteil als solches kann einfach oder zusammengesetzt sein. Im letzteren Fall sind nicht bloß verschiedene Vorstellungen, sondern verschiedene Urteile, also mehrere Vorstellungen mit eigenen Urteilsqualifizierungen zu unterscheiden. Ein einfaches Urteil aber hat nur eine Urteilsqualität, sich fundierend auf einer einheitlichen, wenn auch vielleicht komplexen Vorstellung.

Indem Brentano scharf hinblickt auf den Unterschied zwischen bloßer Vorstellung, in der noch nichts geglaubt, nichts anerkannt oder verworfen wird, und dem Urteil, dessen Wesen im Glauben besteht, bekämpft er eine langhin maßgebende Beschreibung des Urteils, die das Wesen desselben in eine Verknüpfung und Trennung von Vorstellungen setzt. Verknüpfung von Vorstellungen schafft wieder Vorstellungen und noch kein Urteil, noch keinen Glauben. Eng damit hängt ferner Brentanos Interpretation des Existentialsatzes zusammen. Da das Wesen des Urteils im Glauben aufgrund einer Materie liegt, so wird der normale Ausdruck des Urteils zwei Zeichen erfordern, ein Zeichen für das geglaubte Was, also für die Vorstellung, in der dieses Was gegenständlich wird, und ein zweites Zeichen für den anerkennenden oder verwerfenden Glauben, für das Spezifische des Urteils. Die normale Ausdrucksform ist demnach der Existentialsatz „A ist" oder „A ist nicht". A ist darin ein einfacher oder zusammengesetzter Name, denn der Name ist nach ihm das normale Zeichen, der normale Ausdruck einer Vorstellung. Es liegt nur an heterologischen Motiven, z.B. an ästhetischen, von denen die

Sprachbildung mitbeherrscht wird, dass wir uns mit dieser Ausdrucksform nicht begnügen. Aber dass sie die normale ist, zeigt sich darin, dass sich jedes ausgesprochene Urteil, jede Aussage ohne Änderung des Sinnes auf die Existentialform bringen lässt. Z.B. „Alle Menschen sind sterblich" = „Es gibt keinen unsterblichen Menschen" = „Kein unsterblicher Mensch ist"; „Einige Menschen sind gelehrt" = „Es gibt gelehrte Menschen"; „Kein Mensch ist sterblich" = „Ein unsterblicher Mensch ist nicht".

Späterhin hat sich Brentano darauf zurückgezogen, dass diese Lehre nur für einfache Urteile gelte und nur für sie gemeint gewesen sei (in der *Psychologie* war der Unterschied zwischen einfachen und zusammengesetzten Urteilen nicht berührt gewesen). Für zusammengesetzte Urteile reichen wir mit dem einfachen Existentialsatz, der nur e i n e Qualität zum Ausdruck bringt, nicht aus. Auf diese Lehre von den „Doppelurteilen" gehen wir hier nicht näher ein.[1]

An diesen Lehren, von denen ich als Schüler Brentanos ausgegangen bin, habe ich aus verschiedenen Gründen Anstoß nehmen müssen. Was mir nicht geringe Schwierigkeit machte, war die einerseits offenbar notwendige und andererseits offenbar bedenkliche Unterscheidung zwischen Qualität und Materie. Sie ist einerseits, sage ich, notwendig. Ein guter Sinn muss in ihr stecken, in einem gewissen guten Sinn können und müssen wir doch beim Urteil so wie bei allen Akten zwischen Qualität und Materie scheiden. Davon haben wir uns ja in der letzten Vorlesung überzeugt: Auf eine und dieselbe Gegenständlichkeit können sich verschiedenartige, sagen wir: verschieden qualifizierte Akte richten, Urteile, Wünsche, Wollungen usw. Und wieder können sich Akte derselben Art auf verschiedene Gegenständlichkeiten richten. Für die phänomenologische Betrachtung, so wie für die rein immanente Psychologie, ist die Richtung auf Gegenständlichkeit etwas, das im Akte selbst zum Austrag kommen muss. Im Akte selbst liegt das Bewusstsein vom Gegenständlichen, das Sich-auf-das-und-das-Gegenständliche-Beziehen ist etwas dem Akte selbst Immanentes. Bezeichnen wir dasjenige Moment des Aktes, das Richtung auf die betreffende Gegenständlichkeit gibt, als Materie, so stellt sich jeder Akt und damit auch jedes Urteil als Komplexion zwischen Qualität und Materie dar.[2] Dieselbe Materie kann sich mit verschiedenen Qualitäten komplizieren: Kompliziert sie sich mit einem Anerkannt, dann

---

[1] ⟨Vgl. Anton⟩ Marty, ⟨„Über subjektlose Sätze und das Verhältnis der Grammatik zu Logik und Psychologie. VI. Artikel", *Vierteljahrsschrift für wissenschaftliche Philosophie* 19 (1895), S.63ff.⟩; ⟨Franz Brentano, *Vom⟩ Ursprung sittlicher Erkenntnis* ⟨Leipzig 1889, S. 120, Anm.⟩.

[2] *Randbemerkung wohl von 1906/07* Komplexion klingt zu plump. Die komplizierten Teile sind nur abstraktive Momente.

bezieht sich das Anerkennen auf die Gegenständlichkeit; kompliziert sie sich mit einem Wünschen, dann ist die Gegenständlichkeit erwünscht usw. Da scheint alles in Ordnung und zunächst alles selbstverständlich zu sein.[1] Wird man darauf aufmerksam, dass bei Festhaltung der Qualität, sagen wir Urteil, und andererseits der Gegenständlichkeit noch ⟨etwas⟩ variieren kann, näm-lich dadurch, dass dieselbe Gegenständlichkeit in sehr verschiedener Weise bewusst sein kann, während sie immer als die geglaubte dasteht; wurden wir speziell darauf aufmerksam, dass es verschiedene Auffassungen einer und derselben Gegenständlichkeit gibt, die sich, sei es aufgrund unmittelbarer Evidenz, sei es in Hinblick auf den weiteren Erkenntniszusammenhang und auf dem Wege mittelbarer Erkenntnis, als dieselbe bekundet, so kann dem Rechnung getragen werden dadurch, dass, was als Materie dem Akte ein-zulegen ist und was ihm Richtung auf Gegenständlichkeit gibt, jeweils nicht bloß Richtung auf sie ist, sondern bestimmte Weise der Richtung auf sie ist, oder dass das dem Akte auf die Gegenständlichkeit Beziehung Verleihende ein Moment ist, das noch vielerlei Unterschiede in sich birgt, und darunter solche, welche synthetische Bewusstseinsgestalten fundieren, in denen sich Bewusstsein von derselben Gegenständlichkeit konstituiert unbeschadet der identisch festgehaltenen Qualität. So z.B. wenn wir das Urteilspaar nehmen „Es gibt gleichseitige Dreiecke", „Es gibt gleichwinklige Dreiecke". Und vielleicht gibt es verschiedene derartige Unterschiede, sozusagen in ver-schiedenen Dimensionen liegende. Hatten wie soeben im Auge logische Unterschiede, wie wir auch sagen können: den Umstand, dass dieselbe Gegenständlichkeit in verschiedenem Sinn aufgefasst sein kann, nämlich bald bestimmt, bald unbestimmt, bald durch die, bald durch jene Merkmale bestimmt u.dgl., so kreuzt sich doch damit der Unterschied zwischen symbo-lischer und intuitiver Weise der Beziehung auf die Gegenständlichkeit, und innerhalb der Sphäre der Intuition wiederum Unterschiede wie die zwischen Wahrnehmung, Abbildung, Phantasie. Derselbe Sachverhalt, und seinem Sinn nach derselbe, kann, während er immerfort geglaubter Sachverhalt ist, einmal rein symbolisch, einmal partiell intuitiv oder vollkommen intuitiv vorstellig sein; und wieder kann sich die Intuition vollziehen in Form einer Wahrnehmung oder Einbildung. Genau in demselben Sinn kann eine Gegen-ständlichkeit, die wahrgenommen ist, auch phantasiert sein. Sie kann in der Phantasie Zug für Zug, mit denselben Farben, Formen usw., vorstellig sein, als genau dieselbe, in derselben Weise bestimmte gemeint sein. Da sind also fundamental wichtige Unterschiede zur Abhebung zu bringen, die sämtlich

---

[1] *Einfügung wohl von 1906/07* Gar so einfach ist die Sache freilich nicht. Zunächst:

bei Festhaltung der Qualität möglich sind, also, wenn wir zunächst ganz formal Materie als Ergänzendes zu Qualität fassen, der Materie zuzurechnen wären.

Im Sinne Brentanos wären nun alle diese Unterschiede zu interpretieren als Unterschiede, die ursprünglich und wesentlich zu einer speziellen Aktklasse gehören, zu den bloßen Vorstellungen, und zu allen anderen nur dadurch, dass die Vorstellungen für alle anderen Akte die objektivierende Funktion haben. Damit konnten wir uns befreunden, auch wir haben ja objektivierende Akte angenommen und dem brentanoschen Satz von der Vorstellungsgrundlage zugestimmt. Und doch ergeben sich hier Schwierigkeiten in verschiedener Hinsicht. Fürs Erste ⟨liegen sie⟩ darin, dass wir die Klasse der objektivierenden Akte anders abgrenzen müssen. Wir rechnen zu ihnen und müssen m.E. zu ihnen rechnen alles, was Brentano als Urteile bezeichnet. Dahin rechnet er auch Wahrnehmungen und andererseits alle Urteile im Sinne der Logik. Fürs Zweite, darin finden wir Schwierigkeit, dass alle die genannten Unterschiede als Unterschiede der „Materie" den Unterschieden der Qualität gegenübergestellt werden sollen. Das Letztere ist ein diffiziler Punkt.

Was ich meine, wird in der folgenden Erörterung sofort klar werden. Die verschiedene Artung der Akte, ihre gattungsmäßigen Unterschiede bestimmen sich nicht durch die Beziehung auf Gegenständlichkeit, die ja überall die gleiche sein kann, und die gleiche im Sinne all der berührten Unterschiede, sondern durch das, was wir Qualitäten nannten: Was die Vorstellung als solche vom Urteil als solchem, was diese vom Wunsch oder Willen als solchem unterscheidet, gleichgültig worauf sie sich richten, ob auf dasselbe oder Verschiedenes, das ist Vorstellungsqualität, Urteilsqualität usw. (Wir haben hier unter den Beispielen die Vorstellung mitgenannt. Da steht es.) Da jeder Akt von jeder Art Beziehung auf Gegenständlichkeit wesentlich impliziert und da diese Beziehung innerhalb jeder Artung variieren kann, so haben wir also bei jedem Akt den Unterschied von Qualität und Materie zu machen, also ihn auch bei Akten des Vorstellens zu machen, wie immer wir den Umfang dieser Gattung nachher abgrenzen mögen. Wie steht es nun mit der Interpretation der Materie als eines fundierenden Aktes der Vorstellung? Jeder andere Akt beziehe sich auf seine Gegenständlichkeit aufgrund einer unterliegenden Vorstellung. Zugestanden. Aber in dieser zuunterst liegende⟨n⟩ Vorstellung ist doch abermals zu scheiden zwischen Qualität und Materie. Qualifiziert ist sie als Vorstellung, und Materie ist es, was ihr Beziehung auf Gegenständlichkeit gibt. Und das kann hier doch nicht wieder ein Akt der Vorstellung sein. Das gäbe ja einen unendlichen Regress.

Oder soll man sagen, hier sei der Unterschied eben nicht zu machen? Also Unterschiede der Materie seien nichts anderes als Unterschiede der Qualität Vorstellen? Da hätten wir also eine gar zu sonderliche Sachlage: Alles soll auf bloße qualitative Unterschiede reduziert werden. Aber da wird die Differenzierung der Akte nach der Gegenständlichkeit mysteriös. Wenn ich vom Wunsch eines A zum Wunsch eines B übergehe, so ändert sich etwas; die Wunschqualität bleibt dieselbe. Sie differenziert sich nicht im eigentlichen Sinn, sie ist nur fundiert in einer anderen Vorstellung. Die Qualität ändert sich, wenn Wunsch in Wille übergeht. Das ist analog mit dem Wechsel zweier sinnlicher Qualitäten, wie Rot und Blau. Wie aber, wenn eine Vorstellung A in eine Vorstellung B übergeht? Ist hier nicht genauso wie vorhin die Qualität der Vorstellung ungeändert geblieben, ist nicht auch hier der Wechsel der gegenständlichen Beziehung etwas, das nicht die Qualität selbst differenziert, vielmehr einem mitverknüpften Moment verdankt wird? Ja muss es sich nicht beiderseits ganz gleich verhalten? Also werden wir dahin gedrängt, bei den Vorstellungen zwei wesentlich verschiedene Momente zu unterscheiden: eine Vorstellungsqualität, die durch gattungsmäßige Gemeinsamkeit mit Urteilsqualität, Wunschqualität etc. verbunden ist – Vorstellung wäre eine Art oder Differenz der Gattung Akt, so wie Rot eine Differenz der Gattung Farbe ist –, und fürs Zweite eine Vorstellungsmaterie; und diesem Moment der Materie wären also die vorhin charakterisierten Unterschiede einzulegen. Die Materie der Akte wäre also nicht ein Vorstellungsakt, sondern ein unselbständiges Moment, das nur verschieden qualifiziert ist. Bei dieser Sachlage wird man sogleich fragen, ob denn die ganze Lehre von der Vorstellungsgrundlage ein Missverständnis ist. Der Ursprung des brentanoschen Satzes war doch die Erwägung, dass jeder Akt eines immanenten Zuges bedarf, in dem ihm die Gegenständlichkeit vorstellig wird. Und die Gemeinsamkeit dieses Momentes macht phänomenologisch die Beziehung auf dieselbe Gegenständlichkeit. Aber muss dieses Moment ein Akt des Vorstellens sein? Und wenn die letzte Analyse zeigt, dass sich das gar nicht zu Ende denken lässt, dann scheint es, als ob wir nun den brentanoschen Satz aufgeben müssten, wonach jeder Akt, der nicht selbst Vorstellung ist, komplex wäre.

Warum[1] soll nicht jeder beliebig qualifizierte Akt eine direkte Verbindung von Qualität und Materie sein? Ich selbst habe diesem Gedankengang folgend versucht, die Phänomene in der einfacheren Weise zu interpretieren. Aber schließlich ging es doch nicht. Es lehrt die Analyse der Gemütsphänomene, dass hier die Beziehung auf Gegenständlichkeit sich oft

---

[1] *17. und 18. Stunde (15. Juli 1905).*

in der mittelbaren Weise vollzieht: Der Freude liegt ein Vorstellungsakt, eine
Vorstellung vom Erfreulichen zugrunde; ebenso bei Wunsch, Wille. Und es
scheint wirklich, dass dies von der ganzen Klasse gilt. Das ist ein Punkt,
der freilich immer wieder nachgeprüft werden muss. Hier ist es nicht unsere
Aufgabe, in diese Forschungsrichtung einzumünden.

Dagegen steht im Brennpunkt des Interesses die Sachlage in der Sphäre
des Urteils. Gehört das Urteil zu den Akten, denen es wesentlich ist, dass sie
mehrstufig sind? Bedürfen sie notwendig eines unterliegenden Vorstellungs-
aktes? Sind sie keine schlichten Verbindungen von Qualität und Materie –
wobei jetzt unter Materie ein wie immer näher zu analysierendes Moment zu
verstehen ist, das aber kein Akt der Vorstellung ist? Ist die Konstitution UMg
oder U ∩ VMg? Lässt sich im Sinne der letzteren Formel von jedem Urteil
ein Bestandteil abfällen VMg als ein selbständiges konkretes Phänomen?

Da kommt natürlich in Frage, was für Phänomene Brentano unter Urteil
und welche unter diesen abgelösten bloßen Vorstellungen im Auge hat. Das
Urteil ist für ihn, ganz im Sinne der humeschen Analysen des *Treatise*,
charakterisiert durch den *belief*, die Eigenheit der Erscheinung einer Gegenständlichkeit im Glauben, im Bewusstsein des Seins oder Nichtseins, z.B.
der Wirklichkeit oder Unwirklichkeit. Die bloße Vorstellung anderers⟨eits⟩
ist das Bewusstsein, in dem mir eine Gegenständlichkeit vor Augen steht,
erscheint, in irgendeinem Sinn vorstellig ist, aber so, dass sie nicht als seiend
oder nichtseiend charakterisiert ist. Sie schwebt mir etwa in der Phantasie
vor, aber ich fälle keine Entscheidung darüber, ob sie ist oder nicht ist. Eine
Wahrnehmung ist nach Brentano ein Urteil. In der Wahrnehmung erscheint
der Gegenstand nicht nur, er steht auch als Wirklichkeit da. Ebenso in der
Erinnerung: Da stellen wir das Gewesensein nicht nur vor, wir glauben
auch, dass das Vergangene gewesen und von uns früher wahrgenommen
ist. Es handelt sich also nicht um den Gegensatz zwischen Wahrnehmungserscheinung ⟨und⟩ Phantasieerscheinung. Man muss beiderseits sondern bloße
Wahrnehmungsvorstellung und Wahrnehmungsurteil (hier verstanden als
Wahrnehmung im gewöhnlichen Sinn) und Phantasievorstellung und Phan-
tasieurteil (etwa Erinnerungsurteil).

Ebenso ist ein Urteil der Akt des Aussagens. Ich spreche das Urteil aus,
ich gebe damit der Überzeugung Ausdruck. Der Überzeugungscharakter ist
der spezifische Urteilscharakter. Höre ich aber die Aussage des anderen, sie
verstehend, aber ohne jede Entscheidung in Anerkennung oder Verwerfung,
in ihrem Sinn lebend, ohne selbst gleichsinnig zu urteilen, dann habe ich eine
bloße Vorstellung. Tritt dann Zustimmung ein, billige ich, was der andere
sagt, so gesellt sich nun zu der bloßen Vorstellung das eigentliche Urteil hinzu;

die Billigungsqualität tritt auf und bezieht sich auf die durch die Vorstellung bereitgehaltene Sachlage: Ich setze sie als seiend an. Gerade Phänomene letzterer Art scheinen sehr zugunsten der brentanoschen und auch von vielen anderen Forschern, wie Bergmann, angenommenen Auffassung zu sprechen. Indessen, eine genauere Analyse und eine strengere Innehaltung der Linie der Deskription führt zu einer anderen Überzeugung.

Nehmen wir zunächst einfachere Phänomene, etwa das Phänomen der Wahrnehmung. Sollte die Wahrnehmung sich wirklich zerfällen lassen in ein *belief* und in eine Vorstellung, die identisch, so wie sie das *belief*-Moment in der Wahrnehmung fundiert, als Akt für sich auftreten könnte? Stellt man Wahrnehmung eines Hauses gegenüber einer bloßen Phantasie von diesem Haus; sagt man: Was ich hier wahrnehme, kann genauso, wie ich es wahrnehme, in einer freien Phantasie auftreten, ohne das leiseste Seinsbewusstsein – prinzipiell ist es doch möglich –, so werden wir diese Möglichkeit nicht leugnen, nur werden wir sagen: Die Wahrnehmung selbst ist doch nicht diese Phantasie plus dem *belief*, sonst wäre sie nicht unterschieden von einem Erinnerungsbewusstsein des Hauses oder einem Seinsbewusstsein, das sich innerhalb der Phantasie selbst einstellen kann. Weist man dann aber hin auf die Fälle, in denen der Zweifel kommt, ob uns die Wahrnehmung täuscht, und wir, schwankend, ob sie sei oder nicht sei oder ob das Erscheinende dies oder jenes sei, uns weder für das eine noch für das andere entscheiden, so werden wir sagen: Dieses Schwanken zwischen Sein und Nichtsein, dieser Übergang von der Neigung zur Annahme, es sei, zur Annahme, es sei nicht, das sind Übergänge von Akten zu Akten, evtl. von Qualitäten zu Qualitäten, und zugleich Übergänge von Materien zu anderen Materien. Aber das, was da unter dem Titel bloßes Vorstellen auftritt, ist doch nicht etwas, das sich in der aktuellen Wahrnehmung als Teil vorfinden ließe. Nun könnte man aber fortführen: Dieses Schwanken terminiere vielleicht in einem Zustand völliger Urteilsenthaltung, nun stehe der Gegenstand vor Augen, aber sei gar nicht als seiend oder nichtseiend gesetzt. Bekehren wir uns aber plötzlich zur Überzeugung, es sei doch eine normale Wahrnehmung, dann hätten wir dasselbe Phänomen, nur mit dem Plus der Überzeugung. Dagegen würden wir sagen: Dies Bewusstsein der Neutralität, des Dahingestelltseinlassens, in dem die Tendenzen zum Glauben und zur Leugnung sich die Waage halten, ist ein eigenes Bewusstsein. Es wird darin nicht geglaubt. Aber[1] stattdessen ist das Bewusstsein

---

[1] *Dieser Satz ist Veränderung für* In gewissem Sinn ist es sicher ein „bloßes" Vorstellen; das „bloßes" drückt hier aus, dass die Entscheidung mangle.

anders qualifiziert. Übrigens: Betrachten wir nun die normale Wahrnehmung. Der Gegenstand steht hier vor Augen, er ist da und gibt sich als
seiender. Finden wir in diesem Seinsbewusstsein die leiseste Spaltung, eine
Doppelheit, finden wir darin als Komponente jenes Dahingestelltseinlas-
sen, ein neutrales Bewusstsein, ein bloßes Vorstellen, und dazu nun den
Glauben?

Genauso verhält es sich, wenn wir den Akt des normalen Aussagens
nehmen und ihn vergleichen mit einem Akt, in dem wir verstehen, aber
nicht selbst urteilen. Ganz in die Sache vertieft, lassen wir sie auf uns wirken,
aber wir urteilen noch nicht. Im nächsten Moment ist mit einem Mal das
Urteil da; wir sind überzeugt. Ist das neutrale Bewusstsein eine Komponente
des Überzeugungsbewusstseins? Ich kann das nicht finden. Ich finde, dass
jedes Bewusstsein hier und dort seinen qualitativen Charakter hat und dass
die Qualitäten sich ablösen, ja dass sie miteinander unverträglich sind. Ich
kann nicht zugleich mich neutral verhalten und urteilen, ich kann nicht zugleich unentschieden und entschieden sein. Unentschiedensein ist selbst ein
positives Bewusstsein, es ist nicht bloß Privation des Entschiedenseins; aber
es schließt sich mit dem Entschiedensein aus, so wie sich zwei Qualitäten,
welche Differenzen einer einzigen, wesentlich einheitlichen Gattung sind,
ausschließen. So wie also Rot und Blau aufgrund derselben Ausdehnung sich
ausschließen, so schließen sich Entschiedenheit aufgrund einer Materie und
Unentschiedenheit aufgrund derselben Materie aus. Und in diesem Umstand
sehe ich das Hauptargument dafür, dass die Qualität des *belief* und die des
so genannten bloßen Vorstellens gleichgeordnete Qualitäten e i n e r Gattung
sind: der Gattung objektivierender Akt.

Doch vielleicht findet man unsere Analyse hier zu summarisch. Wenn
wir zunächst bloß vorstellen, ohne uns im Geringsten urteilsmäßig entschieden zu haben, und dann die urteilsmäßige Entscheidung vollziehen,
das bloß Vorgestellte nachträglich anerkennend oder verwerfend: ist es da
nicht offenbar, dass ein neuer Akt zur bloßen Vorstellung hinzutritt? Zuerst
hatten wir bloß vorgestellt, dann stellen wir nicht bloß vor, wir stimmen
auch zu oder verwerfen das Vorgestellte. Jemand sagt aus: Ich verstehe
ihn, aber ich urteile nicht. Dann leuchtet mir plötzlich die Sache ein, und
nun verstehe ich nicht bloß, sondern ich erkenne zugleich an. In der Tat,
dies Beispiel hat etwas Verführerisches. Es wäre sonst nicht erklärlich, wie
so scharfsinnige Logiker gleich Brentano und Bergmann dazu gekommen
wären, Vorstellungen und Urteile gleichen „Inhalts" in der beschriebenen
Weise in Beziehung zu setzen: das Urteil, die Vorstellung in sich schließend
und nur eine neue Qualität, die der Anerkennung oder Verwerfung, bei-

bringend. Hauptsächlich infolge dieses Arguments haben diese Logiker ihre Auffassung für zu selbstverständlich gehalten, um sie einer näheren Prüfung zu unterziehen.

Wir unsererseits leugnen selbstverständlich nicht, dass die Entscheidung etwas Neues darstellt gegenüber der bloßen Vorstellung, und in gewissem Sinn auch ein Mehr: Wir urteilen, wir stellen nicht bloß vor. Was wir bestreiten, ist, dass dieses Mehr in quantitativem Sinn zu nehmen ist, als ⟨ob⟩ der frühere Zustand der bloßen Vorstellung erhalten bliebe und nur eine Urteilsqualität hinzuträte. Das „bloß" drückt einen Mangel aus, das „mehr", das aufseite⟨n⟩ des Urteils liegt, drückt einen Vorzug aus; aber damit ist nicht gesagt, dass der Vorzug durch Hinzutritt der Urteilsqualität zum konkreten Bestand der unverändert bleibenden „bloßen Vorstellung" erzeugt werde. So stellen wir ja auch bloße Meinung und Einsicht, bloße Phantasievorstellung oder Bildvorstellung und Wahrnehmung einander gegenüber. Niemand wird aber annehmen wollen, dass die bloße verworrene Meinung ein reelles Stück in der Einsicht sei oder die Phantasievorstellung ein Stück der Wahrnehmung. Mit Beziehung auf unsere Erkenntnisinteressen liegt aufseiten der Wahrnehmung, der Einsicht ein Vorzug, und darum sprechen wir auf der anderen Seite von einer Blöße. Ebenso geht unser Absehen in den Fällen, auf die hier rekurriert wird, auf urteilsmäßige Entscheidung; uns den Sachverhalt bloß vorschweben lassen, die Aussagen des Redners oder des Buches, das wir studieren, bloß verstehen, das genügt uns nicht. Wir wollen wissen, wie die Sachen sind, wir wollen urteilen. Wir können nur nicht gleich. Wir zweifeln, wir fragen, wir erwägen Gründe für und wider. Bei all dem heißt es, obschon es sich hier um sehr verschiedene Phänomene handelt: Wir stellten die Sachen bloß vor. Tritt dann das Urteil ein, so erfüllt es unser auf Urteilen gerichtetes Absehen, wir sind befriedigt, der Zweifel hat sich gelöst, die Blöße ist beseitigt. In diesen Fällen der Zustimmung zu dem proponierten Urteil oder zur Anerkennung des Bestands des von ihm als seiend hingestellten Sachverhalts hat, genau besehen, das resultierende Urteil gar nicht den Charakter eines mit der bloßen Vorstellung gleichstimmigen Urteils, eines Urteils von demselben Inhalt. Wir zweifelten und erwogen, ob S P sei. Wir stellten „S sei P" vor. Das Ergebnis ist schließlich nicht das schlichte Urteil „S ist P", sondern das anerkennende Urteil „Es ist wirklich so", „Dass S P ist, ist wahr", und im entgegengesetzten Fall nicht das schlichte Urteil „S ist nicht P", sondern: „Dass S P ist, dem ist nicht so." Oder, auf das Urteil des Aussagenden bezogen: „Das Urteil des Redners ist falsch, es verfehlt die Wahrheit." Nun ist klar: Dem schlichten Urteil „S ist P" steht gegenüber die bloße Vorstellung „S ist P", dem an-

erkennenden Urteil „Es ist wirklich so, dass S P ist" steht gegenüber die
bloße Vorstellung „Es ist wirklich so, dass S P ist". Denn auch das, was dies
neue Urteil behauptet, kann genauso, wie es behauptet ist, bloß vorgestellt
werden.

Das hat Bergmann völlig übersehen, da er dem Unterschied zwischen bloßer Vorstellung und Urteil unterschob den Unterschied seiner so genannten
bloßen Prädizierungen „S ist P" und der eigentlichen Urteile, die anerkennend oder verwerfend sind, also die Form haben „Es ist wahr (wirklich
so), dass S P ist" und „Es ist falsch, ⟨dass S P ist⟩".* Offenbar würden wir,
wenn jedes volle Urteil anerkennend oder verwerfend in diesem Sinn sein
müsste, zu einem unendlichen Regress kommen. Denn konsequenterweise
müsste, wie jedes, so auch das anerkennende Urteil eine Anerkennung der
ihm zugrunde liegenden bloßen Vorstellung darstellen, also der Vorstellung
„Dass S P ist, ist wahr" usw. Anerkennende und verwerfende Urteile sind
nach unserer Auffassung Urteile von besonderer Konstitution. Nicht gehört
zum Wesen des Urteilens überhaupt, dass es entweder anerkennt oder ver-
wirft; sondern anerkennende Urteile sind bestätigende Urteile, sie bestätigen
eine Annahme, eine Hypothese, eine Vermutung, oder sie beantworten eine
Frage, sie entscheiden einen Zweifel. Sie haben die Form „Die Voraussetzung
trifft zu", „Die Vermutung ist richtig", „Das proponierte Urteil stimmt",
„Der Vorstellung, dass S P ist, entspricht Wahrheit" oder, äquivalent damit:
„Der Sachverhalt, S ist P, besteht wirklich."

In evidenter logischer Äquivalenz können wir jedes schlichte Urteil des
Inhalts „S ist P" ersetzen durch das Urteil „Es ist wahr, dass S P ist" oder
durch die Aussage „Das Urteil, dass S P ist, ist richtig". Aber nicht minder
evident ist, dass hiermit der ursprüngliche schlichte Urteilsgedanke geändert
ist. Man darf Äquivalenz mit Identität nicht verwechseln. „S ist P", „Es ist
wahr, dass S P ist", „Es ist wahr, dass es wahr ist, dass S P ist" usw., das sind
triviale Äquivalenzen, aber von evident verschiedenem Gedankengehalt. Im
schlichten Urteil kommt nicht *explicite* der Gedanke der Wahrheit vor. Im
schlichten Urteil der Form „S ist P" ist S das Subjekt, von ihm ist das P-sein
ausgesagt. In dem anerkennenden Urteil ist das Subjekt durch die Satzform
ausgedrückt „dass S P ist", und das Prädikat ist jetzt „wahr". Also aus
den Anerkennungen und Verwerfungen können wir kein Motiv entnehmen,
um jedes Urteil als Komplexion zwischen einem Akt bloßer Vorstellung zu
fassen, welche den beurteilten Sachverhalt eben vorstellig macht, und einem

---

* Julius Bergmann, *Die Grundprobleme der Logik*. Zweite, völlig neue Bearbeitung, Berlin
1895, § 15, 4.

Moment der Anerkennung oder Verwerfung, wodurch erst das Vorgestellte zum Beurteilten wird. Es gibt Akte bloßen Vorstellens; sie haben nach unserer Auffassung eigene Qualitäten, die sie von den Urteilen unterscheiden. Aber die Urteile enthalten nicht zugleich mehrere Qualitäten, nämlich nicht ist der geurteilte Sachverhalt, der geglaubte, vorgestellt im Sinne eines bloßen Vorstellens und ist mit der Vorstellungsqualität noch eine Urteilsqualität verknüpft. Natürlich leugnen wir nicht, dass, wie jeder Akt, so auch der Urteilsakt eine Materie hat, die ihm den Sachverhalt, die Gegenständlichkeit, die er in der Weise des Glaubens setzt, vorstellig macht. Aber wir erinnern uns, dass auch die Vorstellung ihre Qualität und ihre Materie hat. Also auch der Akt des Vorstellens hat einen Charakter, der ihn als Vorstellen charakterisiert, und hat ein Moment, das es macht, dass das Vorstellen Vorstellen gerade von dem und dem, in der und der Weise Vorgestellten ist. Also auch das Vorstellen bedarf eines Moments, das ihm seine Gegenständlichkeit vorstellig macht. Wir werden also darauf aufmerksam, dass der Begriff Vorstellung eine Mehrdeutigkeit zeigt. Das, was Beziehung auf eine Gegenständlichkeit herstellt, ist in der Vorstellung nicht eine Aktqualität, sondern etwas, was selbst gar kein Akt ist: eine Aktmaterie. Materie ist hier nicht wieder ein Akt, sondern ein Aktmoment. Genauso wie die bloßen Vorstellungen, so enthalten nun auch die Urteile neben der Urteilsqualität ein Moment, das ihnen die Gegenständlichkeit vorstellig macht, aber nicht einen Akt bloßen Vorstellens. Und nun kann natürlich dieselbe Materie in dem jetzigen Sinn, der keinen vollen Akt meint, der nichts von Aktqualität impliziert, einmal einer bloßen Vorstellung zugehören und einmal einem Urteil. Ich stelle einmal bloß vor „S ist P", die Sachlage schwebt nur vor – wie wenn ich frei phantasiere – ohne jedes Nichtigkeitsbewusstsein, den Erscheinungen und der Auffassung ihrer Beziehungen hingegeben. Genau derselbe Sachverhalt, in genau gleicher Weise vorstellig, kann aber geglaubt sein. Nicht dass ich von ihm aussage, dass ich ihn glaube, sondern einfach: „S ist P!" Beiderseits hätten wir dann dieselbe Materie, aber beiderseits hätten wir in Beziehung auf diese Materie und die durch sie vorstellig gemachte Gegenständlichkeit eine einfache Qualität: einmal V(M), das andere Mal U(M).

⟨Der Begriff der Urteilsmaterie⟩

Der Begriff der Materie hat sich gegenüber unserem früheren Ansatz offenbar wesentlich geändert. Im Sinne des Satzes von der Vorstellungsgrundlage interpretierten wir zunächst: Jeder Akt hat eine Materie, d.h. in ihm ist ein Vorstellen gegeben, das ihm seine Gegenständlichkeit in der und der Weise vorstellig macht. Jetzt aber, da wir erkennen, dass unter dem Titel Vorstellen, d.i. als letztfundierende und die Gesamtgegenständlichkeit umspannende Akte, solche von verschiedener Qualität fungieren können, bloße Vorstellungen, aber auch Urteile, scheidet sich uns wieder Qualität und Materie, wobei Materie nicht mehr ein voller Akt ist. Das Vorstelligmachende in allen Akten sind wieder Materien in dem jetzigen Sinn. Das Eigentümliche ist nur dies, dass es Klassen von Akten gibt, die zu ihren Materien sozusagen mittelbar kommen, nämlich die Materien sind erst mit objektivierenden Qualitäten verbunden, und darin fundieren weitere Qualitäten, wie Freude, Wunsch, Wille.

Natürlich können uns jetzt so scheinbare Argumente wie das folgende nichts mehr anhaben: Ein Akt kann sich auf eine Gegenständlichkeit nur beziehen, die in und mit ihm vorstellig ist; fehlt uns jede Vorstellung von der Gegenständlichkeit, dann können wir keinen Akt vollziehen, dieser fände nichts, worauf er sich beziehen könnte. Und wie soll sich einmal dieser und einmal jener Akt voll bewusst auf dieselbe Gegenständlichkeit beziehen, wenn nicht eine Vorstellung da ist, die bei Wechsel der Akte verbleibt?

Natürlich ist das richtig, wenn wir unter Vorstellung eben das Moment der Materie verstehen. Dass das Vorstelligmachende ein eigener Akt ist, der überall, wo dieselbe Gegenständlichkeit „in derselben Weise bewusst ist", identisch vermittelt, das ist nicht gesagt.

Für die Phänomenologie der Urteile und der ihnen nächstverwandten Akte (wir haben die gesamte Gruppe als objektivierende oder intellektive Akte gefasst) ist es von allergrößter Wichtigkeit, Qualität und Materie richtig auseinander zu halten, also der Qualität zu geben, was der Qualität, der Materie, was der Materie ist. Wie groß die Neigung ist, was Sache der Materie ist, in die Qualität überzunehmen, zeigte schon unsere Kritik der bergmannschen Lehren, womit auch verwandte Bestandstücke der brentanoschen betroffen sind. Ein Urteil „Es ist wahr, dass S P ist" ist Urteil durch den Charakter des Glaubens, mit dem diese Aussage, wenn sie eine normale Aussage ist, behaftet ist. Die entsprechende bloße Vorstellung, wie sie jemand hat, der diese Aussage hört und doch nicht im Glauben übernimmt, hat einen anderen Charakter; eben dasselbe, was da geurteilt ist, ist in der Weise des bloßen Vorschwebens, des Hingestelltseins, aber nicht Geglaubtseins charakterisiert. Das beiderseits Gemeinsame (wir nehmen im Übrigen eine wirklich genaue Gleichheit an in allem, nur nicht in den Qualitäten), das ist die Materie im jetzigen Sinn, und zu ihr gehört natürlich das phänomenologische Moment, das mit dem Lautgebilde „wahr" verknüpft ist. Dies gehört also nicht zur Qualität, drückt sie nicht aus. Alles, was mit den Worten zum Ausdruck kommt, hat Beziehung auf die Gegenständlichkeit, auf den ausgesagten Sachverhalt, und konstituiert sich also in dem, was wir Materie nennen.

Von großer Bedeutung ist nun die Absonderung eines neuen engeren Begriffs von Materie, der uns auf die verschiedene phänomenologische Konstitution der Materie im letzterörterten Sinn aufmerksam macht. Sofern das, was wir zuletzt Materie nannten, das Vorstelligmachende ist, bildet sie den einen Sinn des Terminus Vorstellung. Aber eben vermöge seiner Vieldeutigkeit können wir den Terminus nicht gut verwenden, wir werden dafür sagen Repräsentation.[1]

Die Repräsentation ist also nichts für sich, sie tritt uns entgegen entweder in Form einer *belief*-Qualifizierung oder in Form bloßer Vorstellung. Die repräsentierte Gegenständlichkeit steht in der Weise des Glaubens da, oder sie schwebt bloß vor.

Innerhalb der Repräsentation finden wir nun noch merkwürdige, schon einmal berührte Unterschiede. In ihr wird eine Gegenständlichkeit vorstellig, und in verschiedenen Repräsentationen im Allgemeinen, aber nicht immer, verschiedene Gegenständlichkeiten. Beschränken wir uns auf Repräsentationen, die sämtlich dieselbe Gegenständlichkeit vorstellen, so wird in einer jeden diese Gegenständlichkeit in bestimmter Weise repräsentiert. „Weisen der Repräsentation" kann aber Verschiedenes meinen. Einmal können wir von zwei Repräsentationen in dem Sinn sagen, dass sie dieselbe Gegenständlichkeit in derselben Weise repräsentieren, die exemplifiziert wird durch tautologische Ausdrücke. Ich stelle die Zahl 3 und noch einmal die Zahl 3 vor, „die Gleichungen fünften Grades" und noch einmal „die Gleichungen

---

[1] *Einfügung wohl von 1908* = (Materie). *Überdies wurde, ebenfalls wohl 1908, ein Blatt mit folgendem Text beigefügt* „Materie" oder „Repräsentation". Das Gemeinsame von Wahrnehmung A und Phantasie A, von Urteil U und propositionaler Vorstellung U etc., das „Gemeinsame" in phänomenologischem Sinn. Nun heißt es: Qualität und Materie bestimmen den Akt. Aber die Qualität verhält sich zu dieser Materie nicht, wie Qualität sonst sich zu dem verhält, was so qualifiziert ist. Und so bedarf es einer völlig neuen Terminologie. Die Qualität: das ist hier der Unterschied zwischen Urteil und bloßer Vorstellung. Und das ist nichts anderes als der des Unmodifizierten und Modifizierten bei derselben Gattung. Qualitative Unterschiede sind die Unterschiede zwischen Urteil, Wunsch etc., und innerhalb des Urteils die der verschiedenartigen Urteile.

Es ist kein qualitativer Unterschied der zwischen dem bloßen Denken „2 × 2 ist 4" und dem Glauben „2 × 2 ist 4". Die Qualität, oder sagen wir lieber Gattung, Art bis letzte Differenz sind identisch. Der Unterschied ist nur der zwischen Impression und Modifikation, der durch alle möglichen Gattungen und Arten hindurchgeht. Und man kann eigentlich nicht von Gemeinsamkeit im gewöhnlichen Sinn sprechen, als gemeinsame Eigenschaft. Alle Eigenschaften sind „gleich". Alles wiederholt sich in der „Idee", was in der Impression auftritt. Wie wunderbar ist doch alles!

fünften Grades". Stelle ich aber einmal die Zahl 3 und einmal die Zahl 5 − 2 vor, so ist die durch 5 − 2 bestimmte Zahl natürlich auch 3, also der gemeinte Gegenstand *qua* Gegenstand ist derselbe, aber jetzt haben wir denselben Gegenstand auf verschiedene Weise repräsentiert. Was in solchen Beispielen einmal Gleichheit in der Weise der Auffassung ist und einmal als Verschiedenheit ⟨erscheint⟩, das nennen wir den Auffassungssinn. Also zwei Ausdrücke werden in demselben Sinn verstanden, wenn unabhängig vom Glauben oder Nichtglauben beide Male die Sinn gebenden und überhaupt in Bedeutungsfunktion stehenden Akte das Verhältnis haben, das nach der Bedeutungsseite tautologisch verstandene Ausdrücke zeigen. Gleichbedeutend sind zwei und *duo*, also einander bedeutungsmäßig genau entsprechende Ausdrücke verschiedener Sprachen. In den Akten ist hier immer, und ebenso, wenn verschiedene Personen dasselbe Wort wiederholen, etwas Gemeinsames. Das ist das Sinnesmoment. Die entsprechende ideale Allgemeinheit, die Spezies, ist bei den Ausdrücken die Bedeutung im idealen Sinn, vorausgesetzt, dass wir den Begriff Bedeutung so begrenzen, dass das Qualitätsmoment in ihm nicht beteiligt ist. Natürlich sind „zwei" und „kleinste gerade Zahl" bedeutungsverschieden, obschon die Ansicht besteht, dass eins und das andere „dasselbe" ist, gemeint: dieselbe Zahl. Repräsentationen von gleichem Sinn sind auch zwei Wahrnehmungen von demselben Gegenstand, der in beiden wirklich als derselbe, als genau ebenso bestimmter aufgefasst ist. Und wieder in der Phantasie. Offenbar können Repräsentationen von gleichem Sinn phänomenologisch noch sehr different sein – immer vom qualitativen Moment abgesehen. Betrachte ich einen mir allseitig vollkommen vertrauten Gegenstand, und gehe ich von einer Wahrnehmung zu einer anderen über, so bestimmt sich mir in der neuen Wahrnehmung der Gegenstand nicht in neuer Weise, meine Auffassung von ihm wird keine andere, der Sinn ist derselbe, aber das Phänomen ist ein wesentlich anderes: einmal Vorderseite, das andere Mal Rückseite usw. Ebenso: Wenn ich das Wort „zwei" verstehe ohne jedwede Anschauung, und das andere Mal verstehe, aber in aktuell intuitivem Zählen, so haben die beiden Akte nicht verschiedenen Sinn, aber trotz des gleichen Sinnes verschiedenen Inhalt. Ebenso: Wenn ich einen mathematischen Satz einsehe und wenn ich denselben Satz mit Überzeugung ausspreche, aber rein symbolisch vollziehe, dann haben beide Akte gleiche Qualität – beiderseits glaube ich –, dazu aber auch gleichen Sinn. Der Satz ist derselbe, aber einmal besteht Anschauung, ja volle Einsicht, das andere Mal bloße symbolische Repräsentation. Der Unterschied zwischen symbolischer und intuitiver Repräsentation kreuzt sich also mit den mannigfaltigen Unterschieden des Sinnes. Zu jeder intuitiven

Repräsentation gehört eine mögliche symbolische, obschon freilich nicht umgekehrt zu jeder symbolischen eine genau entsprechende (sinnesidentische) intuitive.

So viel über den Begriff der Materie als Sinn der Repräsentation. Es ist offenbar, dass in den üblichen Betrachtungen über bloße Vorstellung und entsprechendem Urteil Vorstellungen und Urteile von entsprechend identischem Sinn verglichen werden. Und sie werden nur hinsichtlich des Sinnes verglichen. Auf die Unterschiede der intuitiven Fülle und Leere wurde gar nicht hingeblickt.

Scharf unterscheiden muss man von Materie als zugrunde liegender Repräsentation oder Repräsentationssinn die Materie im traditionellen logischen Sinn, d.i. bei Aussagesätzen der Inbegriff der Termini, der Namen bzw. nominalen Vorstellungen; und wiederum die einheitliche Repräsentation, in welcher etwa die Einheit hergestellt ist für die gesonderten Termini. Das gibt auch abermals neue Bedeutungen von der Rede, „es lägen jedem Urteil Vorstellungen zugrunde". Jedes Urteil urteilt über gewisse Gegenstände. Ist es richtig, dass, wie ein großer Teil der Logiker annimmt, jedes Urteil auf die normale Form der kategorischen Formel zu bringen ist, also jedes von gewissen Subjekten gewisse Prädikate aussagt, so müssen in jedem Urteil Vorstellungen der Gegenstände vorkommen, über die geurteilt wird, und der Bestimmtheiten, die ihnen zugesprochen oder abgesprochen werden. Nahe liegt dann die folgende Auffassung des Verhältnisses von Qualität und Materie im Urteil: Im normalen affirmativen Urteil „S ist P" wird S als P vorgestellt; und nicht bloß das geurteilt, dass S P ist. Jedenfalls ist „SP" die zugrunde liegende Vorstellung. Im negativen Urteil „S ist nicht P" wird S als P ebenfalls vorgestellt, aber zugleich geleugnet, dass S P ist. Faktisch rechnet die traditionelle Logik SP als Materie und bezeichnet das „ist" und „ist nicht" als Ausdruck der affirmativen oder negativen Qualität. In der Tendenz der ursprünglichen brentanoschen Existentialtheorie lag es, das so zu deuten: Zur Vorstellung SP tritt hinzu einmal eine Qualität der Anerkennung, das andere Mal eine solche der Verwerfung. Da das SP anerkannt, m.a.W. als seiend gesetzt wird, so ist die eigentlich normale Form „SP existiert" und im entgegengesetzten Fall „SP existiert nicht". Also Reduktion auf die Existentialform. „Einige Menschen sind gelehrt", „Einige Menschen sind ungelehrt" = „Gelehrte Menschen sind", „Ungelehrte Menschen sind".

Nun ist aber leicht zu sehen, dass hier andere Begriffe von Materie und Qualität maßgebend sind als die unseren bzw. dass unsere wesentlichen und unerlässlichen mit anderen verwechselt werden, die dann vermöge der

Verwechslung die Interpretation des Wesens des Urteils verderben. Gesetzt, die ganze Auffassung sei richtig, die Brentano durchzuführen versucht hat, und wir hätten ein Urteil X, etwa „SP existiert", dann führt die Frage nach der entsprechenden bloßen Vorstellung, nämlich derjenigen, welche dasselbe bloß vorstellt, was im Urteil geurteilt ist, offenbar nicht auf SP, sondern auf „SP existiert". All das, was überhaupt in Worten ausgesprochen ist, gehört in den Bereich der parallel dem Urteil entsprechenden bloßen Vorstellung. Die bloße Vorstellung soll ja der Akt sein, in welchem genau derselbe Inhalt, der im Urteil in der Weise des Glaubens bewusst ist, ohne Glauben, in bloßer Vorstellung bewusst ist.[1] Wenn wir nun auch nicht mehr zugestehen, dass diese bloße Vorstellung im Urteil reell enthalten ist, so zeigt uns doch die Gegenüberstellung und Vergleichung ein Gemeinsames: Mindest der Sinn der Repräsentation ist beiderseits derselbe, und zu diesem Sinn gehört das „existiert" und „existiert nicht". Selbstverständlich gilt dasselbe von der Aussage „S ist P", „S ist nicht P" vor ihrer Reduktion auf die Existentialform. Das „ist" und „ist nicht" gehört also jederzeit zur Materie oder dem Sinn, so wie wir die Begriffe begrenzen mussten. Wenn also die Tradition, und bei aller seiner Abweichung von der Tradition auch Brentano, Materie und Qualität des Urteils derart untersch⟨eidet⟩, dass sie als Materie die Termini zusammennimmt und als Qualität das Moment der Zuerkennung oder Ab-erkennung, des „ist" und „ist nicht", so sehen wir, dass d i e s e r Unterschied gänzlich innerhalb der Materie bzw. des Sinnes verläuft und gar nicht in den anderen Begriff der Qualität hereinreicht, der das Spezifische des *belief* von dem bloßen Vorstellen und vor andersartigen Akten ausmachen soll. Gerade diesen Begriff der Qualität haben wir aber von Brentano übernommen und hat der größte Teil der neueren Logiker von Brentano übernommen. Es ist also evident, dass zwei total verschiedene Begriffe von Qualität und wieder von Materie miteinander verwechselt werden, und nur an dieser Verwechslung liegt es, dass Brentano seine Existentialtheorie ausbilden konnte, ebenso gut wie Bergmann seine Anerkennungstheorie, die jedes Urteil als eine Prädikation über Wahr und Falsch auffasst. Wir werden auch sehen, dass die brentanosche Unterscheidung der Doppelurteile von den einfachen Urteilen und die zugehörigen theoretischen Auffassungen, welche die Konsequenz der ursprünglichen Existentialtheorie durchbrechen, ebenfalls aus gewissen offenbaren Unzuträglichkeiten entspringen, die durch die in Rede stehende Verwechslung bedingt werden.

---

[1] *Randbemerkung wohl von 1908* Es ist die bloße Vorstellung ja die „Modifikation" des Urteils als „Impression".

Doch jetzt kommt es darauf noch nicht an. Wir erörtern, was sachlich in der Linie der von uns gewonnenen Unterscheidungen liegt.

Die Materie als der einheitliche Sinn, der einem Urteil und der parallelen bloßen Vorstellung gemeinsam ist, prägt sich im sprachlichen Ausdruck der Aussage aus, und offenbar ist kein Wort und keine grammatische Wortform da, die nicht zum Sinn ihren Beitrag leisten würde. Was den Sinn zur vollen Repräsentation ergänzt, das kommt im Ausdruck nicht vor, ebenso wenig die Unterschiede der Qualität in unserem Sinn. Wir[1] können sagen: Alles rein Grammatische (nicht das Grammatische im gewöhnlichen empirischen Sinn) an den Ausdrücken, all das, was ihnen bestimmte Beziehung auf die vorstellige oder geurteilte Gegenständlichkeit gibt, eine Beziehung, die dieselbe ist, ob die Gegenständlichkeit intuitiv oder nur symbolisch vorstellig ist, trifft den bloßen Sinn. Sofern auf das rein Grammatische sich alles rein Logische gründet, können wir auch sagen, der Sinn bilde das rein logisch Relevante, dasjenige, was beim Urteil in die rein logische Regelgebung eingespannt ist.

Vorstellungsinhalt ⟨und⟩ Urteilsinhalt[2]

Wir[3, 4] haben in der letzten Vorlesung uns mit dem Begriff der Urteils-materie beschäftigt. Wir übernehmen vorläufig die Begrenzung des Begriffs Urteil durch den *belief*, durch das Moment des Glaubens. Innerhalb der objektivierenden Akte kontrastieren sich solche, die in der Weise des Glaubens qualifiziert sind, gegenüber solchen, die es nicht sind und die den Charakter „bloßer Vorstellungen" haben. Wobei wir Wert darauf legten, dass diese nicht unqualifiziert, sondern eben nur anders qualifiziert sind.

In jeder bloßen Vorstellung ist etwas vorgestellt, in jedem Urteil etwas geurteilt. Modifiziert sich die *belief*-Qualität in eine bloße Vorstellungsqua-lität oder umgekehrt, so kann ein Identisches erhalten bleiben: „Dasselbe", was das Urteil urteilt, ist in der bloßen Vorstellung vorgestellt. Und das kann wieder einen mehrfachen Sinn haben: 1) Die Gegenständlichkeit ist dieselbe. 2) Das weist aber auf ein Moment des Aktes hin, welches die Beziehung auf die Gegenständlichkeit herstellt. Und dieses kann beim Urteil und der bloßen Vorstellung a) im vollen Sinn identisch sein, nämlich so, dass wirklich

---

[1] *Der Rest des Absatzes wurde später am Rand mit einem Fragezeichen versehen.*
[2] *Randbemerkung wohl von 1906/07.*
[3] *19. und 20. Stunde (22. Juli 1905).*
[4] *Randbemerkung wohl von 1906/07* Rekapitulation.

phänomenologisch alles beiderseits identisch ist bis auf den Gesamtcharakter des *belief* und den der bloßen Vorstellung. Das gab den Begriff der Repräsentation und damit einen neuen Begriff von zugrunde liegender Vorstellung: Hier bedeutet Vorstellung nicht mehr ein qualifiziertes Phänomen, sondern ein Aktmoment unter Abstraktion von der Qualifizierung. b) Es kann aber Identität des Sinnes bestehen, wobei das Sinnesmoment nicht die volle Repräsentation erschöpft, wie wenn ein und „dasselbe Urteil" einmal evident ist, einmal nicht: Die Rede von demselben Urteil umfasst hier abgesehen von der Qualität nur den Sinn, der seinerseits wieder derselbe sein kann bei einer bloßen Vorstellung, gleichgültig ob sie symbolisch oder partiell oder voll anschaulich ist. Dies ist also ein neuer und besonders wichtiger Sinn von „Vorstellungsinhalt" und „Urteilsinhalt". Die Bestimmtheit der Beziehung auf die Gegenständlichkeit gründet schon im Sinn, da bei wechselndem sonstigen Gehalt der Repräsentation die Beziehung auf die Gegenständlichkeit sich nicht ändert, sondern identisch dieselbe verbleibt.

Damit hängt zusammen die eigentümliche Weise, wie die Gliederungen in der Einheit eines Sinnes zugleich Gliederungen in der vollen Repräsentation mit sich führen. Wir sehen dies gleich im Folgenden bei der Betrachtung gewisser wichtiger Unterschiede innerhalb der Repräsentationen und parallel der Bedeutungen. Wir knüpfen an die verschiedenen Weisen an, in denen eine Gegenständlichkeit repräsentiert und bedeutet sein kann. Eine Gegenständlichkeit kann in schlichter einfältiger Weise gemeint sein, sofern sie repräsentiert ist, ohne dass eigens sich artikulierende Repräsentationen auf ihre Teile, Seiten, Relationen gehen und die Gegenständlichkeit als diese Teile habende, als zu jenen Objekten in Beziehung stehende u. dgl. vorstellig machen. So beim schlichten einfältigen Wahrnehmen und in der sprachlichen Sphäre beim Nennen durch Eigennamen. Andererseits können wir auf ein Objekt hinblickend Teil für Teil, Merkmal für Merkmal wahrnehmend herausheben und innerhalb der Kontinuität des Wahrnehmens vielerlei Partialwahrnehmungen vollziehen, die doch immerfort der Wahrnehmung des Ganzen eingeordnet sind und ihm zugute kommen. Hier liegt dem einheitlichen Akt eine vielfältige Repräsentation zugrunde, sich aufbauend aus partiellen Repräsentationen. Ebenso steht es, wenn wir etwa die Wahrnehmungen mit Worten begleiten und eine entsprechende Wahrnehmungsaussage oder Kette von Wahrnehmungsaussagen vollziehen. Der ganze Akt hat hier Einheit des Sinnes. Diese Sinneseinheit ist artikuliert in Partialsinnesmomente, und dieser Sinnesgliederung entspricht die Gliederung der ganzen Repräsentation in Teile, die selbst wieder konkrete, aber zusammenhängende Repräsentationen sind. Mit Rücksicht auf diese Komplexion müssen wir natürlich bei der Rede von den einem Urteil zugrunde liegenden Vorstellungen unterscheiden zwischen derjenigen Vorstellung (d.i. Repräsentation oder Bedeutung), welche, durch das *belief*-Moment beseelt, das volle Urteil oder zum mindest⟨en⟩ das seinem Sinn nach vollständige Urteil ausmacht, und andererseits denjenigen Vorstellungen, die evtl. nur als Glieder der vollen Repräsentation bzw. der vollen Bedeutung fungieren.

Diese Unterscheidung, ebenso wie die parallele zwischen der dem Urteil zugehörigen, in ihrer Gesamtrepräsentation hingestellten Gesamtgegenständlichkeit und den beurteilten Gegenständen als Gegenständen gewisser dem Urteil ein⟨ge⟩gliederten Partialrepräsentationen muss scharf betont werden, weil in der eigentümlichen Konstitution gewisser Urteile und objektivierende⟨r⟩ Akte überhaupt Versuchungen gründen, sie zu übersehen. Halten wir den durch das bloße *belief*-Moment charakterisierten Urteilsbegriff fest, so sind die Prädikationen nur eine Klasse von Urteilen. Eine schlichte Wahrnehmung, eine schlichte Erinnerung ist offenbar keine Prädikation, sie enthält, auch abgesehen von dem Anteil der Worte, nichts von einem Unterschied zwischen Subjekten und Prädikaten. Gleichwohl ist sie ein Urteil, wenn das *belief*-Moment ausschließlich als das für das Urteil Wesentliche angesehen wird.

Prädikative Urteile[1]

Betrachten wir nun speziell die Prädikationen, so ist es ihnen wesentlich, mehrgliedrige Akte zu sein und dabei einheitliche. Eine Prädikation, etwa „S ist P", ist ein Urteil. Wie bei jedem Urteil unterscheiden wir bei ihm zwischen Qualität und Materie; Materie, das ist zugrunde liegende Repräsentation, ihr einwohnend ein einheitlicher Sinn. In der Tat können wir jede solche Prädikation, und das gehört evident zu ihrem Wesen, wie jedes Urteil modifiziert denken in eine bloße Vorstellung, und zwar so, dass nur die Qualität sich ändert und nichts sonst. So, wenn wir annehmen, der Satz „S ist P" werde eben genau in dem ausgesagten Sinn und evtl. in demselben Maße und derselben Stufe der Intuition verstanden, aber nicht ausgesagt, nicht in der Weise der Überzeugung vollzogen. Evidentermaßen ist beiderseits ein Gemeinsames da: eben das, was wir Repräsentation nennen; oder, wenn es uns auf die Unterschiede der Fülle nicht ankommt, die einheitliche Satzbedeutung, unabhängig von einem Glauben. Bei der

---

[1] *Randbemerkung wohl von 1906/07.*

Frage nach der dem prädikativen Urteil zugrunde liegenden Vorstellung, als Frage nach der Materie des *belief*, werden wir also auf diese Repräsentation geführt. Merkwürdigerweise ist aber gerade diese „Vorstellung" von den Logikern übersehen worden, und selbst Brentano, der doch gemäß der ursprünglichen Intention seiner Urteilstheorie zwischen dem Glauben und dem Was des Glaubens bei jedem Urteil gleichmäßig hätte unterscheiden und somit auf die eben beschriebene Gesamtrepräsentation hätte aufmerksam werden müssen, geht in der Sphäre der Prädikationen an ihrer Konsequenz vorbei. Bei der Wahrnehmung unterscheidet er wohl zwischen der „Wahrnehmungsvorstellung" und dem *belief*-Moment. Bei den einfachen Urteilen, die nach ihm Existentialurteile sind, glaubt er in der Formel „A ist" mit dem A die Gesamtrepräsentation getroffen zu haben. Bei den so genannten Doppelurteilen – und dahin gehören die meisten Prädikationen, etwa nach ihm alle eigentlichen Prädikationen, die wirklich Subjekt und Prädikat unterscheiden lassen – lässt er den Gedanken einer Gesamtmaterie fallen. Und doch ist es evident, dass jedes noch so zusammengesetzte Urteil, wofern es nur e in Urteil ist, e ine Materie, eine einheitliche ihm zugehörige Repräsentation haben muss, einen einheitlichen ihm zugehörigen Sinn, der genau als derselbe einem Akte einwohnen kann, der den Aussageinhalt nicht in glaubender Weise befasst.

Die Motive zu diesem Übersehen liegen an der eigentümlichen Konstitution der Prädikationen und an den merkwürdigen Verflechtungen von mehreren Repräsentationen und in der Regel auch von mehreren Qualitäten, die in der Einheit des prädizierenden Urteils vorliegen.[1] Wird dabei die durch das Urteil hindurchgehende Gesamtrepräsentation übersehen, so wird es bei der notwendigen Korrelation zwischen Repräsentation und Repräsentationsobjekt auch verständlich, warum bei der Frage nach den im Urteil beurteilten Gegenständen immer nur Gegenstände der Partialrepräsentationen genannt werden, während der Gegenstand der Gesamtrepräsentation übersehen bleibt.

Sehen wir uns nun die Sachlage näher an. Zum Wesen der Prädikation gehört, dass sie ein gegliederter Akt ist; und dabei ist die Einigung der Glieder eine solche, dass ein Aktbewusstsein über die Einzelakte übergreift und ihre Aktcharaktere und Aktmaterien zur Synthese bringt. Das Gesamtbewusstsein ist fundiert in den Einzelakten. Es ist nicht eine bloße

---

[1] *Gestrichen* Dabei ist aber doch die Synthese eine derartige, dass sie – ohne das gäbe es ja kein einheitliches Gesamturteil – eine gesamte Repräsentation konstituiert, in ihr einen einheitlichen Sinn, der getragen ist von einem einheitlichen ihn umfassenden Glaubensbewusstsein.

Summe derselben, es ist auch nicht etwas, das additiv sich zu den Einzelakten hinzufügte, zu ihnen eine neue Qualität und eine neue Materie zusetzte. Die Materie des Gesamtaktes ist nichts ohne die der Einzelakte, die sie ja vielmehr konstituieren helfen, und ebenso, obschon nicht ganz ebenso, ist die Gesamtqualität mitbezogen auf die Partialqualitäten.

Wenn ich urteile: „Gold ist gelb", „Sokrates war der Lehrer des Plato" oder „Sokrates und Plato waren die Größten unter den griechischen Philosophen", so entsprechen den Namen sich absetzende Teilvorstellungen bzw. Teilakte. Das Urteil „Gold ist gelb" ist aber nicht eine bloße Summe von „Gold" und „gelb", und das „ist" ist nicht ein drittes Stück, das sich zwischen den beiden Stücken zwischensetzte. Vielmehr finden wir statt eines bloßen Aneinander von Stücken eine eigentümliche Synthese, die jedem Glied seine eigentümliche Funktion anweist. Zuunterst gleichsam liegt der Akt, der dem Worte „Gold" entspricht. Derselbe Akt kann auch für sich, außerhalb eines solchen prädikativen Zusammenhangs vollzogen sein. Er ist ein selbständiger Akt; er bedarf nicht notwendig der Einfügung in einen prädikativen und überhaupt in einen umfassenden Zusammenhang. Aber hier, im prädikativen Zusammenhang, übernimmt er eine eigentümliche Funktion: Er ist Träger eines zweiten, darauf gebauten Aktes. Dieser geht nicht auf das „gelb" für sich, als ob nun eine zweite selbständige Vorstellung „gelb" vollzogen wäre, vielmehr ist das Gelb als das Gelb am Gold, als das ihm Zukommende gemeint. Die adjektivische Form prägt die Unselbständigkeit dieser Eigenschaftsvorstellung aus und das „ist" das Zukommen; aber nicht so, als ob wir hätten Gold, die Eigenschaft Gelb und das Zukommen, drei selbständige Vorstellungen im Zusammen gegeben. Vielmehr heißt es „Gold ist gelb": eine Einheit, in der sich ein einheitlicher Gedanke konstituiert mit einheitlicher Beziehung auf eine Gegenständlichkeit und in der jedes Glied seine verschiedene Stellung und Funktion besitzt und hierdurch jedes in eigenartiger Weise zur Konstitution der Gegenständlichkeit, so wie sie gerade in diesem Satz gemeint ist, seinen Beitrag leistet. Es heißt auch „Gold ist gelb" und nicht „Gelbe kommt dem Gold zu". Das wäre evidenterweise ein anderer Gedanke. Die Vorstellung Gold hat jetzt eine ganz andere Stellung und Funktion. Ihre Funktion hat jetzt die Vorstellung Gelbe übernommen. Ja schon das ist ein anderer Gedanke, wenn wir statt „Gold ist gelb" sagen: „Gold hat Gelbe (gelbe Farbe)." Im letzteren Fall ist das Urteil in ein Relationsurteil umgewandelt, in welchem anstelle der adjektivischen Vorstellung „gelb" die substantivische „Gelbe" eingetreten ⟨ist⟩. Beide haben zwar evident etwas Gemeinsames, aber andererseits sind sie doch ihrer „Form" nach verschieden. Achten wir also auf die Synthese des prädikativen oder kategorischen

Urteils,[1] so finden wir verschieden fungierende Bestandteile, darunter notwendig einen Bestandteil, der als Subjektbestandteil charakterisiert ist, und ihm entspricht auf gegenständlicher Seite die eigentümliche Charakteristik des Subjektgegenstandes als solchen. In jedem kategorischen Urteil beziehen wir uns auf eine Gegenständlichkeit, und dabei so, dass über einen gewissen Gegenstand als Subjekt etwas ausgesagt, von ihm etwas prädiziert, ihm eine gewisse Bestimmung zugemessen wird. Diese Auszeichnung ist eine so prominente, dass wir auf die Frage nach dem Urteilsgegenstand vor allem auf den Subjektgegenstand hinweisen werden. Zum mindest⟨en⟩ er ist unter allen Umständen im Urteil durch eine selbständige Vorstellung vorgestellt, und dabei liegt diese Vorstellung zuunterst; in der angedeuteten Weise trägt sie den ganzen Bau des Urteils bzw. der Satzvorstellung. Der Subjektgegenstand ist nicht das einzige Gegenständliche, das im Urteil vorstellig ist.[2] Der Subjektgegenstand ist nur der Gegenstand, worüber etwas ausgesagt wird. Es wird aber etwas von ihm ausgesagt, und das geschieht so, dass auf die Subjektvorstellung als Unterlage sich ein weiterer Akt eigenartig aufbaut; dies nämlich so, dass, während der Subjektakt als ein selbständiger auch für sich stehen könnte, der darauf gebaute Akt nur als in dieser Art aufgebauter, durch einen subjektivischen Akt fundierter bestehen kann, also unselbständig ist. Das „ist gelb" ist nicht ohne Sinnesmodifikation für sich vollziehbar, es gehört dazu die ergänzende Vorstellung von etwas, das gelb sein soll, und dies muss die Stellung der unterliegenden, der subjizierten Vorstellung haben. Weiter merken wir da, dass die Vorstellung „gelb" einen ganz anderen Charakter hat als die Vorstellung Gold, wie wir schon vorhin berührten. Der adjektivische Ausdruck hat sein Korrelat in einem Unterschiedenen im Typus der Vorstellung selbst, und das ist nicht bloß ein Unterschied der Funktion. Wir merken nämlich, dass wir das „gelb" nicht an die Subjektstelle bringen können, ohne die Vorstellung zu modifizieren, und wir können es nicht, weil an Subjektstelle notwendig eine selbständige Vorstellung, und dabei eine Vorstellung von eigenartigem Typus – wir werden sie nachher nominale Vorstellung nennen – stehen muss; aber die Gelbvorstellung ist unselbständig. Der Kontrast wird deutlicher, wenn wir statt des Urteils „Gold ist gelb" das Urteil nehmen „Gold hat gelbe Farbe". Hier können wir das „gelbe Farbe" an die Stelle des Subjekts setzen, ohne jenen Inhalt wesentlich zu modifizieren. Hier haben wir aber auch anstelle der ursprünglichen un-

---

[1] prädikativen oder kategorischen Urteils *ist Veränderung für* kategorischen Urteils oder, wie wir auch sagen können, der kategorischen Satzbedeutung oder auch kategorischen Repräsentation (denn die Qualität kommt hier offenbar nicht in Frage).

[2] *Gestrichen* so wie die „Subjektvorstellung" nicht die einzige ist, die im Urteil vorkommt.

selbständigen Vorstellung „gelb" eine neue Vorstellung: „gelbe Farbe"; und die hat den verlangten Charakter einer selbständigen und dabei nominalen Vorstellung.

Doch es bedarf hier einer näheren Erörterung. Ich sagte, die Vorstellung gelbe Farbe, und so jede nominale Vorstellung, lässt sich ohne Änderung ihres wesentlichen Gehalts an die Subjektstelle bringen. Ihres wesentlichen: Denn die Funktion, Glied in einem Zusammenhang zu sein, prägt dem Zusammenhangsglied natürlich etwas auf. Ganz allgemein ist es klar: Dadurch, dass etwas mit einem anderen so und so zusammenhängt, ist es vermöge dieses Zusammenhangs charakterisiert, und dasselbe Glied in anderem Zusammenhang ist in dieser Hinsicht anders charakterisiert. Das ändert aber nichts daran, dass das betreffende Objekt an sich genommen, nach seinem inneren Gehalt dasselbe ist. So auch in unserem Fall. Versetze ich die im Prädikat auftretende nominale Vorstellung gelbe Farbe an die Subjektstelle, sage ich etwa statt „Gold hat gelbe Farbe": „Gelbe Farbe kommt dem Gold zu", so übt die Vorstellung gelbe Farbe beiderseits eine verschiedene Funktion, aber das eigene Wesen der Vorstellung bleibt ungeändert. Wir haben in unseren Sätzen noch ein Beispiel an der Vorstellung Gold. Das „Gold" im Subjekt und das „dem Gold" im konvertierten Satz an Prädikatstelle übt eine verschiedene Funktion, es konstituiert in anderer Weise die jeweilige Gesamtvorstellung, und das prägt sich an den verschiedenen Kasus hier aus. Aber von der Zusammenhangsfunktion abgesehen ist die Vorstellung dieselbe. Und das macht dann offenbar die verschiedene Charakteristik des vorgestellten Gegenstandes: einmal als das, worüber ausgesagt wird, als Subjekt der Aussage, und das, was im Prädikate vorgestellt, zum Subjekt in Beziehung gesetzt wird. Also die im Prädikat stehende Vorstellung gelbe Farbe kann bei Erhaltung des Wesentlichen, nur seine Zusammenhangsfunktion ändernd, an Subjektstelle gesetzt werden. Dagegen ist dies, meinte ich, für die Vorstellung Gelb nicht möglich. Man könnte aber einwenden, dass wir doch ebenso gut sagen können: „Gelb ist die Farbe des Goldes." Aber bei genauer Beachtung der wirklich vollzogenen Vorstellung erkennen wir sofort, dass das Adjektiv jetzt substantivisch modifiziert ist, dass es seine Bedeutung geändert hat, dass es nicht dieselbe Bedeutung unvermehrt und unvermindert erhält, nur eine andere Funktion im Urteilszusammenhang annehmend. Jede Nominalisierung ist also eine wesentliche Bedeutungsmodifikation. Was von Vorstellungen der Art wie gelb, sauer, freudig usw. gilt, gilt erst recht von Vorstellungen der Art wie ähnlich, größer, gleich usw. Wir können sie alle nominalisieren: Ähnlichkeit, Größe, Gleichheit; aber dann resultieren eben neue, nominale Vorstellungen, die nun erst durch diese

Modifikation ihre Selbständigkeit und ihren nominalen Charakter gewonnen haben und damit als unterliegende Vorstellungen, als Subjektvorstellung fungieren können. Die unmodifizierten Vorstellungen sind unselbständig, sie bedürfen einer Ergänzung, sie können unmodifiziert nur im Zusammenhang anderer Vorstellungen stehen, und zwar bedürfen sie notwendig der Ergänzung durch selbständige Vorstellungen. Die Adjektivvorstellungen bedürfen eines substantivischen (nominalen) Trägers, die Relationsvorstellungen der Art wie „gleich", „ähnlich" usw. sind aber selbst nur Bestandstück von vollen adjektivischen (attributiven) Vorstellungen, sie bedürfen noch einer zweiten nominalen Vorstellung: „ähnlich" besagt „ähnlich mit etwas", „gleich mit etwas" usw. Und das vollständigere „ähnlich mit etwas" fordert seinerseits wieder einen nominalen Träger, erst durch Anknüpfung an ihn wird die Selbständigkeit hergestellt. Nur in solchen umfassenden Zusammenhängen können die in Rede stehenden Vorstellungen unmodifiziert auftreten, sie helfen diese umfassenden Vorstellungen mit konstituieren; ihre gegenständliche Beziehung haben sie nur in diesen Zusammenhängen als Moment einer umfassenden gegenständlichen Beziehung.

Unter den Bestandstücken oder Momenten, die eine Prädikation aufbauen, finden wir noch solche ganz anderen Charakters als die bisher in Betracht gezogenen. Da tritt z.B. in einer Aussage das Wörtchen „und" auf. Es bedeutet etwas, es entspricht ihm etwas im Gesamtbestand der Prädikation und ihrer Repräsentation. Aber offenbar gilt auch hier, dass die ihm zugehörige „Vorstellung" eine unselbständige ist. Ebenso verhält es sich mit dem Wörtchen „oder", wiederum mit dem ganz anders fungierenden Wörtchen „ist" und „nicht" usw. Alle diese Worte haben eine Vorstellungsfunktion, und es ist gewiss berechtigt, dass wir in Hinsicht auf sie alle, so wie überhaupt in Hinsicht auf jedes Bestandstück eines vollen prädizierenden Aktes, der seinen Anteil an der Bedeutung und damit an der Konstitution der prädizierten Gegenständlichkeit hat, Bolzano folgend von Vorstellung sprechen. Aber in all diesen Fällen handelt es sich um Akte oder Aktmomente, die ohne Modifikation nie die Subjektstellung und Subjektfunktion in einem prädizierenden Akte einnehmen können. Anders würde es sich verhalten, wenn wir ein geschlossenes Ganzes wie „A und B", „A oder B" nehmen. Das macht wieder eine selbständige Bedeutung, bzw. es entspricht dem wieder ein voller Akt, der als Subjektsakt fungieren kann.

Wir sehen aus dieser Betrachtung so viel, dass unter den unterscheidbaren Stücken und Momenten einer einheitlichen Prädikation sich gewisse abheben, die dadurch charakterisiert sind, dass sie selbständige Akte sind und die Befähigung haben, in Subjektsfunktion zu stehen.

⟨*Nominale und propositionale Repräsentationen*⟩

Wir haben hier nun zunächst einiges näher zu bestimmen und zu ergänzen. Offenbar gilt, was von den prädizierenden Urteilen ausgeführt ist, ohne weiteres auch für die ihnen entsprechenden bloßen Vorstellungen, die sich von ihnen in nichts unterscheiden als in dem Bewusstsein des *belief*. Es ist ferner klar, dass die Blicke in die Konstitution dieser beiden parallelen Akte, die wir als propositionale Akte, genauer: propositionale Objektivationen bezeichnen können, zugleich Blicke sind in die ihnen beidseitig gemeinsamen Repräsentationen und wiederum Bedeutungen, also in die propositionalen Repräsentationen bzw. propositionalen Bedeutungen. Den subjektivisch oder nicht subjektivisch fungierenden nominalen Akte⟨n⟩ entsprechen nominale Repräsentationen, und jeder entspricht ein nominaler Sinn. Die Hauptsache in der Konstitution und in der Eigenartigkeit dieser Akte liegt eben in dem, was, von der Qualität unabhängig, ihre Repräsentation ausmacht. Der Qualität nach sind die nominalen Akte aber wieder objektivierende Akte, und wie alle selbständig geschlossenen Akte dieser Art zeigen sie entweder die Qualifizierung des *belief* oder die der bloßen Vorstellung. Sagt jemand aus: „Der Kaiser ist nach Schweden gereist",[*] so sind die nominalen Repräsentationen „der Kaiser" und „Schweden" offenbar mit eigenen *belief*-Momenten ausgestattet; wir stellen nicht bloß vor, sondern das Vorgestellte mutet sich in der Weise des *belief* an, indirekt gesprochen: es erscheint als seiend. Die nominalen Repräsentationen verdanken das Urteilsbewusstsein, mit dem sie charakterisiert sind, nicht etwa erst dem Gesamt*belief* des prädikativen Urteils. Denn wenn ⟨wir⟩ eine Aussage über den Kaiser ohne Glauben aufnehmen oder sogar verwerfen, wie wenn jemand sagen würde, der Kaiser reise zum Nordpol, so bleibt die Glaubens-Charakterisierung der Repräsentation „Kaiser" und „Nordpol" bestehen. Ob und in welchem funktionellen Verhältnis der Gesamtglaube zu den Qualifizierungen der unterliegenden nominalen Akte steht, ist eine eigene und sehr wichtige Frage der Urteilstheorie.

Setzen wir nun den Hauptzug unserer Betrachtungen fort und sehen wir von der Qualifizierung, die für sie nicht in Betracht kommt, ab. Durch das Bisherige ist das Verhältnis der nominalen und propositionalen Repräsentationen (und evtl. noch enger gefasst: Bedeutungen) nicht vollständig geklärt. Nominale Repräsentationen sind charakterisiert durch gewisse Be-

---

[*] Kaiser Wilhelm II. hielt sich seit dem 14. Juli 1905 in Schweden auf.

standstücke von propositionalen Repräsentationen, mochte es auch heißen, dass solche Repräsentationen evtl. auch außerhalb der Prädikation auftreten können. Definitorisch charakterisiert waren sie durch ihre Befähigung zur Subjektfunktion. Charakterisiert waren sie ferner durch ihre Selbständigkeit, die uns als Vorbedingung für die subjektivische Funktion erschien. Ist aber nicht jede selbständige Repräsentation überhaupt zur Subjektfunktion befähigt? Muss also nicht selbständige Repräsentation und nominale Repräsentation zusammenfallen? Offenbar ist aber jeder für sich abgeschlossene Satz bzw. jede entsprechende geschlossene propositionale Repräsentation eine selbständige Repräsentation. Kann sie damit also *eo ipso* an Subjektstelle irgendeines anderen Satzes treten? Natürlich ist nicht besonders wesentlich davon die Frage unterschieden, ob volle prädikative Urteile bald isoliert für sich sein können und bald wieder Subjektakt in anderen Urteilen. Ganz nah hängt damit die Frage zusammen, ob nominale und propositionale Repräsentationen wesentlich unterschiedene Typen von Repräsentationen darstellen, und dementsprechend, ob nominale und propositionale Bedeutungen wesentlich unterschiedene Typen von Bedeutungen darstellen. Auch auf die entsprechenden Gegenständlichkeiten kann man dann die Frage übertragen: Sind die in der einen und anderen Art vorstellbaren Gegenständlichkeiten verschieden? Oder zum mindest⟨en⟩: Ist jede Gegenständlichkeit zugleich nominal und propositional vorstellbar?

Wir machen uns zunächst klar die Selbstverständlichkeit, dass propositionale Repräsentationen von speziellem Charakter sind, dass sie den Umfang der selbständigen Repräsentationen nicht erschöpfen. Es gibt nominale Vorstellungen, die nicht propositionaler Natur sind. Natürlich. Jede propositionale Repräsentation enthält den Gedanken, dass etwas ist oder nicht ist, jede enthält mindest ein e nominale Vorstellung als Bestandteil, „über" deren Gegenstand etwas „prädiziert" ist. Soll ein Satz nicht *in infinitum* aus Bestandteilen bestehen, so muss er also selbständige Vorstellungen, d.i. selbständige Bedeutungen enthalten, die nicht selbst wieder den Charakter von Sätzen haben. Ich sagte: Satz; ich hätte auch sagen können: propositionale Repräsentation. In der Tat ist z.B. jede Eigennamenvorstellung, mag sie eine symbolische oder eine intuitive sein, eine nominale Vorstellung; ihre Repräsentation ist eine nominale, aber nicht eine propositionale. Ebenso verhält es sich mit der rein unbestimmten: „Etwas". Die diesem Worte entsprechende Repräsentation ist selbständig, sie kann an Subjektstelle stehen, sie ist also nominal, aber sie ist doch keine propositionale Repräsentation. „Etwas" ist kein Satz, ebenso wenig als „Sokrates". Jede schlichte Wahrnehmung ist eine selbständige Vorstellung, sogar ein „Urteil" im jetzigen Sinn, denn ein *belief*-Moment ist ja vorhanden. Aber das gibt keine propositionale Vorstellung.[1]

Weitere[2] nominale Vorstellungen bieten uns die unbestimmten oder bestimmten attributiven Vorstellungen: „etwas Rotes", „ein Rotes", „Sokrates, der große Volksmann und Philosoph" u.dgl. Hier scheint sich der Unterschied gegen die propositionalen Vorstellungen zu vermitteln. „Ein Rotes", „dies Rote", das heißt: „etwas, welches rot ist", „dies, das rot ist". Hier treten Relativsätze auf. Jedem Adjektiv entspricht ein zu dem substantivischen Träger, zu dem „Sokrates" oder „irgendetwas" bestimmend angefügter Relativsatz. Alle Attributivvorstellungen haben einen Kern, der die Anknüpfung von Relativsätzen, von Bestimmungsvorstellungen ermöglicht und der nichts von einem propositionalen Vorstellen einschließt. Da haben wir, scheint es, Vorstellungen, die Sätze einschließen, Sätze, die eigentümlich fungieren: Sie fungieren determinativ. Stelle ich „ein Rotes" vor, so stelle ⟨ich⟩ damit vor: „Etwas ist rot", aber eigentlich doch nicht so einfach, wie wenn ich diesen Satz ausspreche, sondern ich meine dieses Etwas, und von ihm, dass es rot ist, determinativ: Eben als Etwas meine ich es, welches rot ist. Von ihm als rot Bestimmten will ich vielleicht aussagen, und sage ich etwa, dass dasselbe wie ein Apfel aussieht, so sage ich damit doch nicht dasselbe, wie wenn ich spreche: „Etwas ist rot, und dasselbe Etwas sieht wie ein Apfel aus."[3]

---

[1] *Der folgende Text wurde eingeklammert und wohl nicht vorgetragen* Ich nenne auch sie „nominal", da ich diesen Ausdruck nicht etwa auf die bloßen Bedeutungsintentionen von Ausdrücken beschränken will. Auch die Bedeutungserfüllungen ziehen wir heran und die freien Akte, die als Bedeutungserfüllungen fungieren können, aber es nicht müssen. Und ebenso die Komplexion aus beiderlei Akten, wie wenn ein Eigenname, mit begleitender Anschauung, etwa Wahrnehmung, intuitiv erfüllt, gebraucht wird. Dasselbe gilt von unserer Rede von propositionalen Akten. Die innere Verwandtschaft, die überall hindurchgeht, bekundet sich ja darin, dass eben Erfüllung, Sinnesdeckung statthat. Die Probleme laufen jedenfalls durch die parallelen Aktreihen der Bedeutungsintentionen und der möglichen Bedeutungserfüllungen.

[2] *Vor diesem Absatz wurde folgender Text gestrichen* Überlegen wir: Jede Eigennamenvorstellung, sei es eine symbolische oder eine ihr als Erfüllung beitretende Anschauung, etwa eine Wahrnehmung oder Erinnerung, ist eine nominale Vorstellung, z.B. die Vorstellung Sokrates. Eine solche Vorstellung ist nicht propositional. Ein Eigenname ist kein ganzer Satz. Ebenso kann die Vorstellung „irgendetwas" subjektivisch fungieren. Trotz ihrer „Unbestimmtheit", die sie in äußersten Gegensatz zur Dies-Vorstellung und Eigennamenvorstellung oder auch schlichten Anschauung stellt, ist sie eine nominale Vorstellung und offenbar wesentlich verschieden von einem ganzen Satz.

[3] *Gestrichen* Dabei aber sind diese Akte selbständig, sie können auch außerhalb der Subjektfunktion in einem prädizierenden Akte oder in einer damit gleichwertigen Funktion als Akte für sich auftreten. Ihrem allgemeinen Charakter ⟨nach⟩ sind diese Akte offenbar objektivierende Akte. Überhaupt: Wo immer wir in den letzten Betrachtungen den Terminus Vorstellung als Bezeichnung eines Aktphänomens benützten, war ein objektivierender Akt

Attributionen sind Modifikationen von propositionalen Vorstellungen. Sie sind aus ihnen erzeugte und notwendig auf sie zurückweisende objektivierende Gebilde. Es scheint, dass wir, um eine Attributivvorstellung symbolischer Art zur vollen Evidenz zu bringen, erst die propositionale Vorstellung vollziehen und dann sie attributiv modifizieren müssen. Die Folge der aufeinander zu bauenden schrittweisen Attributionen Sα, (Sα)β, ((Sα)β)γ … hat ihren Ursprung in der Reihe entsprechender propositionaler Vorstellungen: S ist α, Sα ist β, … Sagt man also, in den Attributionen „stecken" Prädikationen, so ist das wahr, aber doch nur im uneigentlichen Sinn zu nehmen. Es handelt sich nicht um die Sätze schlechthin, sondern um gewisse evidenterweise zu ihrem Wesen gehörige, also jederzeit unmittelbar zu vollziehende Modifikationen.

Können aber nicht im eigentlichen Sinn propositionale Vorstellungen nominal, somit als Subjektvorstellungen (und Objektvorstellungen) fungieren?

Sagen wir z.B.: „Dass heute ein schöner Sommertag ist, ist eine angenehme Tatsache", „Dass heute noch Regen eintreten wird, das ist eine irrige Annahme": Fungieren da nicht ganze Sätze an Subjektstelle? Und können sie dann nicht ebenso gut an anderen nominalen Stellen fungieren?

Zunächst muss man hier eine Unterscheidung machen, deren Übersehen jedenfalls viel dazu beigetragen hat, die Gleichstellung der propositionalen Repräsentationen und der nominalen zu beeinträchtigen und damit auch die Gleichstellung der beiderseitigen Gegenständlichkeiten als Gegenständlichkeiten. Man darf nicht verwechseln propositionale Vorstellungen mit Vorstellungen von Urteilen. Sagen wir: „das Urteil, der Glaube, die Meinung, dass S P ist", so ist eine Meinung, ein Glaube, und zwar nominal,

---

gemeint. All die Bestandstücke, aus denen sich objektivierende Akte aufbauen, wofern sich in ihnen eine objektivierende Funktion bekundet, d.i. wofern sie zu irgendeiner Aufteilung des Aktes gehören, die den Sinn mit aufteilt, sind *eo ipso* objektivierende Akte. Z.B. in jedem Wörtchen eines Satzes oder eines noch so komplexen Namengebildes steckt ein Element der Objektivierung, es ist entweder Träger eines vollen, selbständigen objektivierenden Aktes oder eines unselbständigen.

Die Frage ist nun: Sind alle selbständigen objektivierenden Akte nominale? Ist der Terminus nominaler Akt nicht aufzugeben und einfach dafür selbständiger objektivierender Akt zu benützen? Oder bedeutet das „nominal" nicht eine bloße Funktion in gewissen objektivierenden Akten höherer Stufe, die in unterliegenden Objektivationen gründen? Die Frage geht natürlich in erster Linie die Interpretation der objektivierenden Akte an, die sich in geschlossenen Aussagesätzen ihren Ausdruck verschaffen, sei es, dass sie als Bedeutungsintentionen oder als mögliche Bedeutungserfüllungen, und zwar als die vollständigen des ganzen Satzes zu fungieren befähigt sind. Nennen wir diese Akte propositionale Akte: Wie verhalten sich selbständige Vorstellungen, die wir bisher nominale Akte nannten, die also als Subjektakte in propositionalen fungieren können, zu den propositionalen Akten?

vorgestellt. Diese Meinung ihrerseits hat einen propositionalen Inhalt, sie meint etwas, sie meint, dass S P ist. Bilde ich nun aber eine Vorstellung von dieser Meinung, z.B. „die Meinung, dass S P ist", so ist das eine Vorstellung zweiter Stufe; deren Gegenstand ist die Meinung, der Glaube u.dgl. Und erst der Gegenstand dieses als Gegenstand fungierenden Meinens ist das Gegenständliche des „S ist P". Also Vorstellung der Meinung ist nicht Vorstellung dieses Sachverhalts. Sagen wir andererseits: „die Tatsache, dass S P ist", so stellen wir, wie der Ausdruck Tatsache schon besagt, nicht die Meinung, das Urteil über die Tatsache, sondern eben die Tatsache, den Sachverhalt vor. Es ist evident zweierlei, von Tatsachen etwas auszusagen und von Urteilen, Überzeugungsakten, Vorstellungsakten u.dgl. etwas auszusagen. Die Gegenstände sind verschieden. Nun ist es klar, dass der Satz an Subjektstelle einmal als Vorstellung des Urteils fungiert, wie wenn wir sagen: „Dass S P ist, das ist ein berechtigtes Urteil", und ein andermal die Vorstellung des Sachverhalts, wie wenn wir sagen: „Dass S P ist, ist eine Tatsache." Natürlich aber auch noch anderes kann gemeint sein, wie wenn wir sagen, dass S P ist, das sei die bloße Vorstellung, die jemand, ohne selbst zu urteilen, habe: Hier steht an Subjektstelle als Subjektgegenstand die bloße Vorstellung des Sachverhalts, der Satzausdruck fungiert als Name für diese Vorstellung. Und wieder, sagen wir: „ ‚S ist P', das ist ein kategorischer Satz", so ist vom grammatischen Satz, sei es im rein grammatischen, sei es im empirisch grammatischen Sinn, die Rede. Da muss man also scharf darauf achten, was eigentlich gemeint ist. Der Satzausdruck an Subjektstelle ist vieldeutig.

Steht ein Satz für sich und nicht in nominaler Funktion, so ist damit zum Ausdruck gebracht „S ist P". Der Redende glaubt es, ihm steht der Sachverhalt als seiender da, ihm scheint es so: „S ist P." Modifiziert sich das Urteil in eine bloße Vorstellung, so ist wiederum der Sachverhalt in derselben Weise „S ist P" vorstellig, nur dass der Glaube fehlt.

Der Sachverhalt kann aber auch vorstellig sein dadurch, dass wir über ihn als Subjekt etwas aussagen, z.B. „Dass S P ist, ist erfreulich". Hier fungiert die Sachverhaltvorstellung als Subjektvorstellung. Das ist ein ausgezeichneter unter den oben zusammengestellten Fällen. Beiderseits haben wir also Sachverhaltvorstellungen. Beiderseits können auch die Qualitäten die gleichen sein. Wer, dass S P sei, als erfreulich bezeichnet, glaubt natürlich, dass S P sei und wird in diesem Sinn auch verstanden. Ist also an Subjektstelle ein Urteil genau desselben Inhalts wie dasjenige Urteil, das frei für sich steht? Klar ist vor allem, dass ⟨das⟩ freie Urteil nicht unmodifiziert in die nominale Funktion übergeht. Der Ausdruck einer selbständigen und freien Prädikation „S ist P" nennt nicht den Sachverhalt, so wie es der Ausdruck

„dass S P ist" tut oder wie wir umschreibend und dadurch verdeutlichend auch sagen können: „der Umstand, dass S P ist", „die Tatsache, dass S P ist". Im ersteren Fall blicken wir auf „dass S ist"; das ist uns in erster Linie gegenständlich, und in prägnantem Sinn gegenständlich, und davon sagen wir aus. Darauf beziehen wir Prädikate, das setzen wir zu anderen ebenfalls in solchem Sinn uns gegenüberstehenden Gegenständlichkeiten in irgendwelche Beziehung. Sagen wir andererseits: „die Tatsache, dass S P ist", steht diese Tatsache als fertiges Ergebnis der Prädikation uns gegenständlich vor Augen; der Sachverhalt, der sich in der Prädikation schrittweise erst konstituierte, steht als fertig konstituierter da, und nun wird er in einem neuen Aussagen, Prädizieren zum Gegenstand-worüber oder zu einem Gegenstand, der auf einen subjektivischen Träger relationell bezogen werden soll. Die nominale Vorstellung hat eine Prägung, die sie geeignet macht, als fundierender Akt in Prädikationen zu fungieren. Um über Gegenstände auszusagen, um in Betreff derselben etwas festzustellen, müssen sie in besonderem Sinn „uns vor Augen stehen", in besonderem Sinn gegenständlich sein; sie haben die Prägung von „Gegenständen-worüber", von Gegenständen-„in-Betreff-welcher", von Gegenständen, die diesen oder jenen Sachverhalt zu konstituieren haben. Diese Prägung liegt aber natürlich in den Repräsentationen und Bedeutungen.

Der selbständig fungierende Satz, die für sich und frei fungierende Prädikation oder bloße Vorstellung hat diese Prägung nicht. Soll sie in nominaler Funktion auftreten, so muss sie dieselbe erst annehmen, d.h. die Repräsentation modifiziert sich, die Bedeutung ändert sich. Die Modifikation ist sichtlich verwandt mit derjenigen, welche Prädikation in Attribution verwandelt, die Funktion der Determination schafft. Auch hier hat die nominale Vorstellung, die modifizierte, ihren Ursprung in dem unmodifizierten Akt der Prädikation. Aber die jetzige Modifikation ist andererseits evident von anderer Art als die attributive. Sollen wir nun einen grundwesentlichen Unterschied zwischen nominalen und propositionalen Repräsentationen bzw. Bedeutungen annehmen? Oder ist es ein bloß funktioneller Unterschied? Innerhalb der nominalen Repräsentation fanden wir auch gewisse Unterschiede, die das Gemeinsame der nominalen Repräsentation nicht störten und die auf der wechselnden Funktion als Subjektvorstellung oder Objektvorstellung beruhten. Im jetzigen Fall bleibt sicherlich auch ein wesentlich Gemeinsames, aber es ist wieder von anderer Art. Diese Modifikationen kann ja ein nominalisierter Satz wie jede nominale Vorstellung erfahren, er behält dabei immerfort den gemeinsamen Charakter der nominalen Vorstellung. Ich sagte, ein wesentlich Gemeinsames verbleibe, wenn die Prädikation in nominal fungierende Vorstellung übergehe. Vielleicht kann man das so bezeichnen: Hat sich „S ist P" konstituiert, so nehme ich dies als ein Fertiges und blicke darauf hin, mache es zu einem Dies, wovon das und jenes gilt. So haben wir es vorhin beschrieben. Darin liegt, wie es scheint, dass sich die betreffende nominale Vorstellung in einer gewissen mittelbaren Weise auf ihren Gegenstand bezieht, dass sie hinweist auf die Prädikation, die in eigentlichem Vollzug der nominalen Vorstellung auch zugrunde liegt. Alles wohl erwogen werden wir aber zugestehen müssen, dass der Unterschied zwischen freien und selbständigen Prädikationen und ihren nominalen Gegenstücken ein wesentlicher ist.[1] Freilich kommt mir dabei der Gedanke, ob dieser Unterschied nicht bloß das Gebiet der Prädikationen und ihrer Nominalisationen angehe, vielmehr das Gesamtgebiet der Repräsentationen.

In einer Wahrnehmung lebend erschaue ich die Gegenständlichkeit. Sie konstituiert sich mir in und mit der Wahrnehmung. Sie wird mir aber in einem anderen und eigenen Sinn gegenständlich, wenn ich sie als fertig Konstituiertes zum Subjekt oder Objekt prädikativer Akte mache und wenn ich sie in sonstiger Weise kategorial einige, etwa in der Weise des „und", „oder" u.dgl. Alle die intellektiven Gestaltungen, welche die ursprüngliche Vorstellung erfahren kann und die ihr Korrelat in kategorial geformten Gegenständlichkeiten haben, sind für prädikative Funktionen prädestiniert. Und sie erhalten das ursprüngliche Vorstellungsbewusstsein, das der Wahrnehmung in unserem Beispiel, nicht unmodifiziert, es nur mit einem Rankenwerk von synthetischen Formen umgebend. Vielmehr wird nun das Angeschaute zu einem Diesda, zu einem Gegenstand-„worüber" und -„in-Betreff-dessen", kurzum es scheint, dass man sagen muss, dass eigentlich ein über die Wahrnehmung sich breitender oder in ihr fundierter Akt das leistet, was man zuerst der Wahrnehmung selbst zuzuweisen geneigt ist. Die Nominalisierung ist sozusagen eine Intellektuierung der Anschauung, zum mindesten ein erster Anfang davon, der vorausgesetzt ist, damit jene höheren intellektiven Gestaltungen zustande kommen können, welche in den prädikativen Urteilen und Urteilsgeweben bzw. den Sätzen und Satzgeweben als die logische Form sich abheben lassen.

Wir scheiden also, um wieder zu unserer besonderen Frage zurückzugehen, das, was wir freies und selbständiges Urteil nannten, „2 × 2 ist 4" u.dgl., von dem nominalen Akt „dass 2 × 2 4 ist", wir müssen sagen, von dem nominalen Urteil, wenn das *belief*-Moment das Wesen des Urteils ausmachen

---

[1] *Gestrichen* So scharf er ist, so sicher muss bleiben, dass eins und das andere nicht dasselbe ist, dass ein Name keine normale Prädikation, eine Prädikation kein Name ist.

soll. Dasselbe gilt aber von den entsprechenden bloßen Vorstellungen. Es hat seinen Grund in den Repräsentationen bzw. Bedeutungen. Die selbständige Satzbedeutung $2 \times 2 = 4$ (gleichgültig ob sie einem Urteil oder einer bloßen Vorstellung einwohnt) scheiden wir von der Bedeutung, die etwa auftritt im Zusammenhang „die Tatsache ‚2×2 ist 4‘ “, „das Urteil ‚2×2 ist 4‘ “ usw. Beiderseits sind die Bedeutung⟨en⟩ nicht dieselben, aber sie hängen gesetzlich zusammen: die eine eine nominale Modifikation der anderen, auf sie zurückweisend.

Wie steht es nun mit den Gegenständlichkeiten nominaler und propositionaler Akte oder der solchen einwohnenden Repräsentationen? Dem wesentlichen Unterschiede der Akte entspricht in gewisser Weise ein solcher der Gegenstände. Nicht als ob wir einfach einteilen könnten Gegenstände nominaler und Gegenstände propositionaler Repräsentationen: Jeder Gegenstand einer propositionalen ist ja zugleich Gegenstand nominaler Repräsentation, nämlich der aus der entsprechenden propositionalen Repräsentation durch Modifikation hervorgegangenen. Der Umfang des Begriffs nominale Vorstellung ist allumfassend. Und so muss es auch sein. Sowie wir von irgendeinem Gegenstand sprechen, sowie wir von irgendeinem Akt oder Aktmoment sagen, es habe diesen oder jenen Gegenstand, haben wir schon eine nominale, auf diesen Gegenstand bezogene Vorstellung gebildet, und nur in dem Umstand, dass diese sich mit nicht nominalen Akten identifizierend einigt, ⟨ist⟩ berechtigt die Rede von Akten, die Gegenstände haben, aber sie nicht in nominaler Weise meinen. So kam es ja auch, dass wir von propositionalen Akten sagen, sie hätten Gegenstände, und zwar einen Gesamtgegenstand, hinausgreifend über alle die eingeschlossenen nominalen Gegenstände. In einem nominalen Akte beziehen wir uns eben auf diesen Gegenstand und finden ihn im Satzbewusstsein darin.

Scheiden wir nun die bloßen Nominalisierungen von propositionalen Akten aus, so erkennen wir, ⟨dass⟩ die Gegenstände in solche zerfallen, die den propositionalen Akten eigentümlich sind, und solche, die es nicht sind, oder auch in solche, die nur in nominalen Vorstellungen vorstellbar sind, und solche, die sich primär in propositionalen Akten konstituieren. Indessen fragt es sich, ob diese Einteilung eine hinreichend radikale ist. So viel ist sicher, dass Sachverhalte – so nennen wir die vollen gegenständlichen Korrelate von propositionalen Repräsentationen, Bedeutungen, Akten – Gegenstände einer eigenen Kategorie sind. Primär in unmittelbarer und vor allem in evidenter, eigentlicher Art können solche Gegenstände nur zum Bewusstsein kommen in Form eines propositionalen Aktes. Blicken wir dann auf die sonstigen Vorstellungen hin, so sind sie mitbeschlossen ihren sämtlichen Möglichkeiten nach in denjenigen Vorstellungen, die, sei es als selbständige, sei es als unselbständige Bestandstücke, in Propositionen auftreten. Und da scheiden sich gewisse primitive Typen, und es scheiden sich vor allem kategoriale Formen, die Formen, die im generellen Wesen der Idee des Prädizierens, oder besser der Proposition gründen, und die Stoffe, die Formung erfahren.

Impression ⟨und⟩ Idee[1]

Wir[2,3] haben, anknüpfend an Brentanos Urteilstheorie, durch sie angeregt, aber beständig von ihr abweichend, eine Reihe wichtiger Unterscheidungen zur Grundlegung einer Urteilstheorie entworfen. Brentanos Unterscheidung zwischen Urteilsqualität und Urteilsmaterie haben wir uns in gewisser Weise zugeeignet. Aber freilich änderte sie wesentlich den ihr von Brentano gegebenen Sinn. Wenn Brentano Urteil und bloße Vorstellung gegenüberstellte und seinen Satz aussprach, dass jedes Urteil wie jeder psychische Akt, der nicht selbst bloße Vorstellung sei, einer bloßen Vorstellung als Unterlage bedürfe, so meinte er damit zugleich erwiesen zu haben, dass jedes Urteil als Produkt von Qualität und der zugrunde liegenden bloßen Vorstellung zu fassen sei. Die Materie gilt ihm also als zugrunde liegende bloße Vorstellung. Wir hingegen leugneten schon den brentanoschen Satz in der von ihm aufgestellten und gemeinten Form. Wir zeigten, dass dem Urteil keine bloße Vorstellung substruiert werden könne, die, wie die Sache ja gemeint war, ihm die gemeinte Urteilsgegenständlichkeit vorstellig mache. Wir bildeten den Begriff des objektivierenden Aktes. Darunter befassten wir Urteile und entsprechende bloße Vorstellungen und alle Akte überhaupt, deren eigentümliche Funktion es ist, eine Gegenständlichkeit zur Erscheinung zu bringen. Das identisch Gemeinsame von Urteil und entsprechender bloßer Vorstellung, wobei Urteil charakterisiert war durch den so genannten *belief*, nannten wir die Materie als Repräsentation und unterschieden zwischen voller Repräsentation und dem ihr innewohnenden Sinn, demjenigen, was die Rede von demselben Urteil, von derselben Vorstellung, vom selben Begriff u.dgl. überhaupt begründet, während die Akte *de facto* verschieden sind. Der Sinn macht wieder einen Begriff von Materie aus. Und beide bieten gegenüber der „bloßen Vorstellung", die ein voller Akt ist, neue Begriffe von

---

[1] *Spätere Randbemerkung.*

[2] *21. Stunde (29. Juli 1905).*

[3] *Wohl spätere Randbemerkung* Rekapitulation.

„Vorstellung", dieses Terminus, der so viele wichtige und so sehr verwirrende Vieldeutigkeiten trägt.[1]

Bezüglich des Aktes, den wir bloße Vorstellung nannten und den wir dem Urteil gegenübersetzten, will ich hier eine wichtige Bemerkung anfügen, die unsere allgemeinen Erörterungen über Akte, ohne sie geradezu ernstlich zu modifizieren, doch in aufklärender Weise ergänzt. Innerhalb der einheitlichen Gruppe der objektivierenden Akte finden wir eine durchgehende Spaltung. Jeder hierher gehörige selbständige Akt ist entweder ein Akt des *belief* oder eine bloße Vorstellung. Halten wir einen objektivierenden Sinn fest, so sind ihm zugehörig je ein Akt des *belief* und eine bloße Vorstellung denkbar, beide von diesem selben Sinnesgehalt.[2] Nun betrachten wir Akte nicht objektivierender Art, etwa Fragen, Wünsche u.dgl. Da finden wir, und das ist höchst merkwürdig, eine ganz ähnlich durchgehende Spaltung, und zwar bei Akten jeder Gattung und Art. Ich habe sie schon einige Jahre vor dem Erscheinen meiner *Logischen Untersuchungen* bemerkt, und sie hat mich gerade mit Rücksicht auf die Urteilstheorie in Verlegenheit gesetzt. Um sie zu verstehen, ist eine fundamentale Scheidung zu beachten, die wir im objektivierenden Gebiete schon betont haben. Man darf nicht verwechseln die Vorstellung eines Urteils mit der dem Urteil entsprechenden bloßen Vorstellung. Die letztere stellt den geurteilten Sachverhalt bloß vor, denselben, der im Urteil in der „Seinsweise", sagen wir besser in der Urteilsweise „erscheint". Genauso ist nun selbstverständlich zu unterscheiden nicht nur zwischen dem Wunsch selbst und der bloßen Vorstellung vom Wunsch, sondern zwischen der bloßen Vorstellung vom Wunsch und dem Akte der Einfühlung in den Wunsch. Ich kann einen Wunsch erleben: Ich wünsche selbst. Ich kann den Wunsch vorstellen, ohne selbst zu wünschen. Ich kann aber auch mich in den Wunsch einleben, einfühlen, und das ist etwas anderes, als ihn zum Gegenstand zu machen. Ich bin nicht dem Wunsch zugewendet, sondern dem erwünschten Gegenstand bzw. Sachverhalt.

Ebenso ist zu unterscheiden zwischen aktueller Frage und der eigentümlichen Einfühlung in die Frage, der aktuellen Freude und der Einfühlung in die Freude usw. Und alle diese Einfühlungen sind nicht zu verwechseln mit den entsprechenden Vorstellungen von den Fragen, von den Freuden etc. Was sind das für Akte, diese Einfühlungen? Sind es etwa Gefühle? Statt Einfühlung können wir auch sagen Sich-Hineindenken, Sich-Hineinphantasieren.

---

[1] *Wohl spätere Randbemerkung* Zum Begriff der „Vorstellung".

[2] *Der folgende Text wurde eingeklammert und wohl nicht vorgetragen* Ein zweiter großer, sich mit dem vorigen kreuzender Unterschied, der hindurchgeht, ist der zwischen Symbolisch und Intuitiv, oder besser zwischen Verworren und Klar, freilich mit graduellen Abstufungen.

Sind es also Denkakte, Phantasievorstellungen, also objektivierende Akte? Offenbar all das nicht. Man braucht sich nur eben wirklich einzufühlen und dann auf das Erlebnis zu reflektieren, um zu erkennen, dass es sich hierbei um eine durch alle Aktarten hindurchgehende, überall analoge Modifikation handelt, die also nicht selbst in eine spezielle Aktsphäre hineingehört. Nehmen wir wieder das bloße Vorstellen gegenüber dem Urteilen. Wir können uns auch in das Urteil hineinfühlen, ohne selbst zu urteilen. Nicht: Wir stellen uns vor, dass wir urteilen – da hätten wir die Vorstellung von uns und unserem Urteilen. Hier kommt in der Vorstellung vom Urteilen, wenn das Urteil sozusagen im Bilde selbst mit dabei ist, die Einfühlung in das Urteil auch vor. Aber eben nicht sie allein und schlicht. Aber nehmen wir das Urteil, dass im Mars Lebewesen existieren, und denken wir uns den Glauben weg; wir urteilten nicht, aber wir lebten in dem Quasiurteil, wir fänden uns hinein, wir fühlten uns ein. Was haben wir dann? Nun, nichts anderes als die bloße Vorstellung. Die bloße Vorstellung ist also die Einfühlungsmodifikation des Urteils. Ebenso ist die bloße Phantasievorstellung die Einfühlung in eine Wahrnehmung, und damit hängt es zusammen, dass wir eine Wahrnehmung in Abwesenheit der Sache nicht anders vorstellen können, als indem wir eine Phantasie zugrunde legen. Ebenso ist die bloße Vorstellung von einem Vergangenen, als anschauliche Vorstellung verstanden, nichts anderes als Einfühlung in die Erinnerung usw.

Der Leser Humes erinnert sich nun an die Unterscheidung, die dieser geniale deskriptive Psychologe an die Spitze seiner Erkenntnistheorie gestellt hat. Alle Perzeptionen, d.i. alle Bewusstseinsdaten zerfallen in Impressionen und Ideen. Lassen wir seine unglücklichen Beschreibungen und seine genetischen Erklärungen beiseite, so werden wir immerhin sagen können: Er hat diese große Scheidung gesehen, die durch das gesamte Bewusstseinsgebiet hindurchgeht. Also sämtliche Akte (sämtliche Bewusstseinsdaten überhaupt, Phänomendaten) sind danach sozusagen in zwei Editionen gegeben: Jeder Akt ist entweder Impression, das eigentliche, originäre Urteil, Gefühl, Wunsch etc., oder Idee, d.i. das sekundäre Phänomen, das Scheinbild, die Modifikation (die phantasiemäßige, imaginative).

Die spezifischen Charaktere, die Gattungs- und Artcharaktere (das „Wesen"), sind bei den originären und sekundären Phänomenen dieselben im „Wesen", nur kommt hinzu das im Wesentlichen überall Gleichartige der „Modifikation".

Danach ist selbstverständlich der *belief*-Charakter in der Sphäre der objektivierenden Akte gar nichts anderes als der Charakter, der alle originalen objektivierenden Akte vereint. Es ist das, was eben den objektivierenden

Akt überhaupt, sofern er unmodifiziert ist, auszeichnet, ebenso wie der Charakter des bloßen Vorstellens nichts anderes ist als das Gemeinsame aller im angegebenen Sinn modifizierten objektivierenden Akte. Urteilen im weitesten Sinne wäre also, einen objektivierenden Akt „wirklich" vollziehen; bloßes Vorstellen wäre, einen objektivierenden Akt nicht wirklich vollziehen, sondern sich in ihn hineinfühlen. Beiderseits hätten wir das gattungsmäßig Gemeinsame, verbunden einmal mit dem Charakter der Originärität und einmal mit dem der Einfühlung. Doch das ist ein ganz schlechter Ausdruck, „verbunden". Es handelt sich natürlich nicht um eine Verbindung zweier nebeneinander liegender Bestandstücke, sondern um eine gewisse an den Daten evident vollziehbare Abstraktion. Es ist hier natürlich evident, dass das „Urteil" nicht gefasst werden kann als eine Art Produkt von einer Qualität und Materie.

Nun bespreche ich eine ganz ausnehmende Schwierigkeit, die sich mit dieser Sachlage einstellt. Hat man schon den objektivierenden Charakter, das Gattungsmäßige, fest, so liegt der Unterschied beiderseits nur im Charakter der Impression und dem der Idee. Nun finden wir diesen Unterschied bei allen Akten, und so liegt es nur zu nahe, sich zu sagen, überall bestehe der Unterschied zwischen Impression und Idee als Unterschied zwischen Wahrnehmung und Phantasievorstellung oder überhaupt als Unterschied zwischen Glauben und bloßer Vorstellung. So in der Tat bei Hume. Die Versuchung ist aber umso größer, weil natürlich jedes Phänomen, jedes mögliche Datum objektivierbar ist und somit auch die Akte und Aktcharaktere, die wir neben den objektivierenden vollziehen. Mögen nun alle solche Data immer objektiviert sein oder nicht – darauf kommt es phänomenologisch natürlich nicht an. Aber den Unterschied können wir doch feststellen zwischen dem Wunschcharakter – das Wunschdatum, das sich auf eine objektivierende Vorstellung, dass S P sei, gründet – und etwa dem Auffassen, in dem das Phänomen des „dass S P sei" mit dem Charakter des „möge" erscheint. Etwa in der Anschauung, im schlichten Hinblicken steht mir nun der vorgestellte Sachverhalt mit dem Wunschcharakter ausgestattet da, er erscheint als erwünscht. So kommt es, dass wir bei der Frage, was im Wunscherlebnis vorliegt, da wir doch jenen an die Wunschaussage anknüpfen „Ich wünsche, dass S P sei" oder auch „Dass S P sei, ist zu wünschen", „Auch S möge P sein", ich sage, es kommt so, dass wir in Verlegenheit kommen. Wir finden die Vorstellung, S sei P, vor und auf den Sachverhalt bezogen das „möge", oder wir finden „S möge P sein", also ein Phänomen, in dem etwas erscheint; es erscheint, dass S P sein möge. Nun sagen wir uns: Also auch im Wunsch erscheint etwas, ist uns etwas gegenwärtig, und dasselbe, was da „erscheint", das kann auch bloß vorgestellt sein, wie wenn ich den Wunschsatz verstehe, mich in den Wunsch einfühle, ohne selbst zu wünschen. Damit scheint die Sonderung zwischen objektivierenden Akten und allen anderen zu fallen; jeder Akt wäre Bewusstsein von etwas, und zwar im objektivierenden Sinn, und zwar Bewusstsein als Impression, also ⟨als⟩ Wahrnehmung oder als bloße Vorstellung. Höchstens in den Gegenständen, die sich in den verschiedenen Akten konstituieren, lägen die wesentlichen Unterschiede. Indessen, nicht im Wunsch erscheint etwas, sondern der Wunsch erscheint, und der Charakter des Wunsches wird auf die erwünschte Sache objektivierend bezogen. Ist der Wunsch ein aktueller, so erscheint sie als wirklich erwünscht, als Träger des wirklichen Prädikats „erwünscht". Ist der Wunsch aber ein bloß modifizierter, so erscheint der Sachverhalt nicht als wirklich erwünscht, sondern nur als Träger einer Wunsch-Einbildung; genauso wie ein wahrgenommener Mensch nicht mit zwei Köpfen als wirklich erscheint, wenn ich mich darin einfühle, ihm einen zweiten Kopf anzudichten. Dies aber vermöge des Gesetzes, dass eine Impression nur in der Weise der Wahrnehmung, der aktuellen Objektivation direkt aufgefasst werden kann, eine Idee nur in der Weise der entsprechenden bloßen Vorstellung. Der aktuelle Wunsch hat den Charakter der Aktualität, den der Impression mit den Akten der aktuellen Objektivation (z.B. der Wahrnehmung und jedes Urteils) gemein, aber im eigentlichen Sinn erscheint im Wunsch nichts und erscheint in der Frage, im Willen etc. nichts, so täuschend die Sache auch in der Analyse sich gibt. Die Täuschung liegt eben in den Modifikationen oder Vermengungen, die die deskriptive Analyse unwillkürlich hereinbringt. Damit harmoniert ja auch, dass wir Gegenständlichkeit und Gegenstandslosigkeit, Wahrheit und Falschheit nur von Objektivationen aussagen können, nicht aber von Wünschen, Fragen etc. Ein Wunsch ist nicht wahr und falsch. Freilich zu den Gemütsakten gehören in gewissem Sinn auch Objektivitäten, nämlich die Werte. Aber das sind nicht Objektivitäten, die in den Gemütsakten als solchen erscheinen, sondern in gewissen Wahrnehmungen und Urteilen aufgrund der Gemütsakte erscheinen. Die in der Objektivierung sich phänomenal herausstellende Gemütsfärbung lässt sich auf die zugehörigen Sachen und Sachverhalte mindestens unter gewissen Umständen und für gewisse Fälle so beziehen, dass die Prädikate den Sachen „objektiv" zukommen, nämlich in einem Sinn, der von der Zufälligkeit der Umstände des Wertens und der wertenden Persönlichkeit unabhängig ist. Kurzum, das Werten steht unter Normen.

Ist diese Überlegung triftig, so haben wir einen höchst wichtigen Fortschritt vollzogen. Der *belief*-Charakter ist nichts anderes als der Charakter der objektivierenden Impression, und damit wäre gesagt, dass die wesentliche Differenzierung der objektivierenden Akte, nämlich die nach echter Gattung und Spezies, nicht im *belief*-Charakter liegt, sofern er Charakter der Impression ist, sondern sofern er im Wesen des Allgemeinen der Objektivierung liegt, das die bloßen Vorstellungen mit den Impressionen gemein haben. Damit aber stellt sich heraus, dass es völlig richtig war, aber nun erst aus seinem letzten Grund klar wird und allen Anstoß verliert, wenn die *Logischen Untersuchungen* alle Unterschiede zwischen Urteilen und Urteilen in die „Materie" hineinverlegten, da eben klar wird, dass in der Materie alles im eigentlichen Sinn Gattungsmäßige der objektivierenden Akte als solcher liegt. Also nicht durch den *belief*, im Gegensatz genommen zu der bloßen Vorstellung, sondern durch die Materie müssen wir die wesentlichen und echten Gattungen und Artungen der objektivierenden Akte begründen. Darin liegt, dass die Rede von „Qualität" für den *belief*-Charakter, der doch eigentlich der Impressionscharakter (nur in Anwendung auf eine Objektivierung) ist, grundverkehrt ist. Die Qualität liegt in dem, was wir unpassend genug „Materie" nannten. In der Materie liegt alles für das Urteil als solches Charakteristische, nur dass wir hier, wie bei jeder Akt- (und Inhalts)art, unterscheiden müssen Impression und Idee.

Nota dazu:
Auch der Charakter des *belief* und der der bloßen Vorstellung kann einer Wesensbetrachtung unterworfen werden. Und somit kann man von der Qualität des *belief* etc. sprechen.
Der Charakter des Phantasma ist aktuell gegeben, in der aktuellen Phantasie. Ich kann aber auch phantasieren, dass ich phantasiere. Der Charakter des *belief* ist aktuell gegeben, wenn ich urteile und auf das Urteil hinblicke. Ich kann aber auch ein Urteil phantasieren, und dann ist es nicht aktuell gegeben. Ich kann aber in der Phantasie das Wesen des Urteils untersuchen. Darin ist das „Wesen" auch gegeben, nicht das Wesen des im Urteil liegenden Was (Materie), sondern das Wesen des *belief* selbst. Ich vergleiche Urteil und Urteil (sei es in der Aktualität oder in der Phantasie) und gewinne das Urteil „S ist P". Ich vergleiche Vorstellung und Vorstellung (sei es in der Aktualität oder in der Phantasie) und gewinne die Vorstellung „S ist P".

Und[1] somit auch ist es verständlich und gar nicht mehr anstößig, wenn ein spezieller Begriff des Urteils als einer wesentlich einheitlichen Gattung der objektivierenden Akte ohne Rekurs auf den Begriff des *belief* umgrenzt wird, vielmehr durch eine besondere, artmäßige Konstitution dessen, was ich Materie nannte. Da aber kommt konform mit unseren Analysen zunächst in Betracht die Materie als Sinn. Er spielt überall die fundamentale Rolle,

---

[1] *22. Stunde (29. Juli 1905).*

wo es auf rein grammatische und rein logische Unterscheidungen abgesehen ist. Also er enthält ausschließlich die logisch wesentlich unterscheidenden Artungen der Idee objektivierender Akt und noch näher Urteil. Sprechen wir logisch von demselben Begriff, von demselben Urteil, von demselben Schluss, Beweis, von derselben Theorie, so kommt ausschließlich der Sinn in Betracht. Die Idee des Urteils, die wesentlichen Urteilsklassifikationen, die in der formalen Logik auftreten, sind sämtlich rein und ausschließlich durch den Sinn bestimmt. Die weiteren in der Repräsentation liegenden Unterschiede zwischen Verworrenheit und Klarheit, die sozusagen in einer anderen Dimension liegen, sind es dann, die die erkenntniskritischen Unterschiede, die Unterschiede der Normalität, der Geltung, der Adäquation begründen. Auf sie müssen wir zurückgehen, wenn wir den letzten Sinn der logischen Normen und den Ursprung der logischen Kategorien verstehen wollen.

Aus unseren Analysen wird nun auch verständlich, warum das Urteil im Sinn des *belief* nicht ausdrückbar ist. Brentano hatte im „ist" und „ist nicht" den Ausdruck des Urteils gesehen. Das ist grundirrig, wenn man unter Urteil den *belief*-Charakter versteht, es wird erst richtig, wenn man darunter wesentliche Charaktere des objektivierenden Sinnes versteht, nämlich solche Charaktere, die für die Idee des Urteils nach seinem Gattungsmäßigen, also nach seiner Materie wesentlich sind. Alles, was der Ausdruck ausdrückt, ist Sinn, und durch den Sinn bezieht er sich auf Gegenständlichkeit. Alles, was eine Aussage, ein grammatischer Aussagesatz ausdrückt, bezieht sich auf die Materie als Sinn. Der *belief* ist nicht ausdrückbar. Wenn ich urteile „2×2 ist 4", so gehört alles, was die Worte besagen, zum Sinn. Dass ich aber aktuell urteile und nicht etwa mich in Urteilen einfühle, das besagen die Worte nicht und können sie nicht besagen. Natürlich kann es das auch aussprechen, indem ich eben sage: Ich glaube, dass, d.i. ich vollziehe aktuell ein Urteil, dass 2×2 4 ist. Aber nun hat die neue Aussage mit den neuen Worten einen neuen Sinn, und wieder ist der Glaube, der zu dieser Aussage gehört, nicht ausgedrückt. Wie könnte er es auch: Um ausgedrückt zu werden, müssten Worte da sein, die ihn nennen, und die zugehörigen objektivierenden Akte könnten nun ebenso gut Impressionen als Ideen sein. Es liegt eben in der Natur der Sache, dass dieser Unterschied zwischen Impression und Idee im Ausdruck nicht mitbezeichnet sein kann, eben weil das Bezeichnen selbst ein Objektivieren ist und die Allgemeinheit des Zeichens eine Sonderung nach Impression und Idee unmöglich macht. Nur die Bedeutung kommt im Zeichen zur Ausprägung. Also nur das Gattungsmäßige der Objektivation steht im Ausdruck und kann in ihm stehen; ob der Ausdruck aktuell oder in der Weise der Einfühlung vollzogen ist, das weiß der Hörer aus indirekten psychologischen Anzeichen, er apperzipiert mich eben als aktuell Urteilenden oder bloß Vorstellenden.

⟨Urteil und Wahrnehmung⟩

Nachdem wir das wichtigste Fundament für eine allgemeine Urteilstheorie gelegt haben, knüpfen wir an unsere früheren Betrachtungen wieder an, indem wir überall in ihnen die jetzigen Klärungen mitvollzogen denken. Wir unterschieden propositionale Objektivationen von nominalen, wir machten uns klar, dass in den nominalen die Gegenständlichkeit in einer phänomenologisch verschiedenen Weise bewusst ist wie in den propositionalen. Von hier aus müssen wir nun weitergehen, damit wir den echten Urteilsbegriff bekommen, der durch die Beziehung zur Aussage zu bestimmen ist, gegenüber den sonstigen Objektivationen. Von dem Charakter der Impression können wir jetzt überall absehen, da er ja keine wesentliche Differenzierung beibringen kann. Eines sehen wir von vornherein: Was wir in aller Logik Urteil nennen, was seinen Ausdruck in einem grammatischen Satz findet, ist eine propositionale Objektivation. Sage ich bloß „Sokrates", so ist das kein Satz. Die Vorstellung „Sokrates", verstanden als Objektivation, gleichgültig ob sie den Charakter des Glaubens hat oder nicht, nennen wir kein Urteil. Das Urteil ist der Akt, in dem sich ein Sachverhalt konstituiert. Sokrates ist kein Sachverhalt. Der Gegenstand Sokrates kann in einer Wahrnehmung gegeben sein, und nur in einer Wahrnehmung. Der Sachverhalt „Sokrates ist ein Mensch" kann nur in einem propositionalen Akt, wenn auch nicht gerade in einem ausdrücklichen, als dem hier Entsprechenden der Wahrnehmung gegeben sein. In der Sphäre der Ausdrücklichkeit heißt es, ein Name ist keine Aussage; in der Sphäre der Akte, die sich ohne Ausdruck vollziehen, heißt es, eine schlichte Wahrnehmung, Erinnerung u.dgl. ist wesentlich zu unterscheiden von den so genannten beziehenden Akten, durch welche sich die der Wahrnehmung entsprechende nicht ausdrückliche Beziehung auf den Sachverhalt herstellt.

Hier liegen große Probleme. Wie verhält sich Wahrnehmung zu „Urteil" als dem Akt, dem als Gegenständlichkeitskorrelat der Sachverhalt entsprechen soll? Und wie verhalten sich hier die Akte, in denen der Sachverhalt gleichsam zur Anschauung, zur Gegebenheit kommt, zu den ausdrücklichen Akten, die sich als Aussagen äußerlich objektivieren? Ferner: Was ist das ⟨für⟩ eine Funktion, die Nominalisierung, die auf Wahrnehmungen und sonstige Anschauungen sich gründend eine Art mittelbarer Beziehung auf den Gegenstand herstellt, und wiederum, die auf ein nicht ausdrückliches oder ausdrückliches Urteilen bezogen den Sachverhalt zum nominalen Gegenstand macht?

Wir haben den Fall des gewöhnlichen kategorischen und dabei singulären Urteils bereits einer gewissen Analyse unterzogen. Aber dies reicht für die jetzigen Zwecke nicht aus. Machen wir uns zunächst deutlich, dass ⟨der⟩ Aussage ein Akt oder Aktgebilde ähnlich entsprechen kann wie der Nennung eine entsprechende Anschauung. Ich sehe ein Stück Kreide und lebe im Wahrnehmen. Dann etwa nenne ich das Kreide oder sage etwa bloß „dies". Ich kann ebenso rein aufgrund der Anschauung erfassen die Kreide, an der Kreide das Moment der Weiße. Ich achte zunächst auf die Kreide im Ganzen, dann auf das Moment der Weiße. Aber nicht nur das: Beide Anschauungen kommen in gewisser Weise zur Einheit. Die Kreideanschauung ist nicht fortgefallen, während ich das Weiß erfasse; immer noch steht mir anschaulich der Gegenstand Kreide da und an ihm erscheint das Weiß. Im Übergang von einem zum anderen erfasse ich diese Einheit, die sich durch das „an" ausgesprochen hat; das Moment, der Teil wird in Identitätseinheit mit dem Ganzen erfasst. Aber nicht so, dass ich irgendetwas ausdrücken müsste, aussagen: „Diese Kreide ist weiß", auch nicht so, dass die Identität hierbei in demselben Sinn gegenständlich würde wie das Weiß und die Kreide, als ob ich sie in einem gewissen anderen Sinn zum Gegenstand machen würde; vielmehr finden wir als unterliegenden Akt den der Kreideanschauung, und darauf baut sich ein zweiter Akt, in dem das Weiß zur Anschauung kommt, aber nicht das Weiß, als ob es für sich zum Gegenstand würde, sondern das „Weiß" eben auf dem Grund des festgehaltenen Bewusstseins der Kreideanschauung, sich in ihr identifizierend. Darüber können sich nun immer noch ohne Worte, obwohl die sich hier schwer werden abweisen lassen, weitere Akte aufbauen. Auf die Kreide hinblickend steht sie als Dingobjekt da. Sie kann, muss aber nicht als eine Kreide erkannt sein. Wird sie es, so haben wir einen neuen Akt. Ebenso könnte das Prädikatmoment erkannt sein, etwa als die Farbe Weiß. Aber ausgedrückt braucht das nicht zu sein. Es kommt ja vor, dass wir einen Gegenstand seiner Art nach erkennen, während uns der Name absolut nicht einfallen will. Erkannt ist er darum doch. Was sind das für Akte? Ferner wieder andere Akte, wenn wir kompliziertere Fälle nehmen, wobei sich wieder Akte sondern, die vor der Ausdrücklichkeit, aber auch vor der Erkennung liegen, und Akte dieser Erkennung und Nennung selbst.

So die Akte des kollektiven Zusammenfassens, die sich im „und" ausdrücken, und hierbei als das „und" erkannt werden. Die Akte des „oder", die Akte des Plurals, die Akte der Unbestimmtheit, der Partikularität und

Universalität. Dahin gehört eigentlich auch die attributive Auffassungsform, die zunächst sich leicht mit der schlichten Erkennung vermengt. Sage ich: „diese Kreide", so ist das eine eigentümliche Bewusstseinsmodifikation eines Urteils „Dies ist Kreide". Das Erkennen des Dies als Kreide besagt also: zunächst das Urteil vollziehen und dann als sein „Ergebnis", wie wir es nannten, die als Kreide bestimmte Sache, auf die durch das Dies hingewiesen ist, vorstellungsmäßig konstituieren. Ebenso wenn wir, um ein einfacheres Beispiel zu wählen, sagen: „dies Weiße", also „Dies, welches weiß ist". Natürlich ist das schlichte Erkennen des Weiß, das da vorausgesetzt ist, nicht wieder ein attribuierendes Erkennen. Das Erkennen des Dies als Weiß ist eine Attribution, das Erkennen des Weiß aber ist nicht selbst wieder ein⟨e⟩ Attribution.

Betrachten wir nun diese Aktreihen näher, und im Vergleich mit den ausdrückenden Akten, so werden wir doch sagen müssen, dass diese letzteren zu den Akten der höheren Schicht gehören. Eine schlichte Wahrnehmung kann nicht ausgedrückt werden, sie muss erst eine intellektive Fassung und Formung erhalten haben. Selbst wenn ich nur sage: „dies", so liegt darin schon ein über die Anschauung gebauter Akt als Voraussetzung. Gebrauche ich den Eigennamen, nenne ich das erscheinende Ding „Sokrates", dann erkenne ich ihn eben als Sokrates, wie ich das natürlich auch kann, ohne dass mir der Name als Wortlaut einfällt. Das Verhältnis zwischen „signitiv" (Bedeutungsintention von Worten) und „intuitiv" gehört also nicht zu den schlichten und eigentlichen Anschauungen, sondern zu den aus ihnen geschaffenen intellektiven Bildungen.[1] Diese erfahren „Ausdruck", und das Wort passt insofern, als die Bedeutungsakte gleichsam Gegenbilder sind der intuitiv vollzogenen intellektiven Akte, Gegenbilder, nämlich Akte gleichen Sinnes, allen Wendungen und Formungen des Sinnes genau folgend.

Mit Rücksicht auf die neuen Feststellungen zu Beginn der heutigen Vorlesung könnte man hier von einem Zweifel bedrückt werden. Zuunterst liegen im Fall der „eigentlichen" intellektiven Akte (also nicht bloß symbolischer) schlichte Anschauungen. Über diese Akte bauen sich die intellektiven Akte, das Wahrgenommene wird zum Dies, wird als Kreide attributiv erkannt,

---

[1] *Randbemerkung wohl von 1908* Deutlicher: Wenn wir von dem Verhältnis zwischen Bedeutung, Signifikation und Intuition sprechen oder von der den leeren Bedeutungen, den leeren signifikativen Vorstellungen entsprechenden Anschauung, so sind unter den Anschauungen niemals schlichte Anschauungen zu verstehen, sondern in solchen fundierte intellektive Bildungen.
Nicht leere – anschauliche Vorstellungen, sondern ausdrückende Vorstellungen und ausgedrückte. Ausdrückende Vorstellungen – Anschauungen.

worin schon eine Sachverhaltssynthese vorausgesetzt ist, und dazu andere
Synthesen, dies mit jenem zusammengenommen, es wird von beiden plural
etwas prädiziert etc. Man könnte sagen: Mit all diesen Akten verhält es
sich so wie mit Wünschen, Fragen usw. Sie bauen sich auf den Unterlagen
auf, sie ergeben phänomenologische Einheiten (Erlebniseinheiten) mehr
oder minder komplexer Art. Aber diese Einheiten bringen nicht selbst die
Kollektiva, die Sachverhalte, den Plural und Singular usw. zur Erscheinung
als eine Gegenständlichkeit, sondern die Gegenständlichkeiten sind phänomenal erst da, wenn auf sie hingeblickt wird, wenn sie in besonderen Akten
gegenständlich gemacht werden. Das hieße nichts Geringeres ⟨als⟩: Diese
erkennenden, beziehenden und verknüpfenden Akte usw. sind nicht selbst
objektivierend, so wenig wie Wunsch- und Frageakte, sondern werden es
erst durch Akte, die auf sie bezogen Objektivierung schaffen. Was dafür
sprechen würde, wäre etwa der deskriptive Unterschied zwischen dem sozusagen naiven Vollzug einer Identifizierung – und eines propositionalen
Aktes überhaupt – und der Nominalisierung, in welcher wir den Sachverhalt
zum Gegenstand-worüber machen. Indessen, hier ist die Auffassung nicht
durchführbar. Sie wäre es, wenn es sich darum handelte, auf die phänomenologischen Zusammenhänge, so wie sie da sind, hinzublicken. Dann
reichten wir mit den einzigen Akten, die uns ja nach dieser Auffassung
übrig blieben, den schlichten Anschauungen, hin. Wir blicken aber nicht auf
das propositionale Phänomen hin, sondern der Sachverhalt wird uns zum
Gegenstand, und man müsste sehen, ob sich das verstehen ließe. Natürlich,
von Grund auf durchdacht müsste natürlich die ganze Phänomenologie
dieser Tatsachen werden, ob unsere Interpretation des Unterschieds von
Impression und Idee hier zu solchen radikalen Modifikationen Möglichkeit
und Berechtigung geben würde.

Halten wir unsere zunächst jedenfalls wahrscheinlichere Sachlage fest,
die ja darin ihre Stütze findet, dass in der evidenten urteilenden Reflexion
jeder intellektive Akt, jedes Urteil und jedes selbständige Stück eines Urteils
Beziehung auf eine Gegenständlichkeit als zu ihrem Wesen gehörig zeigt, so
wie die Wahrnehmung und jede sonstige schlichte Anschauung, während dies
bei den Akten anderer Art im eigentlichen Sinn nicht der Fall ist. Selbstverständlich ergibt sich uns ein radikaler Unterschied zwischen schlichten
Objektivationen und intellektiven Objektivationen. Wir werden uns nicht
dazu verstehen können, Wahrnehmungen als Urteile zu bezeichnen; und
dass man dies getan hat, beruht nur darauf, dass man unzulässigerweise im
belief-Charakter das Wesentliche des Urteils sehen wollte. Beschränken wir
uns auf die intellektiven Objektivationen im jetzigen prägnanten Sinn, so

bilden sie die im echten Sinn kategorialen Akte.[1] Nämlich: Obschon wir nicht sagen können, dass alle Objektivationen der höheren Stufe Urteile sind, sofern es zum Wesen des Urteils gehört, dass in ihm ein voller Sachverhalt gegenständlich ist, und gegenständlich nicht in nominaler Weise des Gegenstandes-worüber, so ist doch dies evident, dass jeder intellektive Akt in den Zusammenhang einer Urteilseinheit treten kann. Eine Phänomenologie der Urteile nach ihren wesentlichen Gestaltungen umfasst also auch eine Phänomenologie aller intellektiven Gestaltungen. Klassifizieren können wir die selbständigen intellektiven Akte natürlich in nominale und propositionale, da jeder selbständige Akt hierher gehöriger Art, der nicht propositional ist, nur nominal sein kann.[2] Was im Zusammenhang von Urteilen, wie wir nun schlechtweg sagen, neben nominalen Akten auftritt, das sind unselbständige Aktmomente. Alle in einem Urteil unterscheidbaren Momente, und ebenso natürlich in einer nominalen Objektivation, können wir in zwei Klassen scheiden. Die einen gehören zum generellen Wesen des Urteils,[3] in ihnen erfährt die Gattung Urteil, und allgemein objektivierender Akt, eine wesentliche Differenzierung, und daneben ⟨die⟩ anderen Momente, die eine außerwesentliche Differenzierung bedeuten. Momente der ersteren Art nennen wir kategoriale Momente. Doch müssen wir genauer sagen, dass wir uns hierbei auf Momente des Sinnes beziehen, also des logischen Wesens des Urteils. Wir sprechen vom selben Urteil, wo der Sinn genau derselbe ist. Die Spezifizierung des Urteils gemäß dieser Rede von dem selben Urteil ist Spezifizierung des Sinnes, und die wesentliche liegt in den kategorialen Momenten. Die zugehörigen generellen Begriffe heißen Kategorien.[4] Die rein in den Kategorien gründen⟨den⟩, also zum generellen logischen Wesen des Urteils gehörigen Gesetze, sind die rein logischen Gesetze des Urteils. Das Kategoriale an jedem Urteil nennen wir seine logische Form. Die formale Logik ist die Wissenschaft von den formalen Gesetzen, und das heißt wieder so viel wie: kategoriale Gesetze. Der Form steht gegenüber der Stoff oder die Materie in einem total neuen, und zwar im gewöhnlichen logischen Sinn. Die materialen Bestandstücke des Urteils sind diejenigen, die bei der Evidentmachung des Urteils ihre Erfüllung in unterliegender

---

[1] *Randbemerkung wohl von 1908* Kategoriale Akte.

[2] *Randbemerkung wohl von 1908* Doch wird man vielleicht sagen können, dass nominale Akte ebenfalls unselbständige Teile von Urteilen sind. Sie haben schon kategoriale Form, die sie eingliedert den Urteilen, und es ist zu erwägen, was diese Unselbständigkeit besagt in Fällen, wo wir einen Namen außerhalb der Aussage verstehen.

[3] *Wohl spätere Randbemerkung* des Satzes.

[4] *Randbemerkung wohl von 1908* Kategorien.

Anschauung finden müssen. Es sind die nominalen und adjektivischen Vorstellungen; traditionell als die Termini bezeichnet: „Sokrates ist ein großer
Philosoph."

Die schlichte Anschauung, dadurch dass sie intellektive Formen der und
der Art erfährt bzw. zulässt, wird zum vollen, materialen so und so bestimmten Urteil. Die rein intellektive Form kann kein Urteil konstituieren,
doch kann eine Form nominal gegenständlich werden, und dann fungiert die
nominale Vorstellung der Form als Stoff gebende in Relation zu höheren
intellektiven Formungen, die sich darauf wieder bauen. So ist Wahrheit ein
kategorialer Begriff. Ich kann aber auch über Wahrheiten etwas aussagen,
und in diesen Urteilen fungiert der Terminus Wahrheit als relativ Stoffliches,
eben als Terminus, gegenüber den Formen dieses Urteils. In leicht verständlicher Weise unterscheiden wir zwischen absoluten und relativen Stoffen und
Formen.

Die weitere Urteilstheorie müsste nun vor allem Kategorienlehre bzw.
Formenlehre des Urteils sein, eine systematische Darstellung der im Wesen
des Urteils als der Bedeutung der Aussage gründenden Formunterschiede.
Bezeichnen wir die materialen Bestandstücke des Urteils, wie traditionell,
durch Buchstaben, so wird jede wesentliche Modifikation der Urteilsbedeu-
tung ausgedrückt durch eine Satzform. Z.B. „S ist P", „Dies S ist P", „Einige
S sind P" usw. Die systematische und für die reine Logik fundamentale Aufgabe besteht darin, alle wirklich bedeutungsverschiedenen Formen dieser
Art aufzustellen. Dabei liegt die Schwierigkeit in dem hinreichend tiefen Verständnis der sprachlichen Ausdrücke. Manches im Ausdruck ist ohne Zweifel
bloß grammatisch im empirischen Sinn, sofern derselbe Gedanke verschieden ausgedrückt werden kann ohne Änderung des Sinnes, z.B. Änderung
der Wortstellung und auch der Worte selbst. Im Ganzen ist das Gebiet dieser
Verschiedenheit keineswegs ein so großes, wie man es gewöhnlich anzusehen
pflegt. Andererseits ist es unzweifelhaft, dass infolge konstanter oder relativ
häufiger Bedeutungsverschiebungen, welche die grammatischen Ausdrücke
erfahren, ursprünglich bedeutungsverschiedene Ausdrücke völlig gleich fungieren können, so dass vielfach Ausdrücke für dieselben Urteile erwachsen.
Das betrifft unter Umständen auch die logisch relevanten Bestandstücke
der Aussagen. Ob nun wirklich Bedeutungsverschiebung vorliegt oder nicht,
ob Ausdrücke dasselbe oder Verschiedenes bedeuten, ist gar nicht leicht zu
unterscheiden, besonders weil die Ausdrücke während der Reflexion selbst
sich leicht modifizieren.

Von viel größerer Wichtigkeit ist es, auf folgenden Punkt zu achten: Man
darf sich nicht Äquivalenz für Identität unterschieben lassen. Rein logi-

sche Äquivalenzen festzustellen, das ist Funktion der logischen Gesetze.[1]
Die Bedeutungslehre ist aber eine bloße Aufgabe der reinen Grammatik.
Sie hat nicht nach Wahr und Falsch, nach identischer oder verschiedener
Gegenständlichkeit zu fragen, sondern nur, ob der Sinn derselbe oder ein
verschiedener ist.

⟨Zur Lehre von den Urteilsformen⟩

Wir[2,3] haben in den bisherigen Vorlesungen eine allgemeinste Charakteristik des Urteils zu vollziehen gesucht. Das Urteil ist ein objektivierender
Akt, und gemäß der allgemeinen Unterscheidung zwischen Impression und
phantasiemäßiger Modifikation ist auch hier zu unterscheiden zwischen aktuell vollzogenem Urteil und seinem phantasiemäßigen Gegenbild. Nur das
Erstere hat man im Auge, wenn man schlechthin von Urteil spricht. Nicht
alle objektivierenden Akte sind nun Urteile. Urteile sind Denkakte. Denken
stellt man gegenüber dem bloßen Anschauen. Eine schlichte Wahrnehmung,
eine schlicht sinnliche Phantasie, eine schlichte Erinnerung oder Erwartung
ist kein Urteil. Erst wenn sich auf die schlichten Anschauungen gewisse höhere Akte der objektivierenden Sphäre aufbauen und Einheit der Erkenntnis
begründen, die sich ausdrückt oder ausdrücken kann in der bedeutungs-
mäßigen Einheit der Aussage, haben wir ein Urteil. Freilich hat man hier
eine doppelte Möglichkeit, den Ausdruck, nämlich die Bedeutungsintention
irgendeiner sich den fraglichen Akten anpassenden Aussage wesentlich mit
zum Urteil zu rechnen oder ihn als etwas Außerwesentliches zu fassen. Es
ist dabei zu beachten, dass die zu den Worten gehörige Bedeutung sich in
diesen Komplikationen deckt mit dem Sinn des intellektiv so und so gefassten
und erkannten Anschauungsgebildes und dabei das einheitliche Ganze der
Aussage einen objektivierenden Akt darstellt, der e i n e n Sinn hat, mögen wir
auch abstraktiv verfahrend Gründe haben, mehrfach von Sinn zu sprechen,
von dem Sinn der Unterlage und dem des Ausdrucks, wobei einer und der
andere sich eben deckt.

Wenn wir also den Ausdruck nicht wesentlich zum Urteil rechnen, also
Urteil und Aussage nicht als Begriffe gleichen Umfangs ansehen, würde
die Aussage als Urteil gelten, nur als eine Komplikation, welche aber nicht
den logischen Sinn kompliziert. Doch darauf dürfen wir nicht mehr näher

---

[1] *Randbemerkung wohl von 1906/07* Cf. nächste Vorlesung, drittes Blatt ausgeführt.
[2] *Letzte Stunde (5. August 1905).*
[3] *Randbemerkung wohl von 1906/07* Rekapitulation.

eingehen. Das Urteil ist nicht immer derart aufgrund der Intuition aktuell Konstituiertes. Es kann auch in gewissem Sinn „uneigentlich" vollzogen sein in Form des symbolischen Urteilsbewusstseins oder des partiell intuitiven und partiell symbolischen Bewusstseins. Es ist dann mehr oder minder leere Intention, die erfüllungsbedürftig gleichsam ist und ihre Erfüllung findet, indem sich Schritt für Schritt, so wie es die Gliederung der Intention erfordert, entsprechende Anschauung anmisst, oder sich vielmehr anmisst in der Weise des Ausdrucks an die so und so gefasste und in dieser Fassung schrittweise Erkennen begründende Anschauung.

Der bloße Ausdruck, der aber doch über die Worte oder sonstigen Zeichen hinaus Bedeutung hat, stellt auch ein Urteil dar, und wenn der objektivierende Akt, der ihm Bedeutung gibt, sinnesidentisch ist mit einem entsprechenden intuitiven Urteil, sogar „dasselbe" Urteil wie dieses intuitive. Doch heißt das natürlich nur, es sei von einem gewissen Gesichtspunkt, von einem logischen aus dasselbe. Es ist beiderseits das logische Wesen dasselbe, obschon die Urteile phänomenologisch sehr verschieden sind. So z.B. wenn wir $2 \times 2 = 4$ aussagen, so fällen wir „dasselbe Urteil", ob wir in der Weise der Einsicht oder der blinden gewohnheitsmäßigen Urteilsweise aussagen. Zum gattungsmäßigen Wesen des Urteils gehört also nur überhaupt dies: dass der Akt ein impressionaler objektivierender Akt ist mit einem propositionalen Sinn.

Da also nur der propositionale Sinn innerhalb der Objektivationen das wesentlich Einheitgebende für die Gattungsbildung Urteil abgibt, so müssen die wesentlichen Differenzierungen in den Differenzierungen dieses Sinnes liegen. Sofern andererseits aber der Sinn ein Abstraktes ist, das ergänzender Momente zu seiner Konkretion bedarf, so gehört in die Urteilstheorie nicht minder die Betrachtung jener anderen Unterscheidungen, die sich mit den Sinnesdifferenzierungen kreuzen und die noch bestehen bei Identität des Sinnes. Für eine erkenntnistheoretische Klärung der Logik sind diese letzteren Unterschiede von entscheidender Wichtigkeit. Sie spielen aber auch ihre Rolle für eine Untersuchung, welche rein logische Interessen vertritt, welche einmal darauf abzielt, die systematisch logische Durchforschung der Idee des Urteils zu vollziehen, also in systematischer Weise die Gattungsidee des Urteils zu differenzieren, und andererseits die darin gründenden Geltungsgesetze aufzustellen. Das Erstere wäre die reine Grammatik des Urteils, wir können auch sagen: des Satzes. Der Satz ist nichts anderes als das logische Wesen des Urteils, es ist die identische Einheit des Sinnes, unter Abstraktion von den erkenntnismäßig bedeutsamen Unterschieden der Anschaulichkeit. Es handelt sich also um eine systematische Anatomie der Idee des Satzes. Welches sind die wesentlich in der Idee des Satzes gründenden spezifischen Differenzen? Sätze können einfache oder zusammengesetzte sein. Welches sind die primitiven Sätze, die einfachen, und zwar ihrer wesentlichen Artung nach? Und welches sind die schrittweisen Modifikationen und Komplikationen, die uns die sonst noch möglichen, und zwar wesentlichen Satzarten ergeben? Wir haben davon schon bei der Behandlung der Idee der reinen Grammatik gesprochen. Hier sehen wir, dass sich diese Untersuchung bezieht auf das Wesen des Urteils, das ja in seiner gattungsmäßigen Allgemeinheit bestimmt wird durch den Sinn, also den Satz. Diese Untersuchung nun rekurriert beständig auf die logisch außerwesentlichen Urteilsunterschiede, die doch gar nicht in ihrem Absehen liegen. Nämlich nur durch beständigen Rückgang auf die Sphäre der Intuition und Evidenz kann man sich der wesentlichen Unterschiede in der gattungsmäßigen Satzsphäre mit Sicherheit bemächtigen und die außerordentlichen Schwierigkeiten, die hier liegen, die vielen Täuschungen, denen die Analyse hier ausgesetzt ist, überwinden. Die Allgemeinheit der Urteilsformen studieren wir naturgemäß zunächst unter Anleitung der Allgemeinheit der grammatischen Satzformen. Aber in der Sphäre der sprachlich ausdrücklichen Urteile, die wir schon aus Bequemlichkeit symbolisch und fast ganz ohne Anschauung vollziehen, ist wohl darauf zu achten, dass der Wortsinn ein flüssiger ist, die Bedeutungsintentionen halten nicht fest, sie verschieben sich je nach Richtung der herrschenden Interessen, und das logische und philosophisch reflektierende Interesse ist ein sehr wesentlich verschiedenes als das natürliche im Denken, das naiv den Sachen zugewendet ist. Natürlich leidet die Untersuchung sehr unter diesen unmerklichen und oft starken Sinnesverschiebungen. Hier hilft nur das streng phänomenologische und auf den phänomenologischen Grund rein abstraktiv sich stellende Verfahren. Die Reflexion muss sich auf die Bedeutungen in ihrem identischen Bestand richten. Die schärfste Abhebung aber ergibt dabei die Betrachtung der Bedeutungsintentionen in dem Stadium Erfüllung an der Anschauung. Freilich muss man da erst gelernt haben zu sehen und nicht etwa, im sachlichen Interesse untertauchend, die Gedanken zu übersehen, in denen sich das so und so Bedeuten der Sachen konstituiert. Besonders ist da gefährlich die Neigung, Äquivalenz für Bedeutungsidentität zu halten. Die Einsicht in die unmittelbare Identität der Sachen oder Sachverhalte, die einmal so und einmal so ausgedrückt werden, führt leicht dahin, in diesen Fällen alles auf den bloßen Ausdruck, und damit meint man, auf den Unterschied der bloßen Worte zu reduzieren, während in der Tat Unterschiede der Gedankenformen vorliegen, in denen dieselben Sachen erschaut, aber in verschiedener Weise gedacht sind. Natürlich, es gibt in den Sprachen genug Synonymien, und oft genug kommt es vor, dass Ausdrücke, die normalerweise Verschiedenes bedeuten, im besonderen Denkzusammenhang auch als gleichbedeutend gebraucht werden. Darauf ist natürlich zu achten. Aber andererseits ist es nicht minder wichtig, genau auf die Konstitution des Sinnes zu achten, in dem jeweils die Sachen gemeint sind, und nicht aufgrund der unmittelbaren Äquivalenz auf bloß grammatische Unterschiedenheit, auf bloß verbale zu schließen. Auch hier hilft das phänomenologische Verfahren: Man hält sich eben an das, was wirklich vorliegt, an jede Färbung des Meinens, ⟨achtet⟩ auf jedes unterscheidbare Moment des erlebten und identisch festgehaltenen Sinnes, und man bewährt diese Unterscheidungen durch Rückgang auf Beispiele, die eine anschauliche Erfüllung ermöglichen, oder findet erst hier, dass klar auseinander tritt, was im vagen symbolischen Denken sich nicht abheben wollte. Natürlich spielt hier der Rekurs auf Erfüllung oder Veranschaulichung nicht die Rolle eines Unterbaus der wissenschaftlichen Anatomie der Sätze durch eine wissenschaftliche Anatomie der das intuitive Denken und seine Anschauungsgrundlagen konstituierenden Zusammenhänge. Eben dasselbe gilt von dem Aufbau einer reinen Logik nachseiten der Gesetze und Theorien, die in den reinen Satzformen gründen. Man geht auf Evidenz zurück, man beseitigt hierdurch Verwirrungen und gedankliche Verschiebungen falscher Interpretation, aber einer systematischen wissenschaftlichen Phänomenologie der Evidenz gebenden[1] Daten bedarf es hierbei nicht. Erst das erkenntnistheoretische Interesse fordert eine solche Phänomenologie und eine Erforschung der Zusammenhänge zwischen Bedeutungen und Anschauungen, eine Herausstellung des letzten und tiefsten phänomenologischen Verständnisses alles Logischen. Dadurch wird in der philosophischen Logik doch wieder beides Hand in Hand gehen: Unterscheidung der wesentlichen Denkformen beziehungsweise Satzformen, sowie Feststellung der logischen Prinzipien und Theorien, mit der Phänomenologie der mannigfaltigen Konkretionen des Denkens.

Werfen wir heute nun noch einige Blicke auf die Wissenschaft vom logischen Wesen des Urteils, auf die so genannte Lehre von den Urteilsformen. Es ist ein heiß und viel umstrittenes Problemgebiet. Bekannt ist die nach den vier Gesichtspunkten Quantität, Qualität, Relation und Modalität gebaute Urteilstafel Kants, die, in Hauptstücken auf der Tradition beruhend, die seitherige Tradition so sehr beherrscht. An Reformversuchen hat es wahr-

---

[1] *Gestrichen* und andererseits der symbolischen.

haftig nicht gefehlt, aber so energische und vielfältig gewendete Bemühungen an die Herausstellung einer ausreichenden Formentafel gerichtet waren: zu einer Einigung und erträglichen Klärung der Gegensätze ist es nicht gekommen. Freilich fehlte es auch an einer klaren Vorstellung der eigentlichen Ziele der hier anzustellenden Untersuchungen, und wiederum fehlt⟨e⟩ es an einer Klarheit über die Methode. Natürlich konnte man zu keiner Klarheit kommen, solange ⟨nicht⟩ die Unterschiede zwischen Symbolisch und Intuitiv, zwischen Impression und Idee, zwischen Sinn als gattungsmäßiges Wesen des Urteils und voller Repräsentation, zwischen propositionaler und nominaler Vorstellung und was dergleichen mehr herausgestellt waren. Auch dass die Untersuchung rein phänomenologisch zu verfahren habe, ja schon die Idee einer phänomenologischen Analyse kam nicht zur Klarheit.

Sehr verwirrend hat die *belief*-Theorie des Urteils gewirkt, sofern sie im *belief* das qualitative Wesen des Urteils zu besitzen und es mit dem Ist- und Ist-nicht-Moment des Sinnes identifizieren zu können meinte. Nun entsprangen vergebliche Bemühungen, einen Teil der historischen Unterscheidungen als qualitativ in diesem Sinn zu fassen und andere Teile wiederum als Unterschiede einer unklar verstandenen Materie.

Nicht minder verworren war aber andererseits die so genannte Prädikationstheorie des Urteils, sofern sie, ohne jeden phänomenologischen Unterbau an die Probleme herantretend, den Begriff des objektivierenden Aktes nicht abgrenzte, demnach das Urteil mit Akten außerhalb dieser Gattung zusammenwarf, z.B. mit der Frage, andererseits aber auch innerhalb dieser Gattung seine Eigentümlichkeit nicht zu fassen wusste, indem hier die wesentliche Unterscheidung zwischen nominalen und propositionalen Objektivationen fehlte.

Doch ich will mich nicht zu sehr in allgemeine Kritik verlieren.

Die erste Unterscheidung, an die man bei der Wesenslehre des Urteils anknüpfen muss, ist die von einfachen und zusammengesetzten Urteilen. Hierbei ist aber zu beachten, dass zusammengesetzte Urteile als Urteile zusammengesetzt sein sollen; also die Urteilseinheit muss fundiert sein in objektivierenden Akten, die selbst den Charakter voller Urteile haben. Demnach ist der hypothetische Satz „Wenn S P ist, so ist Q R" kein zusammengesetztes Urteil, denn ein als Urteil, somit als Impression vollzogener objektivierender Akt dieses Inhalts ist nicht fundiert in den Impressionen „S ist P", den Glaubensakten; vielmehr ist „S ist P" hier bloß Voraussetzung.

Wollen wir nun die primitivsten objektivierenden Akte, die unter den Begriff des Urteils fallen, gewinnen, so werden wir offenbar nicht alle einfachen Urteile auf gleiche Stufe stellen können. Ein dem hypothetischen Vordersatz

entsprechendes Urteil wäre ja von einfacherem Typus als das ganze hypothetische Urteil. Wir werden uns also derartige Typen auswählen, in welchen
propositionale Gedanken auch nicht in der Weise bloßer Vorstellungen
vorkommen. Wir schließen nicht nur solche propositionalen Teilgedanken
aus, die in der Weise von hypothetischen Vorder- und Nachsätzen auftreten,
sondern auch solche in Form irgendwelcher Attributionen. Natürlich wird
nach Betrachtung der in der propositionalen Konstitution einfachsten Urteile
die Frage nach den gesetzmäßigen Bildungsformen komplizierterer Formen
erwachsen, nach den verschiedenen Arten, in denen Satzgedanken eintreten, und wie sich ihnen gemäß die Formen sukzessiv modifizieren können.
Beispiele von Urteilen einfachster Konstitution der gewünschten Art sind:
„Franz ist klug", „Dies ist rot", „Dies ist Johann", „Johann ist Franz ähnlich,
größer als er" usw., „Dies ist nicht grün".

Wir finden hier allgemein die Formen „S ist P" und „S ist nicht P".[1]
An Subjektstelle kann hier stehen entweder Dies oder ein Eigenname, an
Prädikatstelle ebenso; dann aber auch, und zwar nur an Prädikatstelle, ein
Adjektiv oder ein relationelles Prädikat, in dessen Zusammenhang ein Ei-
genname als zweiter Beziehungspunkt auftritt.

Das reicht aber noch nicht aus. Wir können doch innerhalb dieser Einfachheit an Subjektstelle für S setzen „S_1 und S_2". Wir können kollektiv
eine Mehrheit von Subjekten verknüpfen, und von ihnen als Einheit kann
in doppelter Weise ausgesagt werden: kollektiv und distributiv. Das Erstere,
wenn Mengenbegriffe gebildet und ihnen subsumiert werden, z.B. wenn wir
Sokrates und Plato als Inbegriff, als einen Fall einer Zweiheit nehmen u.dgl.
Das andere ergibt die höchst wichtige plurale Prädikation „S_1 und S_2 sind
P".[2] Das „und" affiziert also die Kopula. Ähnliches gilt für die Synthesis in
Form des „oder", auf die ich hier nicht eingehe. Natürlich darf man hier
nicht durch Äquivalenz reduzieren „S_1 ist P, S_2 ist P". Natürlich erfordert
die Erfüllung des pluralen Urteils mit bestimmten und eigens vorgestellten
Subjekten eine Vielheit von Einzelprädikationen aufgrund der Anschauung,
aber die Meinung des pluralen Urteils ist eine einheitliche, die einheitliche
Unterordnung der beiden, der sämtlichen genannten Subjekte unter das Prädikat. Verstehen wir die Form „S ist P" und „nicht P" hinreichend allgemein,
so kann sie die plurale Prädikation mit befassen. Immer wird von einem
Subjekte (einem Einzelnen oder einer Mehrheit Einzelner) ein Prädikat
ausgesagt, ihm zugesprochen oder abgesprochen. Ähnliche Verflechtungen

---

[1] S ist P } S ist p. S ist ϱ P.
[2] Σ S sind P (Beide).

ergeben sich auf Prädikatseite: „S ist p und q, p oder q", „p und q und r, p oder q oder r." Auch das hebt nicht die Einheit des gemeinsamen Typus auf.

Aus dieser Sphäre können wir nun eine unendlich weitere sofort bilden, wenn wir die apriorisch mögliche Modifikation der Attribution vollziehen. Jeder Prädikation entspricht eine mögliche Attribution und umgekehrt. Also können wir als mögliche Subjektformen bilden: Sp, (Sp)q ..., wobei die Attribution im Sinn aller bisherigen Unterschiede möglich ist, was also gesetzmäßig bestimmte Interpretationsmöglichkeiten und Formen ergibt. Ebenso lässt sich das Prädikat nominalisieren und dann wieder attributiv bestimmen, zunächst innerhalb der beschränkten Sphäre: für weiß Weiße u.dgl. Der Grundtypus bleibt immerfort derselbe, obschon natürlich wesentlich neue Typen der inneren Konstitution erwachsen: als ein grundwesentlich Neues das Erwachsen der Attribution aus der Prädikation, die unendlich viele neue Formen erzeugt, und ebenso die Nominalisierung des Adjektivs.

Mit all diesen Unterschieden verflicht sich nun ein völlig neuer, sich durch sie alle hindurchsetzender: Die Urteile zerfallen in solche mit Unbestimmten und solche ohne Unbestimmte. Das fundamentale Formelement Etwas tritt auf, und mit ihm zusammenhängend der Unterschied der Partikularität und Universalität.

Die Unbestimmte Etwas kann schon in dem einfachsten Urteil auftreten. Die Einfachheit der Urteilsform bestimmten wir vorhin durch Ausschluss der propositionalen Teilgedanken. Wir können weiter verlangen die Einfachheit in einem noch viel strengeren Sinn. Es sollen keine Teilgedanken des Urteils wegstreichbar sein (mitsamt der ihm zugehörigen Verknüpfungsform) derart, dass noch ein Urteil übrig bleibt. Die Attribution kann ich wegstreichen: „Sα ist β", aber im Satz „Dies ist rot" kann ich nichts wegstreichen. Dann entfällt also die Und-, die Oder-Verknüpfung im Subjekt und Prädikat. Innerhalb dieser Sphäre der primitivsten Einfachheit tritt nun schon die Möglichkeit ein, dass eine Unbestimmte an Subjekt- und Prädikatstelle steht: „Dies ist etwas", „Etwas ist rot", „Etwas ist nicht grün" usw. Da entspringen die Attributionen „dieses Etwas", „etwas Rotes", „ein Nicht-Grünes" usw., die Formen „ein α", „ein Nicht-α". Zu beachten ist, dass diese dann wieder als Prädikate auftreten können: „S ist ein α", „Dies ist ein Rotes", wobei aber häufig das „ein α" sprachlich ganz für die schlichte adjektivische Prädikation supponiert.

Es ergaben sich nun, da die Unbestimmte ebenso fungieren kann wie die Bestimmten, die unbestimmt pluralen Formen „Etwas und etwas ist rot", wobei freilich gewöhnlich supponiert werden wird „Ein Ding und ein

Ding, also zwei Dinge sind rot". Doch enthält das reine Etwas nicht den Dingbegriff. Dann ergibt sich hier aber ein Neues, eine neue Unbestimmtheit, nämlich die Unbestimmtheit der Zahl. Das „eins und eins" oder auch „ein A und ein A" ist unbestimmt, sofern es offen bleibt, welches A *in concreto* und individuell als das „ein A" gemeint sei. Oder korrekter: Die Meinung ist eben hinsichtlich des Individuellen unbestimmt. Die Unbestimmtheit gehört zur Bedeutung. Dagegen wenn wir sagen: „Mehreres, einiges ist A", oder attributiv: „Mehrere A sind B", da betrifft die Unbestimmtheit die Zahl, es ist nicht geschlossen angegeben „eins und eins" oder „eins und eins und eins", sondern eben „mehreres".

Also haben wir:

Irgendetwas.

Eins ist A.

Bestimmte Einzelne sind A. Zwei sind A.

Unbestimmte Vielheit sind A. Einige sind A.

Dadurch attributive Verwandlung:

Ein A ist p.

Einige A sind p.

Ein A und ein B ist p.

Einige A und einige B usw.

Dazu die Negationen.

Die Grundform „S ist P" („nicht P") stimmt noch immer. Aber freilich der Sinn des Urteils hat gegenüber den Fällen, wo keine Unbestimmten fungieren, wesentliche Änderung erfahren. Wir schließen hierbei das gemeine „ein A", das wie ein schlichtes Prädikat oder Attribut fungiert, aus. Wir stehen dann in der Sphäre der Existentialsätze im weitesten Sinne des Wortes oder in der Sphäre der Partikularität (freilich ein schlechter Ausdruck). Wir unterscheiden in einem Satz so viele Träger der Partikularität, als ⟨es⟩ Unbestimmte, sei es reine Unbestimmte, sei ⟨es⟩ attributiv determinierte Unbestimmte gibt. Sagen wir: „Ein Haus liegt an einem Bach", so haben wir zwei Träger. Darin liegt, dass es ein Haus gibt und dass es einen Bach gibt, und zwar nach Maßgabe dieses Sachverhalts näher bestimmt. Sagen wir: „Irgendein Mensch ist gelehrt" oder „ist ein Gelehrter", so haben wir nur einen Träger, nämlich im Subjekt. Das „ein Mensch" im Subjekt hat eine ganz andere Funktion als das „ein Gelehrter" im Prädikat, es ist im Letzteren keine existentiale Setzung beschlossen. Wohl zu beachten ist der Unterschied des „ein gewisser" und des partikularen „ein". „Ein Mann ist da gewesen", das heißt: „ein gewisser"; wer so aussagt, vollzieht nicht bloß das partikulare „Ein Mann ist da gewesen", sondern „ein Mann", nämlich jener so und so bestimmte, dessen ich mich erinnere, dessen Name ich aber vielleicht nicht nennen kann. Hier liegt eine Identifikation mit einem bestimmten Subjekt vor, wodurch das Subjekt den Charakter einer völlig unbestimmten Partikularität verliert.

Gehen wir zu den Grenzfällen über, so finden wir in den Formen „Irgendetwas ist rot" und „S ist irgendetwas" Urteile mit e i n e m Terminus. Die traditionelle Logik versteht unter Terminis, ohne sich dessen klar zu sein, nominale oder adjektivische Vorstellungen, die nicht rein formaler Natur sind, also einen Inhalt haben, der für die formal auf die rein logische Form zurückgehende Betrachtung nicht in Erwägung zu ziehen und daher mit unbestimmten Buchstaben zu bezeichnen ist.

Die Lehre, dass jedes Urteil, sei es auch jedes einfache, zwei Termini verknüpft, ist offenbar falsch. Ob wir die letzte Grenzform „Irgendetwas ist etwas" als sinnvoll gelten lassen oder nicht: sicher gibt es Urteile mit bloß e i n e m Terminus, wie z.B. „Irgendetwas ist rot", dessen Äquivalent der gewöhnliche Existentialsatz ist „Rotes, d.h. etwas, das rot ist, gibt es"; was aber wieder nichts anderes heißt ⟨als⟩ „Rotes ist etwas".

Die Bestreitung der traditionellen Lehre besagt aber keineswegs, wie die Vertreter der *belief*-Theorie meinen, dass jedes einfache Urteil ein Existentialurteil in ihrem Sinn ist, und wieder, dass jedes Existentialurteil, sofern es bloß e i n e n Terminus hat, keine Prädikation ist, sondern so genannte schlichte Anerkennung einer bloßen Vorstellung. Vielmehr haben wir in unseren Fällen zwar e i n e n Terminus, aber doch eine Prädikation, aber freilich nicht eine Prädikation in demselben Sinn wie diejenige ist, die einem individuell vorgestellten Gegenstand ein Subjekt oder Prädikat beimisst; so hinsichtlich der Form „Etwas ist A". Bei der umgekehrten, etwa in der Form „Ein A ist etwas, ist nichts", haben wir das als ein A Vorgestellte nicht gesetzt und ihm eine Bestimmung, d.i. eine begriffliche Determination, etwa eine adjektivische gegeben.

Sage ich: „Sokrates ist ein Mensch", so haben wir auf eine objektivierende Grundsetzung, die eine objektivierende Impression ist, eine zweite Setzung bezogen. Die erstere Impression setzt ein Bekanntes und Erkanntes, zum mindest⟨en⟩, wenn ein Dies vorliegt, ein in der Anschauung Gegebenes als Aufgewiesenes. Sagen wir: „Irgendetwas ist ein Mensch", so ist nichts Gegebenes, nichts Erkanntes, also nichts Vorgegebenes, nichts dem Denken Vorliegendes nur näher durch die neue Erkenntnis bestimmt; vielmehr statt eines Vorgegebenen, mit einer Inhaltsfülle Ausgestatteten und damit Festgehaltenen ein durch die Funktion der Unbestimmtheit alles individuellen und besonderen Inhalts Beraubtes, und dieses wird nicht etwa näher bestimmt, sondern[1] es wird existential gesetzt als das diese Beschaffenheit Habende. Sage ich: „Irgendetwas ist rot", so sehe ich vielleicht „Dies da ist rot"; das ist ein bestimmendes Urteil. Mich interessiert aber nicht „dies da", sondern der Umstand, dass etwas überhaupt rot ist.

Solcher Existentialsetzungen, die wesentlich zur Funktion der Unbestimmtheit gehören, gibt es so viele in jedem Urteil, als sich etwa in ihm Träger der Partikularität finden.

Eine korrelate Funktion zu dieser partikularen oder existentialen Funktion, die an der Unbestimmten wesentlich hängt, ist die Funktion der Universalität. Die Unbestimmte kann statt einer partikularen auch eine universale Funktion tragen, und damit ändert sich wieder der Gesamtsinn der Prädikation von Grund auf; z.B. „Ein A überhaupt ist B", nicht im Sinne von „Es gibt ein A, das B ist", sondern „Ein A als solches, gleichgültig welches A, welches auch immer, es ist B". Wieder kann ein Satz mehrere Träger der Universalität haben, aber auch gemischt mehrere Träger universaler und existentialer Funktionen. Z.B. jede arithmetische Formel hat so viele Träger der Universalität, als Buchstaben in ihr auftreten. Das Bewusstsein der Universalität ist wieder nicht etwas an die einzelne Stelle Geheftetes und sie speziell Angehendes, nicht zum einzelnen Teilgedanken des Urteils in der Art Gehöriges wie eine z.B. an einen Namen im Urteil geheftete Attribution, vielmehr durchtränkt der Sinn dieser Universalität das ganze Urteil.

Auf die hier so flüchtig berührten Unterschiede bezieht sich die Einteilung der Urteile nach der Quantität, wobei aber in ganz unzulässiger Weise Urteile mit einer Bestimmten unter dem Titel singuläre Urteile mit singulären partikularen Urteilen zusammengeworfen werden. Und selbstverständlich ist die Scheidung auch viel zu beschränkt, zu sehr an übliche sprachliche Formen angeschlossen und durch Hineinziehung pluraler Gedanken getrübt.[2]

---

[1] *Der Rest des Satzes ist Veränderung für* sondern ihm wird diese Bestimmung, die das Prädikat enthält, nur belassen.

[2] *Der folgende Text wurde eingeklammert und wohl nicht vorgetragen* Mit Beziehung auf die hierher gehörigen Formen deute ich auch auf eine Unterscheidung hin, die man gut tut *ad notam* zu nehmen. Urteile können, müssen aber nicht Bestandstücke enthalten, die den Charakter von selbständigen objektivierenden Impressionen, sei es nominalen oder propositionalen, besitzen. Ein negativer Existentialsatz, wie „Ein rundes Viereck gibt es nicht", enthält keine solchen Bestandteile. Das ergibt also eine Einteilung. Unter den Urteilen, die objektivierende Impressionen (also mit eigenen *belief*-Momenten) enthalten, finden wir dann interessante Unterschiede:

Die Setzung, die ein Eigenname erfährt, ist von anderer Art wie die Setzung eines attributiv bestimmten Namens („Sokrates, der in Athen lebte"). Und wieder gibt es Unterschiede innerhalb der Sphäre der propositionalen Setzungen.

In nahem gesetzlichen Zusammenhang mit den universellen Prädikationen stehen die generellen, wie jede allgemeine Wesensaussage dies ist. Es ist eine gedankliche Modifikation, ob wir sagen: „Ein Dreieck, beliebig welches, ein Dreieck überhaupt hat zur Winkelsumme zwei Rechte", oder ob wir über das Dreieck, über den Kegel, den Zylinder etc. generell urteilen. Ferner gehören hierher die wesentlichen Unterschiede zwischen empirischer Allgemeinheit und wesentlicher Allgemeinheit, wovon die letztere die Umwendung eines generellen Satzes, Wesenssatzes, darstellt. Und hierher gehört die Idee der echten Notwendigkeit und des Gesetzes im strengen Sinn.

Noch ein Wort über die Tragweite des allgemeinen Typus „S ist P" und „S ist nicht P", der ein Allgemeines der Konstitution ausdrückt, um dessen willen man zu sagen pflegt: In jedem Urteil wird etwas von etwas ausgesagt. Man überzeugt sich, dass nicht alle Urteile in diesen Typus eingeordnet werden können, vor allem nicht die konjunktiv zusammengesetzten Urteile, wie „A und B". Wir haben hier nicht bloß zwei Urteile, sondern ein Urteil: Beides gilt. Wir prädizieren aber nicht das Gelten, sondern A und B. Hier fehlt die Gliederung in Subjekt und Prädikat.

Wieder zeigt sich das bei den Zusammensetzungen von der Form der kausalen Urteile,[1] aber auch innerhalb der einfachen Urteile bei allen hypo-

---

[1] *Dies hat Husserl näher ausgeführt, wobei er als Grundlage teilweise den folgenden älteren Text benutzte:* „Weil S P so Q R."

„S ist P": Urteil. Darum, aufgrund dieser Sachlage folgt …

Grundsetzung, in ihr gesetzt der nominalisierte Sachverhalt. „S ist P, das hat zur Folge, dass Q R ist": ein Sachverhalt, als Subjektsachverhalt gleichsam, als unterliegender, der andere Sachverhalt der daraufhin gesetzte.

Das ist aber keine Prädikation im Sinne einer Attribution oder auch Relation, nämlich nicht ursprünglich. „S ist P, also mit Rücksicht darauf ist Q R", „Das P-Sein des S hat zur Folge das R-Sein des Q", „Der Sachverhalt ‚S ist P', die Tatsache, zieht nach sich die Tatsache, die Wahrheit ‚Q ist R' ": Das ist eine Umformung.

Ursprünglich habe ich bloß „S ist P, darum ist Q R". Ich vollziehe die Setzung „Q ist R" mit Rücksicht, aufgrund von „S ist P". Und nun steht der Sachverhalt „Q ist R" als begründet durch „S ist P" da. Aber es ist ein Unterschied, „Q ist R" beziehentlich auf „S ist P" setzen und das Relationsurteil herstellen, dass „Q ist R", diese Tatsache, ihren Grund hat in „S ist P". Das Letztere ist ein Reflexionsurteil, ein kategorisches, und näher ein Relationsurteil.

Also wir haben ein einheitliches Urteil, das mehrere Urteile einschließt, aber modifiziert als Grundurteil und Folgeurteil, und die Einheit vollzieht in dem Zusammenhang. Das Grundurteil ist Urteil, woraufhin ein Sachverhalt gesetzt wird; das Folgeurteil ist Urteil daraufhin, sein Sachverhalt wird in Rücksicht auf einen anderen gesetzt.

Das sind nicht nominale Modifikationen, aber ihnen in gewisser Weise analoge. (Dabei aber hat die Modifikation immer noch den Charakter eines, wenn auch nicht selbständigen, Urteils.) In der Einheit des kausalen Zusammenhangs erscheinen zwei Sachverhalte als Glieder. Ich kann also darauf Relationsurteile gründen: „A hat B zur Folge (bedingt B)", „B wird durch A bedingt".

Existential: „Etwas ist p", „Irgendetwas", „Ein p ist etwas", „Ein p gibt es".

thetischen. Es bedürfte hier jetzt der Einführung von Satzgedanken in die Urteilsinhalte, und zwar nicht bloß von attributiven, dann kämen wir auf die hypothetischen und disjunktiven Urteile. Natürlich hat man versucht, sie auf die Schablone „S ist P" zu bringen, als Prädikationen über notwendige Folge aufzufassen. Ich halte aber diese Reduktionen nicht für korrekt. Wo in der Urteilseinheit mehrere vorgestellte Sachverhalte die Einheit eines seienden Sachverhalts begründen, da können wir natürlich von dem einen Sachverhalt aussagen, dass er mit den anderen diese Einheit begründet; aber das ist ein Reflexionsurteil, ein indirekt gefälltes, das ein ursprüngliches, in dem sich der originäre einheitliche Sachverhalt konstituiert, voraussetzt.[1]

⟨*Aus der Vorlesungsmitschrift Dauberts:*⟩ Es wäre noch zu besprechen die große Schwierigkeit nach dem Wesen der Negation. Selbstverständlich geht es nicht an zu sagen: „Es ist nicht wahr, dass S P ist", als Verwerfung des Urteils. Denn ⟨es stellt sich die⟩ Frage: Gehört die Negation zum Prädikat oder nicht? Dies wird damit vermengt, ob die Negation zum Prädikatbegriff gehört.

Bei „Sokrates ist nicht krank" ist, obwohl „nicht" zur Prädikation gehört, doch nicht „nicht-krank" als Begriff prädiziert in affirmierender Weise: „Sokrates ist ein Nicht-Kranker." Das „nicht" gehört nicht in den nominalen Terminus des Prädikats hinein. Prädikat heißt nicht „Prädikatterminus", sondern „Prädikatsakt".

Man übersieht dabei immer die Zweistufigkeit des ganzen Satzgedankens, das Aufbauen der Prädikatstufe auf die Subjektstufe. „S streitet mit P": Hier muss wieder

---

Partikular: „Ein S ist P", „Ein SP ist etwas".

Universell und generell: „Ein S überhaupt ist P": generell.

Das „ein" ist völlig unbestimmt und nicht einmal gesetzt. Vorstellung eines S als solchen: Das über S hinaus Konstituierende ⟨ist⟩ völlig gleichgültig. Also in der bloßen Vorstellung: „Ein S ist P", „Eine ungerade Zahl ist die Summe einer geraden + 1".

a) „Zum Wesen der ungeraden Zahl gehört die Form 2p + 1", „Die ungerade als solche hat diese Form", „Das Ungerade-Sein bedingt das 2p + 1-Sein", „Die ungerade Zahl hat die Form 2p + 1".

„Die Ellipse hat zwei Brennpunkte", „Eine Ellipse überhaupt hat zwei Brennpunkte".

Ich urteile in bloßer Vorstellung, aber so, dass ich gar keine Intention auf das Sein einer Ellipse habe. Ich urteile (beim Axiom) rein ausdrückend, was ich „als Relation zwischen den Ideen" finde, mit dem Bewusstsein der völligen Gleichgültigkeit für alles, was begrifflich nicht gefasst ist. Allgemeinheitsbewusstsein – Bedingtheitsbewusstsein: „Ist etwas überhaupt A, so ist es B", „Das A-Sein bedingt B-Sein": wesentlich.

(AB) empirisch verknüpft: „Ein A überhaupt ist B", „A-Sein ist ein Anzeichen für B-Sein", „Ist etwas A, so vermutlich auch B": außerwesentlich.

„Ein A, das nicht B ist, kommt nicht vor", „Ein A kommt allgemein (immer, jedenfalls) als B vor".

Hypothetisch: „Ist S P, so ist Q R. S ist P" („Idee", bloße Vorstellung). Voraussetzung: Dies gesetzt, so ist ... „Q ist R": vorausgesetzt, dass S P ist; also nicht schlechthin.

Voraussetzung (fundierender Akt); darauf gebaut: Folgesetzung.

[1] *Den Schluss der Vorlesung hat Husserl frei vorgetragen. Stellvertretend folgt das entsprechende Textstück der Vorlesungsmitschrift Dauberts (N I 1/25).*

geschieden werden die positive Prädikation des Widerstreits und der tatsächliche Widerstreit zwischen Aussage und Sache. Ebenso: „S ist P" im Sinne von „stimmt zu P". Ich wiederhole das alte Urteil als ganzes und messe es an der Anschauung. Dann erfahre ich die Übereinstimmung im Sinne der Wahrheit. Diese ist nicht in der Prädikation gedacht. Aber wenn das Urteil wahr ist, ist auch die Übereinstimmung in der Prädikation wahr.

NACHWEIS DER ORIGINALSEITEN

In der linken Kolonne findet sich die Angabe von Seite und Zeile im gedruckten Text, in der rechten Kolonne die des Manuskriptkonvoluts und der Blattzahlen im Manuskript nach der offiziellen Signatur und Nummerierung des Husserl-Archivs.

3,4–16,29	F I 27	2–12
16,30–30,10		14–25
30,11–30,38	N I 1	3
31,1–32,39	F I 10	99–100
33,1–40,11	F I 27	26–30
40,12–41,10	N I 1	4–4a
41,11–49,10	F I 26	9–13
49,11–57,35		3–8
57,36–61,33	F I 27	31–33
62,5–64,8	F I 27	43–45
64,9–66,25	N I 1	6a–7a
66,26–67,4	F I 27	47
67,5–67,24	F I 27	46
67,25–70,37	F I 27	47–49
70,38–73,6	A I 17 II	135–136
73,7–75,3		134
75,5–79,9		137–139
79,11–140,12	F I 27	50–102
140,13–140,31		104
140,32–142,3		103
142,5–158,19		105–117
158, Anm. 1		118
158,19–159,10		117
159,11–160,6	N I 1	25

NAMENREGISTER

Aristoteles, 89

Bergmann, J., 3, 109, 110, 112, 114, 118

Bolzano, B., 14, 27, 70, 126

Brentano, F., 3–5, 91, 96–98, 101–104, 106–110, 114, 117, 118, 122, 135, 141

Cornelius, H., 3

Descartes, 36

Erdmann, B., 3

Hume, 102, 108, 137, 138

Kant, 50, 55, 151

Kepler, 71

Kries, J. von, 3

Lipps, Th., 3

Locke, 36

Lotze, H., 3, 27

Martinak, E., 64

Marty, A., 3, 65, 104

Mill, J. St., 51, 102

Rickert, H., 3

Riehl, A., 3

Schopenhauer, 80

Schuppe, W., 3

Sigwart, Ch., 3, 5, 102

Volkelt, J., 3

Windelband, W., 3

Wundt, W., 3

Husserliana

EDMUND HUSSERL MATERIALIEN

1. **Logik.** Vorlesung 1896. Hrsg. von Elisabeth Schuhmann. 2001
   ISBN 0-7923-6911-4
2. **Logik.** Vorlesung 1902/03. Hrsg. von Elisabeth Schuhmann. 2001
   ISBN 0-7923-6912-2
3. **Allgemeine Erkenntnistheorie.** Vorlesung 1902/03. Hrsg. von Elisabeth Schuhmann. 2001   ISBN 0-7923-6913-0
4. **Natur und Geist.** Vorlesungen Sommersemester 1919. Hrsg. von Elisabeth Schuhmann. 2002   ISBN 1-4020-0404-4
5. **Urteilstheorie.** Vorlesung 1905. Hrsg. von Michael Weiler. 2002
   ISBN 1-4020-0928-3

Kluwer Academic Publishers – Dordrecht / Boston / London